# Das WordPress Buch

Moritz »mo.« Sauer



O'REILLY®
Beijing · Cambridge · Farnham · Köln · Sebastopol · Tokyo

Kommentare und Fragen können Sie gerne an uns richten:
O'Reilly Verlag
Balthasarstr. 81
50670 Köln
E-Mail: kommentar@oreilly.de


1. korr. Nachdruck Oktober 2013

Bibliografische Information der Deutschen Nationalbibliothek
Die Deutsche Nationalbibliothek verzeichnet diese Publikation in der Deutschen Nationalbibliografie; detaillierte bibliografische Daten sind im Internet über *http://dnb.d-nb.de* abrufbar.

**Lektorat:** Inken Kiupel, Köln
**Korrektorat:** Sibylle Feldmann, Düsseldorf
**Satz:** Ulrich Borstelmann, Dortmund
**Umschlaggestaltung:** Michael Oreal, Köln
**Produktion:** Karin Driesen, Köln
**Belichtung, Druck und buchbinderische Verarbeitung:** Mediaprint, Paderborn

ISBN 978-3-95561-121-7

Dieses Buch ist auf 100% chlorfrei gebleichtem Papier gedruckt.

# Inhaltsverzeichnis

# Über den Autor

Wenn ich mich in meinen Seminaren und Workshops vorstelle, sage ich oft: »Hallo, ich bin Moritz ›mo.‹ Sauer. Mein Produkt ist Bildung. Ich erkläre Lesern, Hörern und Zuschauern die Möglichkeiten des Internets sowie der Vernetzung. Kunden, Studenten und Kursteilnehmern zeige ich, wie man das Netz und seine Werkzeuge für die Kommunikation, die Veröffentlichung von Inhalten und das Marketing nutzt. Das Medium kann ein Seminar, eine Videoanleitung, ein Artikel oder ein Buch sein. Mein Ziel ist es, Leser, Zuhörer und Zuschauer abzuholen und weiterzubilden.«

Und das ist auch das Ziel dieses Buchs: Ihnen zu helfen, locker und leicht Inhalte, Projekte und Produkte mithilfe von WordPress im Internet zu präsentieren. Denn das ist meine große Leidenschaft: Publizieren im Web.

*Dieses Buch widme ich meinen drei Mädels – Alma, Ida und Jeannette –
und der Liebe zur Meinungsfreiheit.*

# Kapitel 1 | WordPress kennenlernen und installieren

WordPress begleitet mich seit 2008, als es sich zu *der* Blog-Platform mauserte und andere Systeme in den Schatten stellte. Die Entscheidung für WordPress fiel damals aus einem einfachen Grund: WordPress ist ein kostenloses, frei erhältliches Redaktionssystem, das jeder Nutzer nach seinen eigenen Vorstellungen anpassen und erweitern kann.

Diese Offenheit und Flexibilität des Systems sind maßgeblich dafür verantwortlich, dass WordPress heute weltweit das meistgenutzte Redaktionssystem für Websites ist. Aus denselben Gründen engagieren sich tausende Programmierer, Designer und Blogger bei der Weiterentwicklung der Software. Während die einen im WordPress-Forum bei Problemen helfen, programmieren die anderen neue Erweiterungen, um WordPress Funktionen hinzuzufügen, die es von Hause aus nicht mitbringt. Vielen Designern verdanken wir wiederum die zahlreichen – auch kostenlosen – großartigen Designs.

Der größte Pluspunkt für WordPress ist in meinen Augen aber die Tatsache, dass WordPress damals wie heute auch Laien eine einfache Möglichkeit zur Verfügung stellt, Gedanken, Ideen, Fotos und Projekte im Web zu veröffentlichen und zu präsentieren. Das ist der Grund, warum ich WordPress liebe und ein Buch zu diesem Thema schreibe. Ich möchte Ihnen zeigen, wie Sie eine professionelle Website aufbauen und dabei völlig ohne Programmierer- oder Designerkenntnisse auskommen. Los geht's!

Sylvester
STALLONE
INTERACT
News
Fan Community
Contact
WORK
Film & TV
Art
Health & Fitness
ABOUT
Bio
Photos
Links
LATEST MOVIE
Bullet to the Head (2013)
March 25, 2013
Sly talks Expendables 3 on Twitter
From his recent posts on Twitter, it's clear that Sylvester Stallone is having fun with The Expendables. Sly took to the microblogging service recently to post a developing, along with a few thoughts on casting new roles. For those wondering what will follow his recent action thriller Bullet to the Head, Stallone will next be hits cinemas on September 27, 2013. After that, you can expect to see Sly in the boxing comedy Grudge Match with Robert De Niro, which should debut early

COPPER
SEASON 1 AVAILABLE NOW ON DVD AND BLU-RAY
BBC AMERICA
HOME
SHOWS
SCHEDULE
VIDEOS
BLOG
SHOP
Tonight:
DOCTOR WHO
ORPHAN BLACK
THE NERDIST
TOP GEAR
SPIES OF WARSAW
'The Nerdist': Matt Mira Comes Bearing Fun Facts!
MORE
Supernatural Saturday Countdown
Videos
SUPERNATURAL SATURDAY
11 Hours
56 Minutes
14 Seconds

gettyimages BLOG
Photography
Technology
Music
Friends
Breed Issue 3: Behind the lens with photographer Luca Sage
Recent Posts
Latest Videos
Picture Post Magazine Anniversary Series – Part 3: The First Staffers
GUEST LIST
Get the tracks. Set the trends.

BIO
NEWS
MEDIA
FOUNDATION
TEAM BOLT
USAIN BOLT
READ MORE
LATEST UPDATES
ALL
NEWS
EVENTS
IMAGE
PHOTO ALBUM
VIDEO
FACEBOOK

# Was ist WordPress?

WordPress ist ein Redaktionssystem, mit dem Sie eine Website aufbauen und betreuen können. Dazu müssen Sie keine Programmiersprache lernen oder sich mit HTML auskennen. Sie können sich ganz auf Ihre Inhalte wie Texte, Bilder und Medien konzentrieren – den Rest übernimmt das Redaktionssystem für Sie.

Ursprünglich für den Betrieb eines Blogs entworfen, hat sich WordPress in den letzten Jahren zu einem **Allroundtalent für die Betreuung von Websites** gemausert. WordPress pulsiert heute hinter großen Magazin-Websites wie *Mashable.com* oder *SmashingMagazine.com*. *SylvesterStallone.com* nutzt es genauso wie *SnoopDogg.com* und *UsainBolt.com*. Große Medien-Websites wie *BBCAmerica.com* betreuen ihre Website mit WordPress, und auch Blogs großer Unternehmen wie Getty Images, *blog.gettyimages.com*, laufen auf Basis des Redaktionssystems.

Ein Grund für den Erfolg von WordPress ist, dass Sie es **kostenlos** nutzen können und von seinem offenen Quellcode profitieren. Diesen dürfen Sie verändern, um beispielsweise die Optik Ihres Blogs an eine bestehende Website anzupassen, sodass sich das eine hervorragend in das andere einfügt. Mit anderen Worten: Sie können WordPress ganz nach Ihren eigenen Vorstellungen einsetzen. Ob Blog oder Unternehmens-Website, ob kleine Image-Website oder Magazin, die Möglichkeiten für den Einsatz sind vielfältig dank eines äußerst flexiblen und offenen Systems.

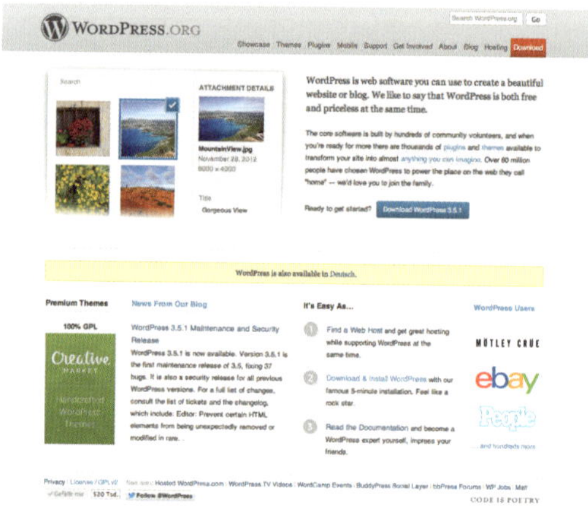
WordPress.org
Showcase Themes Plugins Mobile Support Get Involved About Blog Hosting Download
ATTACHMENT DETAILS
MountainView.jpg
Gorgeous View
WordPress is web software you can use to create a beautiful website or blog. We like to say that WordPress is both free and priceless at the same time.
The core software is built by hundreds of community volunteers, and when you're ready for more there are thousands of plugins and themes available to transform your site into almost anything you can imagine. Over 60 million people have chosen WordPress to power the place on the web they call "home" — we'd love you to join the family.
Ready to get started? Download WordPress 3.5.1
WordPress is also available in Deutsch.
Premium Themes
100% GPL
Creative
News From Our Blog
WordPress 3.5.1 Maintenance and Security Release
WordPress 3.5.1 is now available. Version 3.5.1 is the first maintenance release of 3.5, fixing 37 bugs. It is also a security release for all previous WordPress versions. For a full list of changes, consult the list of tickets and the changelog, which include: Editor: Prevent certain HTML elements from being unexpectedly removed or modified in rare...
It's Easy As...
Find a Web Host and get great hosting while supporting WordPress at the same time.
Download & Install WordPress with our famous 5-minute installation. Feel like a rock star.
Read the Documentation and become a WordPress expert yourself, impress your friends.
WordPress Users
MÖTLEY CRÜE
ebay
People
CODE IS POETRY

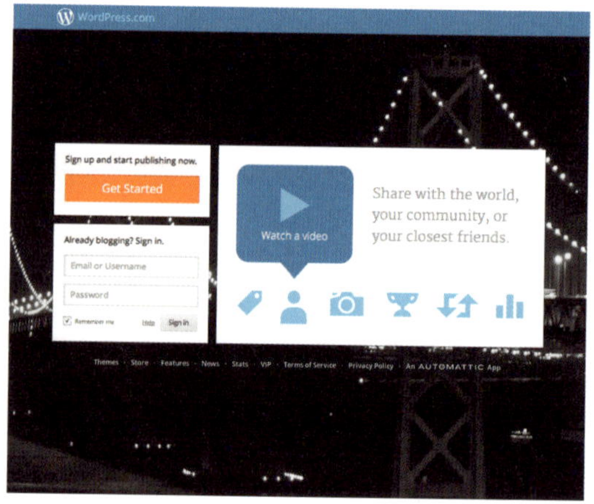
WordPress.com
Sign up and start publishing now.
Get Started
Already blogging? Sign in.
Email or Username
Password
Sign in
Watch a video
Share with the world, your community, or your closest friends.
Themes · Store · Features · News · Stats · VIP · Terms of Service · Privacy Policy · An AUTOMATTIC App

# WordPress.com oder eine eigene Installation?

Es gibt zwei Möglichkeiten, WordPress zu nutzen: Entweder Sie legen ein kostenloses Konto auf der Plattform *www.wordpress.com* an und stellen dort Ihren Webauftritt zusammen, oder Sie mieten sich eigenen Webspace bei einem Webhoster, um das System selbst zu installieren und zu betreuen. Diese zweite Variante war ursprünglich etwas anspruchsvoller, weil man die Dateien des Redaktionssystems selbst besorgen und anschließend bei dem Webhoster installieren musste. Inzwischen bieten aber viele Webhoster Pakete an, mit denen die **Installation von WordPress** auch für Nutzer **ohne viel technisches Know-how** sehr gut machbar ist. Im Folgenden beschreiben wir die WordPress-Installation anhand eines solchen Servicepakets.

Zunächst werfen wir aber noch einen Blick auf die Unterschiede zwischen einem Konto bei WordPress.com und einer selbst gehosteten Website. Auf dieser Basis können Sie dann entscheiden, welche Lösung für Ihr Webprojekt die richtige ist.

## Tipp

Was Sie außerdem kennenlernen sollten, ist die Website *www.wordpress.org*. Dies ist gewissermaßen die Community-Website von WordPress, auf der Sie Informationen rund um das Redaktionssystem, Updates sowie viele kostenlose Designs und Erweiterungen finden. Wir werden immer wieder auf diese Website zurückkommen, weil sie eine wichtige Anlaufstelle für alle WordPress-Nutzer ist.

WordPress.com
Features
News
Support
Themes
Statistik
Über uns
Anmelden
Für den Reisebericht
Leg los
DOKUMENTIERE DEINE ABENTEUER
WILLKOMMEN BEI WORDPRESS.COM
Schöne Seiten aller Art
Just Desserts
Eigene Domain? Sicher!

# Die Vorzüge von WordPress.com

Wenn Sie WordPress als Plattform kennenlernen oder z. B. für ein kleines Non-Profit-Projekt benutzen wollen, ist für Sie WordPress.com der ideale Ort. Denn einerseits dürfen Sie mit einem WordPress.com-Konto mehrere Blogs anlegen und verwalten, und andererseits können Sie ein Projekt auch einfach ruhen lassen, ohne es löschen zu müssen. Schließlich fallen keine Kosten an. Weitere Vorteile von WordPress.com sind:

- Sie benötigen **keinerlei technische Kenntnisse**, um mit WordPress.com sofort loszulegen. Der Umgang mit einem FTP-Programm samt Installation entfällt vollkommen.
- Es fallen **keinerlei Kosten für Webspace** und Webhosting für Sie an.
- Zahlreiche für WordPress.com installierte **Plugins** wie das Kontaktformular, ein Antispam-Plugin oder eine Erweiterung zum Einbinden von MP3- und Videodateien sind bereits installiert.
- Die **Sicherung Ihrer Daten** übernimmt der professionelle Service von WordPress.com.
- **Aktualisierungen** von Erweiterungen und neuen Versionen von WordPress entfallen.
- Auch wenn es sich die Betreiber von WordPress.com vorbehalten, auf Ihrer Website **Werbung** zu schalten, wurde in den letzten Jahren kein Werbebanner auf der Website gesichtet.
- Dank der Exportfunktion ermöglicht WordPress.com Ihnen jederzeit den **Umzug auf ein selbst gehostetes WordPress-System**.

## Hinweis

Mit einer kleinen Investition von 18 Dollar pro Jahr buchen Sie sich eine .com-, .net- oder .org-Domain, die Ihnen gehört und die ihrname.wordpress.com-Domain ersetzt. Für 25 Dollar können Sie auch eine .me-Domain buchen.

START
SENDUNGEN
YOUTUBE
BLOG & NEUES
ÜBER DIGITALKULTUR.TV
KONTAKT
IMPRESSUM
digitalKULTUR.TV
Digitales Leben, Internet & Technik
GEMA versus YouTube
Playlist digitalKultur.TV Season 01 (3 Videos)
Suchen
digitalKultur.TV-Newsletter
E-Mail Adresse
Abonnieren
DIGITALKULTUR.TV IM SOCIAL WEB
UNSERE SENDUNGEN
GEMA versus YouTube
In unser Webvideo-Sendung digitalKultur.TV interviewen wir Internetspezialisten, Computerexperten, Hacker, Netzaktivisten, Programmierer und Künstler zum Thema Digitalität. Schau Dir alle Sendungen auf unser Website an und abonniere unseren YouTube-Kanal, um keine neue Folge zu verpassen.
25. April 2013
Hinterlasse eine Antwort

# Mindestens sieben Gründe für die Installation auf eigenem Webspace

Obwohl eine bei WordPress.com gehostete Website bzw. ein Blog viele Vorteile bietet, gibt es auch gewichtige Nachteile. Die folgenden Beschränkungen sollten Sie sich bewusst machen:

- Die Internetadresse hat immer die Struktur *ihr-domainname.wordpress.com*. Domains mit einer *.de*-Endung sind nur über technische Hürden möglich.
- Die Auswahl an Designs ist limitiert. 250 kostenlose Designs auf WordPress.com stehen 1.759 kostenlosen Designs auf WordPress.org gegenüber.
- Erweiterungen können nicht hochgeladen und aktiviert werden. Wenn Sie auf eine eigene Installation setzen, stehen Ihnen derzeit 24.897 Erweiterungen auf WordPress.org zur Verfügung.
- Sie haben nur eine begrenzte Kontrolle über Ihre Inhalte. Mit Ihrer WordPress.com-Website dürfen Sie kein Geld verdienen und z. B. keine Werbung schalten.
- Es gibt keinen FTP-Zugang zu den hochgeladenen Dateien.
- Der Zugang zur Datenbank ist nicht möglich. Sie können Ihre Beiträge, Seiten und Kommentare lediglich als Textdatei exportieren und herunterladen.
- E-Mail-Adressen in Form von *name@ihredomain.de* sind nicht möglich.

Dieses Buch richtet den Fokus auf den Umgang mit einer eigenen WordPress-Installation. Es eignet sich aber auch für alle, die WordPress.com verwenden, denn die Benutzeroberfläche ist in den meisten Punkten identisch. Lediglich Kapitel 6 bis 8 sind nur für Anwender mit einer eigenen WordPress-Installation interessant, da Themes und Plugins nicht auf WordPress.com hochgeladen werden können.

## Hinweis

Weitere Unterschiede zwischen einer selbst installierten Version und WordPress.com finden Sie in englischer Sprache unter *www.wpmu.org/wordpress-org-vs-wordpress-com/*.

# Über WordPress

WordPress ist ein Redaktionssystem mit welchem Sie eine Website betreuen und aufbauen können. Dazu müssen Sie keine Programmiersprache oder HTML lernen. Denn die Konstruktion der Website übernimmt das Redaktionssystem. Ursprünglich als Redaktionssystem für den Betrieb eines Blogs gedacht, hat sich WordPress in den letzten Jahren zu einem Allroundtalent für die Betreuung von Websites gemausert.

Die Schwerpunkte von WordPress bilden Ästhetik, Webstandards und Benutzerfreundlichkeit. WordPress ist frei als Download erhältlich, einfach zu installieren und ermöglicht einen professionellen Webauftritt.

Ein Grund für den Erfolg von WordPress ist, dass Sie es kostenlose nutzen können und von einem offenen Quellcode profitieren. Diesen dürfen Sie verändern, wie Sie wollen.

Das bedeutet: Sie dürfen mit WordPress machen, was Sie wollen. Ob Blog oder Unternehmens-Website, ob Portfolio oder Magazin, die Möglichkeiten für den Einsatz sind vielfältig dank eines äußerst flexiblen und offenen Systems.

# Video: Die Installation von WordPress

Die Video-Anleitung „Die Installation von WordPress“ erklärt, welche ersten Schritte für die Installation und Konfiguration der Weblog-Software notwendig sind. Das Video gibt es auch **in hoher Auflösung als HD-Version**.

Sämtliche Links und Code-Schnippsel zum Video finden Sie unter **"Video: Die Installation von WordPress"**.

# WordPress Themes

Webdesigner versorgen die WordPress-Community kontinuierlich mit neuen Layouts und Design. Von diesen Themes gibt es mittlerweile eine unüberschaubare Anzahl. Phlow stellt die interessantesten vor.

WordPress ermöglicht über sein eigenes Template-System individuelle Webdesigns zu erstellen. Diese Möglichkeit nutzen zahlreiche Blogger und Webdesigner, um ihre Vorstellungen umzusetzen. Angehende Blogger, die (noch) keine Ahnung von XHTML, CSS und PHP haben, brauchen

# WordPress-Plugins

Mit Plugins erweitert man WordPress um zahlreiche Funktionen. Phlow präsentiert die besten und professionellsten WordPress Plugins mit denen man WordPress ausbaut, pimpt und die Möglichkeiten seines Weblogs auf ein neues Level hebt.

- Markdown-Plugins für WordPress
- Link-Checker: Kaputte Links per Plugin checken
- MP3- und Videostreaming mit Yahoo! Webplayer

# Bevor Sie starten

Ein Sachbuch wie dieses begleitet Sie bei den wichtigsten Schritten mit WordPress, aber es kann nicht alle Themen abdecken, die in diesem Zusammenhang aufkommen könnten. Extra für dieses Buch habe ich **zwei Videoanleitungen** produziert, um denjenigen unter Ihnen eine Hilfestellung zu geben, die WordPress selbst installieren möchten und denen die Informationen im Buch nicht ausreichen. Unter *www.phlow.de/wordpress-installation* finden Sie die Anleitung »Installation: WordPress installieren – Schritt für Schritt« und unter *www.phlow.de/ftp* wird Ihnen erklärt, wie Sie das kostenlose FTP-Programm FileZilla nutzen, um Dateien auf Ihren Server hochzuladen.

Und dann gibt es natürlich noch die **Webseite zum Buch**. Auf *www.phlow.de/das-wordpress-buch* finden Sie alle wichtigen Links aus und zu diesem Buch. Sollte der Fehlerteufel kleine Schnitzer in dieses Buch geschmuggelt haben, finden Sie die Korrekturen und Hilfestellungen ebenfalls dort.

Im Blog unter *www.phlow.de/wordpress* trage ich kontinuierlich Neuigkeiten, Tipps und Tricks zu Wordpress zusammen. Dort gibt es auch noch mehr Videoanleitungen, die Sie alternativ auf YouTube (*www.youtube.com/PhlowMedia*) ansehen und – wenn Sie möchten – abonnieren können.

Nun aber genug der Vorrede – es wird Zeit, dass Sie WordPress kennenlernen!

Deutschland
WordPress
Inpsyde
Home
Blog
Forum
FAQ
Mobil
Planet
Download
Download WordPress 3.5.1
Voraussetzungen
WordPress im Einsatz
Voraussetzungen
Installation & Aktualisierungen
WordPress ist Open Source
Designanpassung durch Themes
Netzwerke & Communities
Funktionserweiterungen mit Plugins
Mobil mit WordPress
WordCamp
Um WordPress zu installieren, wird ein Webspace benötigt, der die folgenden Mindestvoraussetzungen erfüllt:
1. PHP-Version 5.2.4 oder höher
2. MySQL-Version 5.0 oder höher
3. Das Apache mod_rewrite Modul, für „schönere URLs"
Das ist im Prinzip schon alles. Für die WordPress-Installation wird ein Linux-Server mit Apache empfohlen, aber alle Server, die PHP und MySQL unterstützen eignen sich prinzipiell genauso gut. Empfehlenswert ist auch noch ein PHP-Memory-Limit welches mindestens 32 MB (besser mehr) beträgt.
Wenn du nicht sicher bist, ob dein Anbieter die Anforderungen erfüllt, erkundige dich vor der Installation nach den Voraussetzungen. Die meisten Anbieter erfüllen die Voraussetzungen und sollte dein Anbieter eines der genannten Dinge nicht unterstützen, solltest du dir einen anderen Hoster suchen. Wenn du Hilfe bei der Wahl eines Anbieters benötigst, kannst du dich an das Webhosting-Provider-Forum wenden.
Professioneller Support | Kontakt | Impressum
Copyright © 2004-2013 Inpsyde GmbH - WordPress ist ein eingetragenes Markenzeichen der WordPress Foundation.

# Einen passenden Webhoster finden

Die Installation von WordPress sollte bei jedem großen professionellen Webhoster kein Problem sein. Einige Anbieter unterstützen Sie über einen Administrationsbereich sogar dabei, WordPress mit wenigen Klicks zu installieren. Beachten müssen Sie nur, welches der angebotenen Pakete passt und welches womöglich überdimensioniert ist. Sollte Ihr Paket irgendwann tatsächlich zu klein werden, weil Sie z. B. mehr Festplattenspeicher für hochgeladene Dateien brauchen, ist ein Upgrade meist kostenlos. Ein Downgrade kostet dagegen – Sie kennen das sicherlich von Mobilfunktarifen. Um sicherzugehen, dass alle technischen Voraussetzungen gegeben sind, gehen Sie am besten wie folgt vor:

Suchen Sie sich zunächst einen Webhoster aus (z. B. Host Europe, ALL-INKL.COM, domain Factory, Hetzner, ...). Suchen Sie dann den Menüpunkt Webhosting und wählen Sie ein Webhosting-Paket aus, das die folgenden Punkte beinhaltet (diese Angaben müssen Sie nicht im Detail verstehen, es genügt vorerst, sicherzustellen, dass diese technischen Voraussetzungen erfüllt sind):

- Der Server kann **PHP-Dateien ab Version 5.2.4** oder höher verarbeiten und bietet ein **PHP-Memory-Limit** von mindestens 32 MByte.
- Das Paket beinhaltet mindestens eine Datenbank vom Typ **MySQL 5.0** oder höher.
- Der Server erlaubt die Verwendung des **mod_rewrite-Moduls** bzw. den Zugriff auf die .htaccess-Datei, um lesbare Links zu generieren. Mehr dazu erfahren Sie auf Seite 111.

Schicken Sie eine E-Mail an den Support, wenn Sie unsicher sind, ob das von Ihnen ausgesuchte Paket das richtige ist. Auf der Website der deutschen WordPress-Community unter *http://wpde.org/voraussetzungen/* finden Sie eine Liste mit den Mindestvoraussetzungen, die der Hoster für die aktuelle WordPress-Version mitbringen muss.

Suchen Sie sich nun eine Internetadresse für Ihre Website oder Ihr Blog aus. Die Domainsuche des Webhosters hilft Ihnen dabei, eine freie Adresse zu finden.

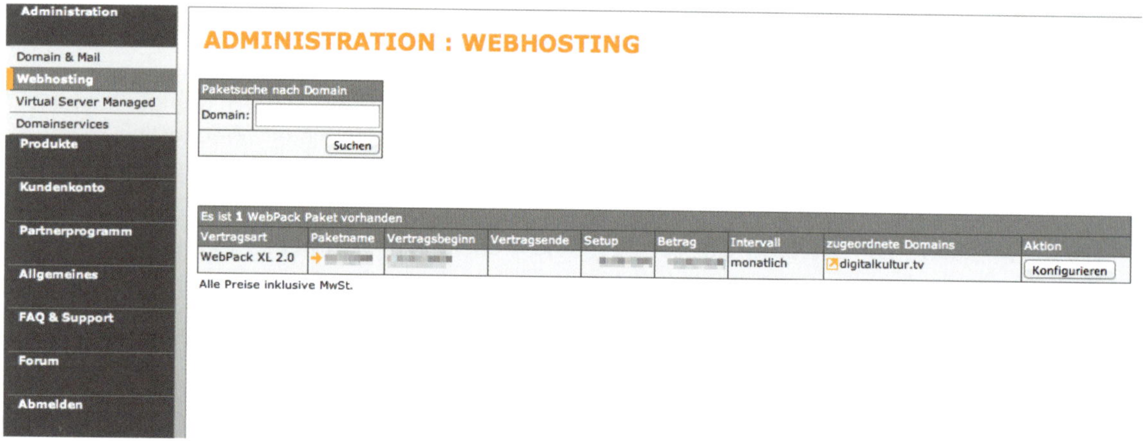
Administration
Domain & Mail
Webhosting
Virtual Server Managed
Domainservices
Produkte
Kundenkonto
Partnerprogramm
Allgemeines
FAQ & Support
Forum
Abmelden
ADMINISTRATION : WEBHOSTING
Paketsuche nach Domain
Domain:
Suchen
Es ist 1 WebPack Paket vorhanden
Vertragsart
Paketname
Vertragsbeginn
Vertragsende
Setup
Betrag
Intervall
zugeordnete Domains
Aktion
WebPack XL 2.0
monatlich
digitalkultur.tv
Konfigurieren
Alle Preise inklusive MwSt.

# WordPress bei Host Europe installieren

Wie bereits erwähnt, bieten immer mehr Webhoster spezielle Pakete an, die Ihnen die Installation von WordPress so leicht wie möglich machen. Da ich selbst bereits seit Jahren Kunde von Host Europe bin und den Hoster empfehlen kann, stelle ich Ihnen auf den nächsten Seiten die WordPress-Installation mit Host Europe vor. Die Pakete kosten etwa 7 bis 8 Euro im Monat, nehmen Ihnen aber wichtige Arbeiten ab: So ist beispielsweise die Datenbank, in der WordPress Beiträge und Medien ablegt, bereits vorhanden. Außerdem erlaubt Ihnen so ein Paket, eigene E-Mail-Adressen anzulegen, Domains zu verwalten und Anwendungen wie eine Fotogalerie oder ein Forum zu installieren.

Selbstverständlich können Sie sich auch für einen anderen Webhoster entscheiden, allerdings sollten Sie darauf achten, dass er **ein ähnliches auf WordPress zugeschnittenes Paket** anbietet. Damit vermeiden Sie technische Fallstricke, die bei der Installation sonst gern einmal auftreten.

Um WordPress bei Host Europe installieren zu können, müssen Sie zuerst ein **Webpack** mieten – ich empfehle Ihnen zum Start das Webpack M – und einen Webhosting-Vertrag abschließen. Dies können Sie online tun. Haben Sie alle Daten eingegeben, schickt Ihnen Host Europe auf dem traditionellen Postweg Ihre Kundennummer, ein Passwort und einen Aktivierungscode für das Paket.

Ihren Webspace, E-Mail-Adressen, Datenbanken, Subdomains, FTP-Zugänge und alle anderen Einstellungen verwalten Sie bei Host Europe über ein Redaktionssystem namens **KIS** (Kundeninformationssystem). Das KIS finden Sie über die Startseite von Host Europe und noch schneller über die URL *kis.hosteurope.de*. Loggen Sie sich im KIS ein, klicken Sie in der linken Menüleiste auf Administration → Webhosting und wählen Sie mit einem Klick auf Konfigurieren das Webpack, auf dem Sie WordPress installieren wollen.

## Tipp

Achten Sie bei der Auswahl Ihres Pakets darauf, dass das Apache-Modul mod_rewrite enthalten ist. Bei günstigeren Paketen ist das oft nicht der Fall.

digitalKULTUR.TV
digitalKultur.TV
Empfohlene Videos
Letzte Aktivität
Du hast zuletzt Folgendes angesehen:
Neueste Videos
Playlists
Letzte Aktivitäten

# Das Beispielprojekt: digitalKultur.TV

Um die WordPress-Installation und später auch die Arbeit mit dem Redaktionssystem besser zu veranschaulichen, habe ich ein kleines Seitenprojekt mit einer WordPress-Website aufgesetzt. Das Projekt nennt sich **digitalKultur.TV** und konzentriert sich darauf, Spezialisten zu technologischen und internetspezifischen Themen zu interviewen. Dieses journalistische Experiment produziere ich gemeinsam mit meinem Kollegen **Lars Sobiraj**.

Jede unserer Sendungen bietet ein ausführliches Interview in Form eines Audiomitschnitts und ein kurzes Interview im Videoformat. Während wir die lange Version des Interviews über Soundcloud.com veröffentlichen, präsentieren wir die Videos auf unserem eigenen YouTube-Kanal (siehe Abbildung links). Außerdem bieten wir in unserem Blog auf der Website zusätzliche Informationen rund um die vorgestellten Themen. Neben einem kleinen Facebook-Auftritt nutzen wir auch Twitter und verschicken einen Newsletter, um über neue Sendungen zu informieren.

Die WordPress-Website bildet somit die **zentrale Sammelstelle**, die Informationen rund um die Sendungen, die sozialen Kanäle sowie die Interviews auf einer Seite bündelt. Außerdem bietet die Website noch Blogbeiträge zur Sendung sowie Links und weitere Informationen. Für die Umsetzung einer solchen Website ist WordPress das ideale Werkzeug.

## Hinweis

Jedes Jahr erscheint ein neues Standard-Theme, das nach der Installation von WordPress automatisch aktiviert ist. Der Name des Themes entspricht dem Jahr der Veröffentlichung (2013 = Twenty Thirteen). Für die Projektseite dieses Buchs habe ich mich für das Theme Twenty Twelve entschieden, denn das aktuelle Theme Twenty Thirteen fällt für meinen Geschmack zu bunt aus und richtet sich hauptsächlich an Blogger. Im Vergleich dazu wirkt Twenty Twelve reduzierter, schlichter und edler. Außerdem bietet es einige Funktionen, die sich exzellent für Projektseiten eignen.

ADMINISTRATION : WEBHOSTING
1
2
Allgemeines
E-Mail
Zugriffsverwaltung
Webseiten
Skripte
Datenbanken
Backup on the fly
Restore
Statistiken
Logfiles
Vertragsänderungen
Domains
Virenschutz-Statistik einsehen
E-Mail-Konten verwalten / Autoresponder / Filter / Webmailer
E-Mail-Adressen verwalten
E-Mail-Sammeldienst
E-Mail-Filter verwalten
Automatische Löschung von E-Mails

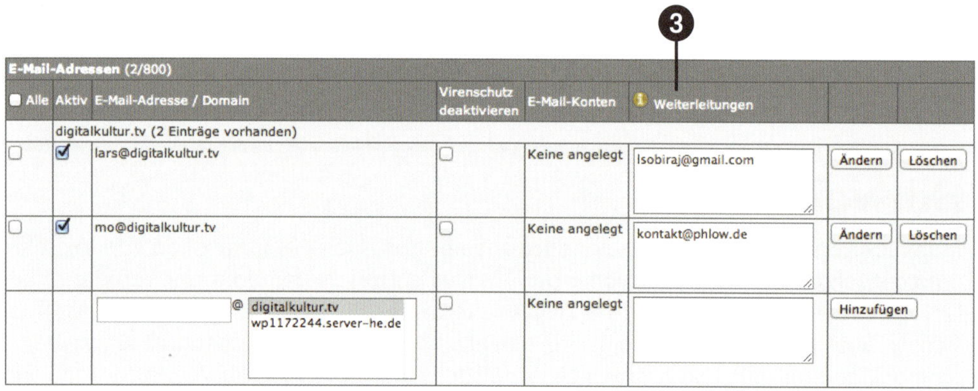
3
E-Mail-Adressen (2/800)
Alle
Aktiv
E-Mail-Adresse / Domain
Virenschutz deaktivieren
E-Mail-Konten
Weiterleitungen
digitalkultur.tv (2 Einträge vorhanden)
lars@digitalkultur.tv
Keine angelegt
lsobiraj@gmail.com
Ändern
Löschen
mo@digitalkultur.tv
Keine angelegt
kontakt@phlow.de
Ändern
Löschen
@
digitalkultur.tv
wp1172244.server-he.de
Keine angelegt
Hinzufügen

# Schritt 1: E-Mail-Adresse anlegen

Damit Ihre WordPress-Installation einwandfrei funktioniert, benötigen Sie als Erstes eine **E-Mail-Adresse**, unter der WordPress Sie erreichen kann, um Ihnen Nachrichten rund um Ihre WordPress-Installation zukommen zu lassen. Diese Mailadresse ist nicht die Kontaktadresse Ihrer Website oder Ihres Blogs. Sie dient allein administratorischen Zwecken und empfängt Mails, die das System an Sie verschickt. Anstelle einer E-Mail-Adresse mit eigenem POP3-/IMAP-Zugang legen Sie am besten einfach eine **Weiterleitung** auf eine bereits bestehende E-Mail-Adresse an. Möchten Sie lieber ein neues E-Mail-Konto anlegen, können Sie das über den Menüpunkt E-Mail-Konten verwalten → Autoresponder → Filter → Webmailer tun.

Ganz gleich, ob Sie sich für die Weiterleitung oder für eine neue E-Mail-Adresse entscheiden: Ihre für Systemmails hinterlegte E-Mail-Adresse legen Sie immer unter E-Mail ❶ → Email-Adressen verwalten ❷ fest. In der Abbildung links sehen Sie, dass ich das bereits für meinen Kollegen Lars Sobiraj und mich erledigt habe. Im Feld für die Weiterleitungen ❸ habe ich unsere bestehenden E-Mail-Adressen eingegeben.

## Hinweis

Egal wo Sie sich im KIS von Host Europe befinden: Auf jeder Unterseite finden Sie die passenden Hilfeseiten immer direkt unter den Einstellungen der jeweiligen Seite.

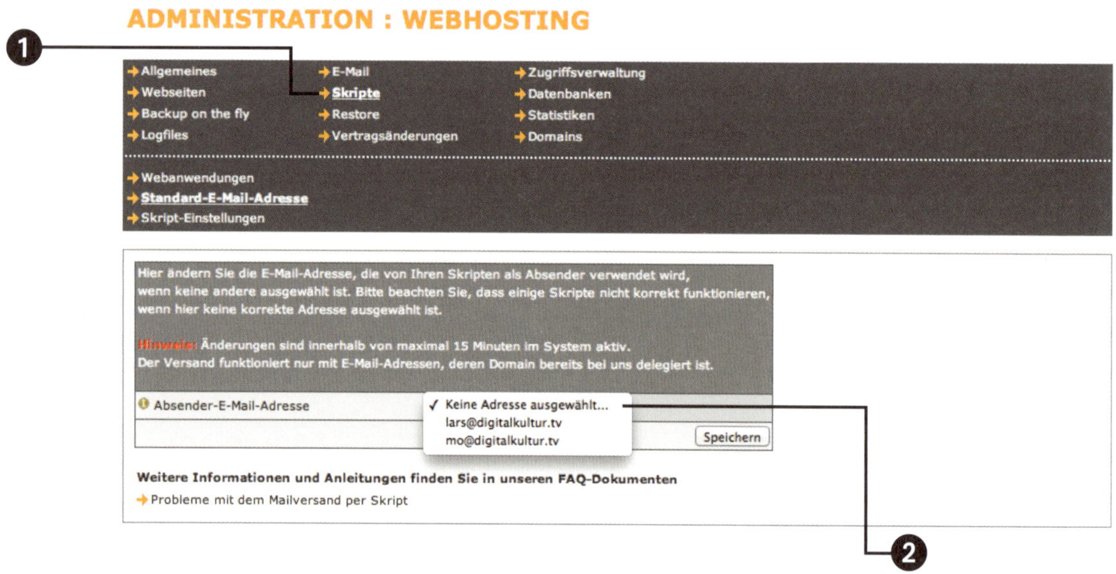
ADMINISTRATION : WEBHOSTING
1
Allgemeines
E-Mail
Zugriffsverwaltung
Webseiten
Skripte
Datenbanken
Backup on the fly
Restore
Statistiken
Logfiles
Vertragsänderungen
Domains
Webanwendungen
Standard-E-Mail-Adresse
Skript-Einstellungen
Hier ändern Sie die E-Mail-Adresse, die von Ihren Skripten als Absender verwendet wird, wenn keine andere ausgewählt ist. Bitte beachten Sie, dass einige Skripte nicht korrekt funktionieren, wenn hier keine korrekte Adresse ausgewählt ist.
Hinweis: Änderungen sind innerhalb von maximal 15 Minuten im System aktiv.
Der Versand funktioniert nur mit E-Mail-Adressen, deren Domain bereits bei uns delegiert ist.
Absender-E-Mail-Adresse
✓ Keine Adresse ausgewählt...
lars@digitalkultur.tv
mo@digitalkultur.tv
Speichern
Weitere Informationen und Anleitungen finden Sie in unseren FAQ-Dokumenten
Probleme mit dem Mailversand per Skript
2

## Schritt 2: Standard-E-Mail-Adresse für Skripte anlegen

Haben Sie eine E-Mail-Adresse angelegt, müssen Sie sie im nächsten Schritt als **Standard-E-Mail-Adresse für Webanwendungen** einrichten. Denn WordPress verschickt E-Mails, wenn z. B. Kommentare auf eine Moderation warten oder wenn Sie das Passwort vergessen haben. Für diese Funktion braucht das System eine E-Mail-Adresse für den Absender.

Klicken Sie dazu auf den Menüpunkt Skripte ❶ und anschließend darunter auf Standard-E-Mail-Adresse.

Über das Ausklappmenü ❷ wählen Sie die gewünschte E-Mail-Adresse aus. Vergessen Sie nicht, Ihre Wahl mit einem Klick auf den Speichern-Button zu bestätigen. Das KIS informiert Sie daraufhin darüber, dass »Änderungen innerhalb von maximal 15 Minuten im System aktiv sind.«

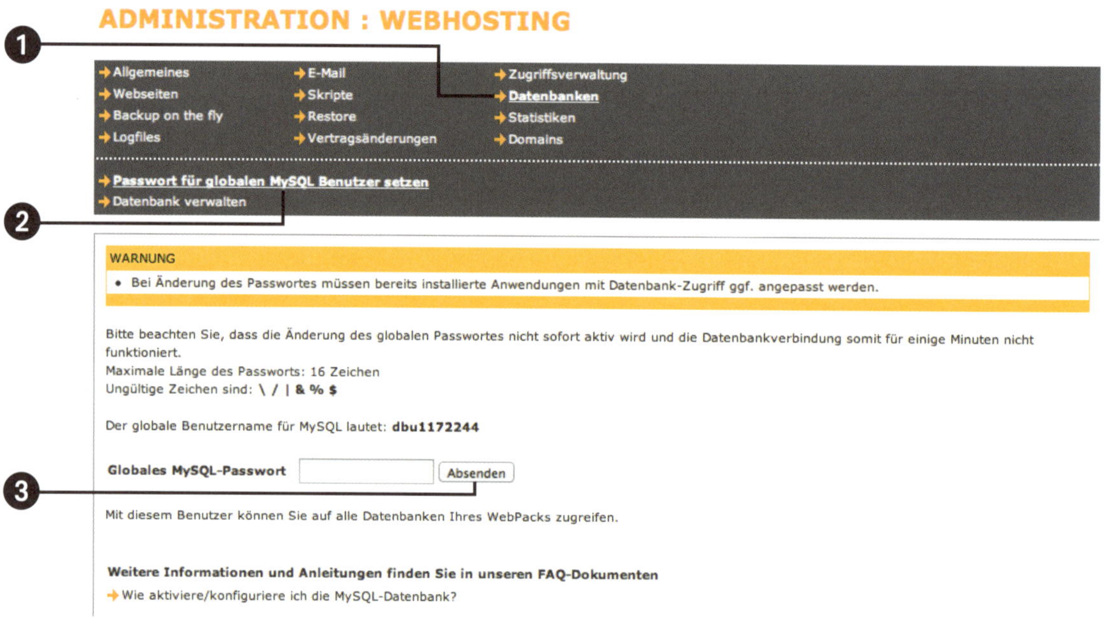
ADMINISTRATION : WEBHOSTING
1
Allgemeines
Webseiten
Backup on the fly
Logfiles
E-Mail
Skripte
Restore
Vertragsänderungen
Zugriffsverwaltung
Datenbanken
Statistiken
Domains
Passwort für globalen MySQL Benutzer setzen
Datenbank verwalten
2
WARNUNG
Bei Änderung des Passwortes müssen bereits installierte Anwendungen mit Datenbank-Zugriff ggf. angepasst werden.
Bitte beachten Sie, dass die Änderung des globalen Passwortes nicht sofort aktiv wird und die Datenbankverbindung somit für einige Minuten nicht funktioniert.
Maximale Länge des Passworts: 16 Zeichen
Ungültige Zeichen sind: \ / | & % $
Der globale Benutzername für MySQL lautet: dbu1172244
Globales MySQL-Passwort
Absenden
3
Mit diesem Benutzer können Sie auf alle Datenbanken Ihres WebPacks zugreifen.
Weitere Informationen und Anleitungen finden Sie in unseren FAQ-Dokumenten
Wie aktiviere/konfiguriere ich die MySQL-Datenbank?

# Schritt 3: Die Datenbank vorbereiten

Wie bereits erwähnt, werden alle Inhalte Ihrer WordPress-Installation, wie z. B. Artikel oder Fotos, in einer Datenbank abgelegt. Diese Datenbank müssen Sie aber erst einrichten, bevor Sie sie nutzen können.

Zunächst müssen Sie einmalig für die Datenbank ein globales **Passwort** bestimmen. Dieses Passwort legen Sie beim ersten Aufruf des Menüs Datenbanken ❶ → Passwort für globalen MySQL Benutzer setzen ❷ fest. Dadurch wird Ihre Datenbank vor Angreifern geschützt. Erst wenn Sie diesen Schritt absolviert haben, können Sie bzw. kann das KIS für Sie eine Datenbank anlegen.

Selbstverständlich können Sie das Passwort zu jedem Zeitpunkt ändern. Bitte beachten Sie, dass das Passwort und der Benutzername für alle Datenbanken des Webpacks identisch sind.

Vermeiden Sie bei der Eingabe **triviale Passwörter** und benutzen Sie am besten ein 16 Zeichen langes Passwort mit Sonderzeichen. Ungültige Zeichen im KIS sind \ / | & % $. Geben Sie Ihr Passwort ein und klicken Sie abschließend auf Absenden ❸.

## Hinweis

Hacker und Spammer attackieren permanent Server, um diese für kriminelle Machenschaften zu missbrauchen. Mit kryptischen Passwörtern, die Zahlen und Sonderzeichen beinhalten, wehren Sie sich dagegen. Mit dem **Passwortgenerator** unter *www.gaijin.at/olspwgen.php* erstellen Sie schnell und unkompliziert Serverpasswörter über das Ausklappmenü. Wählen Sie dazu Server-Passwörter 2 (16 Zeichen) und starten Sie den Generator mit Passwörter erstellen. Ein finaler Klick auf Passwörter erstellen, und Sie erhalten sofort eine Liste kryptischer Passwörter, die unknackbar sind.

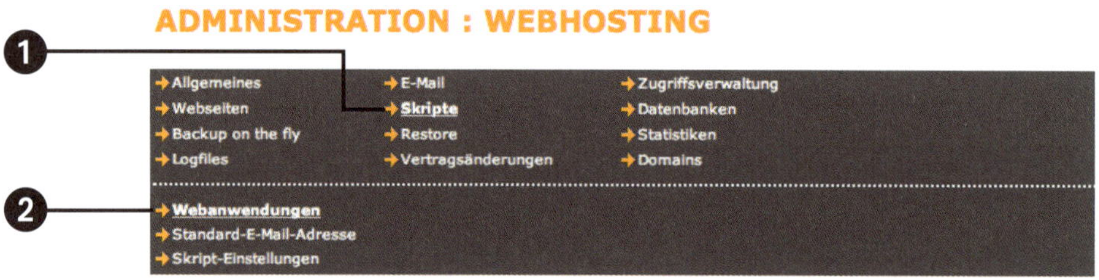
ADMINISTRATION : WEBHOSTING
1
2
Allgemeines
Webseiten
Backup on the fly
Logfiles
E-Mail
Skripte
Restore
Vertragsänderungen
Zugriffsverwaltung
Datenbanken
Statistiken
Domains
Webanwendungen
Standard-E-Mail-Adresse
Skript-Einstellungen

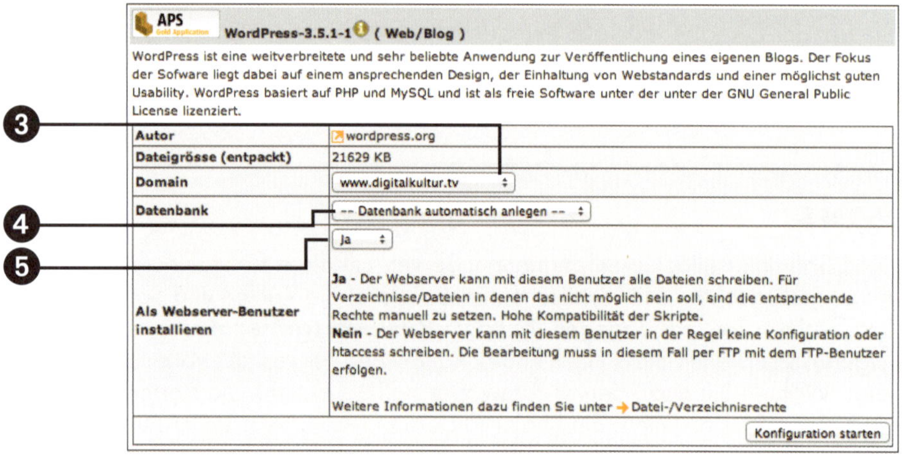
APS
WordPress-3.5.1-1 ( Web/Blog )
WordPress ist eine weitverbreitete und sehr beliebte Anwendung zur Veröffentlichung eines eigenen Blogs. Der Fokus der Sofware liegt dabei auf einem ansprechenden Design, der Einhaltung von Webstandards und einer möglichst guten Usability. WordPress basiert auf PHP und MySQL und ist als freie Software unter der unter der GNU General Public License lizenziert.
3
4
5
Autor
wordpress.org
Dateigrösse (entpackt)
21629 KB
Domain
www.digitalkultur.tv
Datenbank
-- Datenbank automatisch anlegen --
Ja
Als Webserver-Benutzer installieren
Ja - Der Webserver kann mit diesem Benutzer alle Dateien schreiben. Für Verzeichnisse/Dateien in denen das nicht möglich sein soll, sind die entsprechende Rechte manuell zu setzen. Hohe Kompatibilität der Skripte.
Nein - Der Webserver kann mit diesem Benutzer in der Regel keine Konfiguration oder htaccess schreiben. Die Bearbeitung muss in diesem Fall per FTP mit dem FTP-Benutzer erfolgen.
Weitere Informationen dazu finden Sie unter Datei-/Verzeichnisrechte
Konfiguration starten

# Schritt 4: WordPress installieren

Wenn die Datenbank vorbereitet ist (man spricht auch von initialisieren), können Sie WordPress installieren. Wählen Sie dazu den Menüpunkt Skripte ❶ und anschließend den Unterpunkt Webanwendungen ❷. Suchen Sie WordPress aus der alphabetisch sortierten Liste der Webanwendungen heraus (weiter unten) und klicken Sie auf Konfigurieren.

Anschließend öffnet das KIS die Dialogbox für die Installation. Wählen Sie über das erste Ausklappmenü die Domain ❸ aus, auf der WordPress installiert werden soll. Über das zweite Ausklappmenü wählen Sie entweder eine bereits bestehende Datenbank aus, oder Sie weisen das KIS an, eine Datenbank automatisch anzulegen ❹. Über das letzte verbleibende Ausklappmenü ❺ bestimmen Sie, ob der Webserver Dateien schreiben darf oder nicht. Wählen Sie Ja und starten Sie die Installation mit einem Klick auf Konfiguration starten. Das »Ja« garantiert Ihnen, dass Sie später leserfreundliche URLs generieren können.

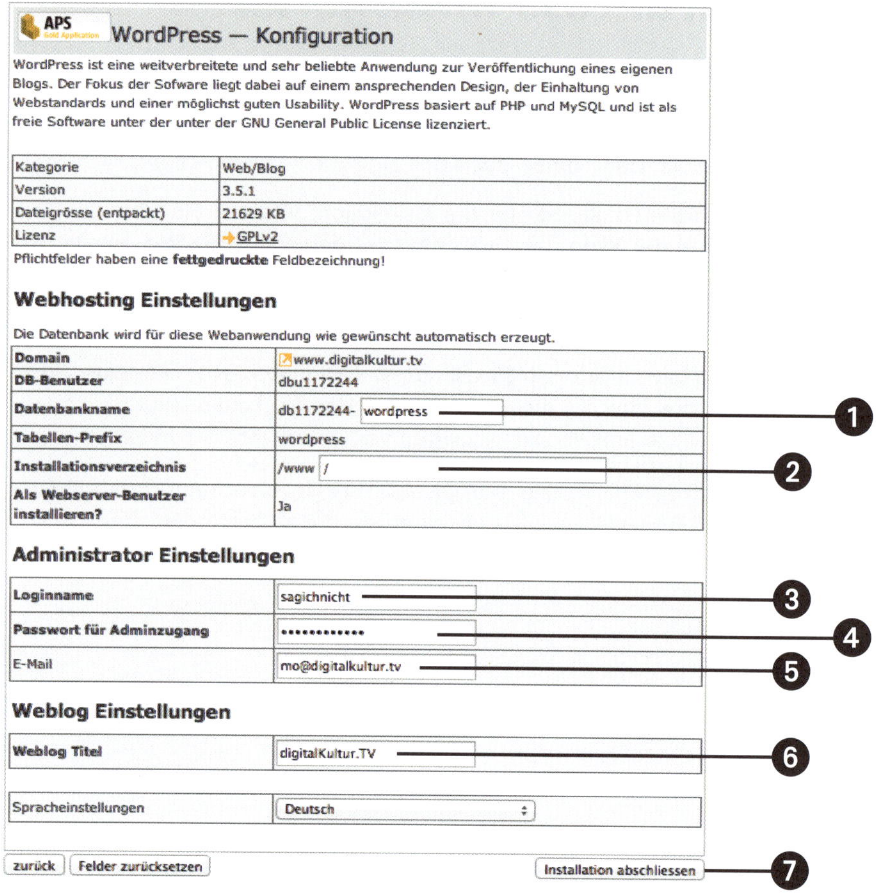
APS
WordPress — Konfiguration
WordPress ist eine weitverbreitete und sehr beliebte Anwendung zur Veröffentlichung eines eigenen Blogs. Der Fokus der Sofware liegt dabei auf einem ansprechenden Design, der Einhaltung von Webstandards und einer möglichst guten Usability. WordPress basiert auf PHP und MySQL und ist als freie Software unter der unter der GNU General Public License lizenziert.
Kategorie
Web/Blog
Version
3.5.1
Dateigrösse (entpackt)
21629 KB
Lizenz
GPLv2
Pflichtfelder haben eine fettgedruckte Feldbezeichnung!
Webhosting Einstellungen
Die Datenbank wird für diese Webanwendung wie gewünscht automatisch erzeugt.
Domain
www.digitalkultur.tv
DB-Benutzer
dbu1172244
Datenbankname
db1172244-
wordpress
Tabellen-Prefix
wordpress
Installationsverzeichnis
/www
/
Als Webserver-Benutzer installieren?
Ja
Administrator Einstellungen
Loginname
sagichnicht
Passwort für Adminzugang
E-Mail
mo@digitalkultur.tv
Weblog Einstellungen
Weblog Titel
digitalKultur.TV
Spracheinstellungen
Deutsch
zurück
Felder zurücksetzen
Installation abschliessen
1
2
3
4
5
6
7

# Schritt 5: WordPress konfigurieren

Auch die weitere Konfiguration von WordPress ist denkbar einfach. Im ersten Schritt geben Sie der Datenbank einen eigenen Datenbanknamen ❶. Das Installationsverzeichnis können Sie grundsätzlich frei wählen, das www-Verzeichnis ist aber empfehlenswert. Dieses Verzeichnis ❷ habe ich auch für das Beispielprojekt ausgewählt, denn direkt nach der Eingabe von *www.digitalkultur.tv* soll WordPress starten.

Im nächsten Schritt wählen Sie einen Loginnamen ❸ und ein Passwort für Adminzugang ❹. Mit Adminzugang ist der Zugang zum passwortgeschützten Backend gemeint, also zum Verwaltungsbereich Ihrer WordPress-Installation. Achten Sie darauf, ein neues Passwort zu verwenden, das Sie nicht bereits für die Datenbank nutzen. Damit Ihnen WordPress als Admin auch E-Mails schicken kann, geben Sie abschließend noch eine E-Mail-Adresse ❺ ein. Diese E-Mail-Adresse sollte eine Adresse zu einem E-Mail-Konto sein (zum Beispiel Ihre private Mailadresse), das Sie kontinuierlich aufrufen. Dadurch stellen Sie sicher, dass Hinweise und Warnmeldungen von WordPress Sie jederzeit erreichen.

Zum Schluss geben Sie noch einen Weblog Titel ❻ ein. Das kann auch ein Platzhaltertitel sein, denn sowohl Passwort und E-Mail-Adresse als auch Weblogtitel können Sie später über die WordPress-Administrationseiten jederzeit ändern.

Starten Sie die Installation, indem Sie auf Installation abschliessen ❼ klicken.

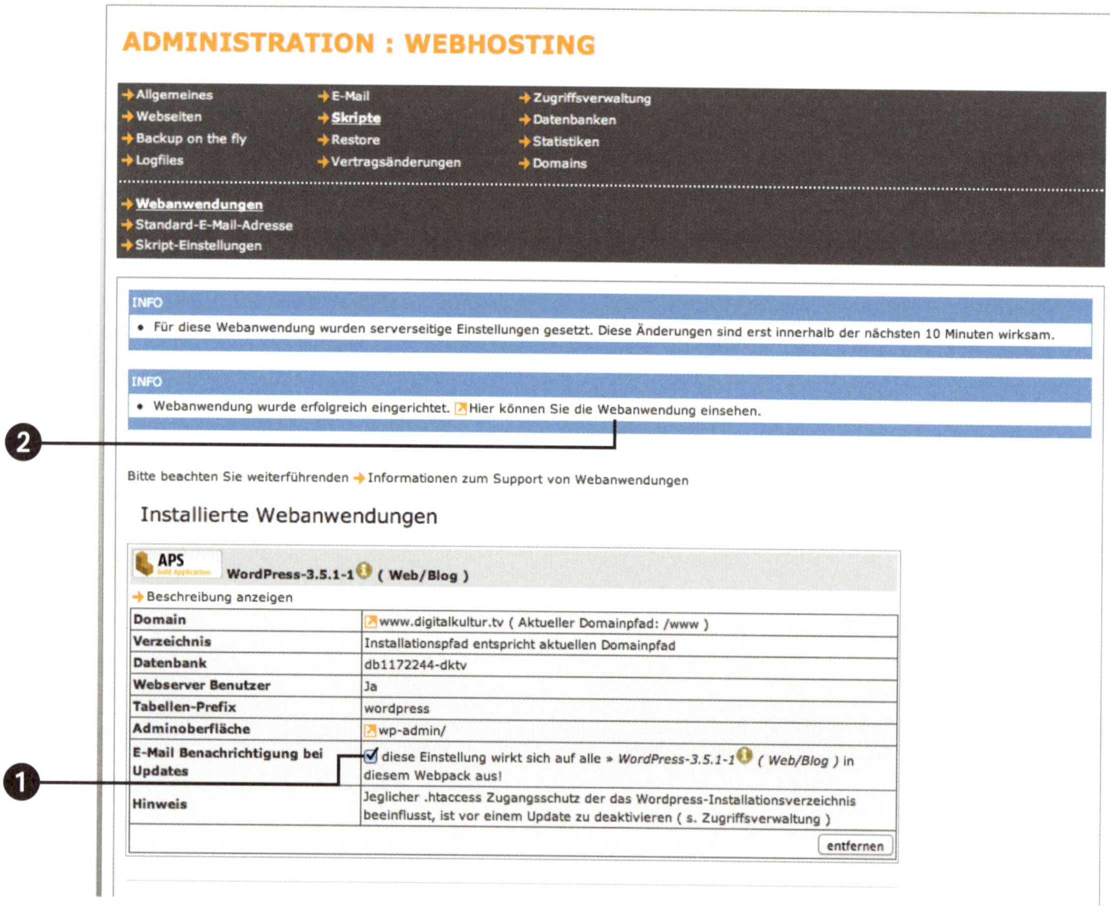
ADMINISTRATION : WEBHOSTING
Allgemeines
Webseiten
Backup on the fly
Logfiles
E-Mail
Skripte
Restore
Vertragsänderungen
Zugriffsverwaltung
Datenbanken
Statistiken
Domains
Webanwendungen
Standard-E-Mail-Adresse
Skript-Einstellungen
INFO
Für diese Webanwendung wurden serverseitige Einstellungen gesetzt. Diese Änderungen sind erst innerhalb der nächsten 10 Minuten wirksam.
INFO
Webanwendung wurde erfolgreich eingerichtet. Hier können Sie die Webanwendung einsehen.
2
Bitte beachten Sie weiterführenden Informationen zum Support von Webanwendungen
Installierte Webanwendungen
APS
WordPress-3.5.1-1 ( Web/Blog )
Beschreibung anzeigen
Domain
www.digitalkultur.tv ( Aktueller Domainpfad: /www )
Verzeichnis
Installationspfad entspricht aktuellen Domainpfad
Datenbank
db1172244-dktv
Webserver Benutzer
Ja
Tabellen-Prefix
wordpress
Adminoberfläche
wp-admin/
E-Mail Benachrichtigung bei Updates
diese Einstellung wirkt sich auf alle » WordPress-3.5.1-1 ( Web/Blog ) in diesem Webpack aus!
1
Hinweis
Jeglicher .htaccess Zugangsschutz der das Wordpress-Installationsverzeichnis beeinflusst, ist vor einem Update zu deaktivieren ( s. Zugriffsverwaltung )
entfernen

# Schritt 6: Die WordPress-Installation aufrufen

Hat das KIS WordPress erfolgreich auf Ihrem Webspace installiert, sehen Sie eine ähnliche Webseite wie die in der Abbildung links. Ich empfehle Ihnen, das Häkchen bei E-Mail Benachrichtigung bei Updates ❶ zu setzen. Dadurch erhalten Sie Benachrichtigungen nach Erscheinen einer neuen WordPress-Version.

Öffnen Sie Ihre neue WordPress-Website, indem Sie auf Hier können Sie die Webanwendung einsehen ❷ klicken oder die Internetadresse (oder URL) Ihrer Installation in der Browserzeile eingeben – in meinem Fall *www.digitalkultur.tv*.

digitalKultur.TV
Just another WordPress site
HOME
SAMPLE PAGE
Hello world!
1 Antwort
Welcome to WordPress. This is your first post. Edit or delete it, then start blogging!
Dieser Beitrag wurde unter Uncategorized abgelegt am März 28, 2013.
Suchen
LETZTE BEITRÄGE
Hello world!
LETZTE KOMMENTARE
Mr WordPress bei Hello world!
ARCHIVE
März 2013
KATEGORIEN
Uncategorized
META
1
Anmelden
Beitrags-Feed (RSS)
Kommentare als RSS
WordPress.org
Stolz präsentiert von WordPress

WordPress
Benutzername
Passwort
Erinnere dich an mich
Anmelden
Passwort vergessen?
← Zurück zu digitalKultur.TV

# Schritt 7: In WordPress einloggen

Bereits während der Installation wurde die Datenbank mit ein paar Testdaten gefüllt. Dazu gehört auch der übliche »Hello World!«-Artikel. Ansonsten präsentiert sich die Website sehr puristisch und wartet auf die Eingabe Ihrer Inhalte und eine weitere Konfiguration.

Sicherlich brennen Sie darauf, auch das Backend, also das eigentliche Redaktionssystem, von WordPress zu sehen. Um sich einzuloggen, gibt es zwei Möglichkeiten: Entweder Sie klicken in der rechten Seitenleiste auf Anmelden ❶, oder Sie rufen den Login-Bildschirm über die Browserzeile auf. Dazu müssen Sie lediglich wp-login.php an die Adresse anhängen. Das sieht dann so aus: *www.ihre-domain/wp-login.php*.

Geben Sie dort Ihren Benutzernamen und Ihr Passwort ein, um sich einzuloggen. Wenn Sie nicht jedes Mal erneut den Benutzernamen samt Passwort eingeben wollen, setzen Sie ein Häkchen bei Erinnere dich an mich. WordPress speichert dann ein Cookie in Ihrem Browser ab und lässt Sie beim nächsten Mal direkt durch.

# Kapitel 2 | Ein WordPress-Projekt planen

Wenn Sie WordPress erfolgreich installiert haben, wollen Sie sicherlich gleich loslegen und ausprobieren, wie man Inhalte publiziert. Bevor Sie das tun, müssen Sie sich aber mit ein paar Besonderheiten von WordPress vertraut machen, damit Ihr Webprojekt von Anfang an auf soliden Füßen steht. Welche das sind, erfahren Sie in diesem Kapitel.

Außerdem gibt es einige wichtige Fragen, mit denen Sie sich als künftiger Website-Betreiber beschäftigen sollten: Möchten Sie ein Blog oder lieber eine Website entwickeln? An wen möchten Sie sich mit Ihrem Webauftritt richten? Sind diese Fragen geklärt, wird es Ihnen später umso leichter fallen, Ihr Blog bzw. Ihre Website mit Leben zu füllen.

## Logo

digitalKULTUR.TV

## Farben

## Schrift – Open Sans

1. Choose the styles you want:

Open Sans
- Book 300
- *Book 300 Italic*
- Normal 400
- *Normal 400 Italic*
- Semi-Bold 600
- *Semi-Bold 600 Italic*
- **Bold 700**
- ***Bold 700 Italic***
- **Extra-Bold 800**
- ***Extra-Bold 800 Italic***

Grumpy wizards make toxic brew for the evil Queen and Jack
*Grumpy wizards make toxic brew for the evil Queen and Jack*
Grumpy wizards make toxic brew for the evil Queen and Jack
*Grumpy wizards make toxic brew for the evil Queen and Jack*
Grumpy wizards make toxic brew for the evil Queen and Jack
*Grumpy wizards make toxic brew for the evil Queen and Jack*
**Grumpy wizards make toxic brew for the evil Queen and Jack**
***Grumpy wizards make toxic brew for the evil Queen and Jack***
**Grumpy wizards make toxic brew for the evil Queen and Jack**
***Grumpy wizards make toxic brew for the evil Queen and Jack***

## Kurzbeschreibung

Die Webvideo-Sendung digitalKultur.TV interviewt Internetspezialisten, Computerexperten, Hacker, Netzaktivisten, Programmierer und Künstler zum Thema Digitalität.

# Ein Ziel und eine Zielgruppe für Ihren Webauftritt definieren

Wenn Sie dieses Buch gekauft haben, wissen Sie sicherlich bereits, wofür Sie WordPress einsetzen wollen. Vielleicht möchten Sie aber auch einfach mal ausprobieren, ob Sie Spaß an einem Blog oder einer eigenen Website haben und ob es sich für Sie lohnt.

Ganz gleich, was Sie mit WordPress vorhaben – aus Erfahrung weiß ich, dass es sich immer bewährt, ein **kleines Konzept** zu entwerfen, sich ein paar **Ziele** zu setzen und zu überlegen, welches **Publikum** man ansprechen möchte. Weder Konzept noch Ziele sollten starr sein, erfahrungsgemäß verwandelt sich ein Projekt, wenn es sich weiterentwickelt. Mithilfe von Statistiken erhalten Sie außerdem wertvolle Informationen über die Besucher und die Inhalte, die besonders gut ankommen.

Konzept und Ziel helfen Ihnen aber dabei, während der ersten Schritte wichtige Fragen zu beantworten, zum Beispiel diese: Wie könnte der **Slogan oder Titel meiner Website** lauten? Wie präsentiere ich passend meine Inhalte? Welche Wörter geben Suchende in eine Suchmaschine ein, um meine Inhalte zu finden? Welche **Farben** möchte ich für mein Projekt nutzen? Welche **Schrift** passt dazu?

So lautet der Slogan für digitalKultur.TV »Digitales Leben, Netzkultur & Internet«. Weil die ersten Computerbildschirme Grün und Schwarz waren, haben wir uns für zwei leicht giftige Grüntöne, Schwarz und Weiß entschieden. Als Schrift nutzen wir die freie Schrift Open Sans, die modern, elegant und als serifenlose Schrift am Bildschirm sehr gut lesbar ist. Das Logo besteht aus einer sogenannten Wortmarke und ist ebenfalls in einer serifenlosen Schrift gesetzt.

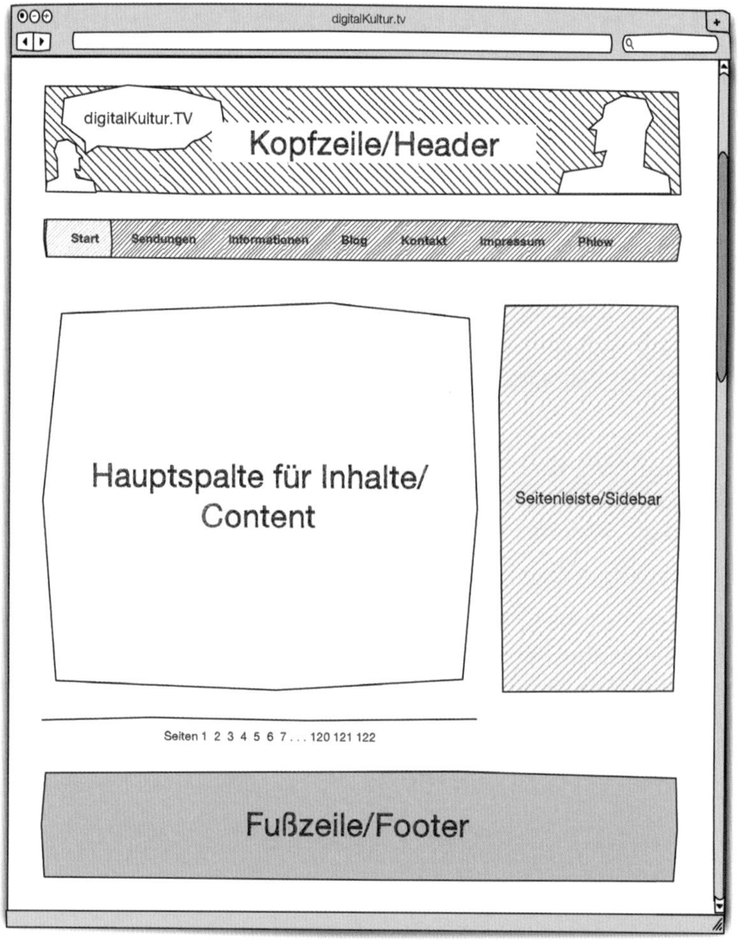
digitalKultur.tv
digitalKultur.TV
Kopfzeile/Header
Start
Sendungen
Informationen
Blog
Kontakt
Impressum
Phlow
Hauptspalte für Inhalte/ Content
Seitenleiste/Sidebar
Seiten 1 2 3 4 5 6 7 . . . 120 121 122
Fußzeile/Footer

# Der typische Aufbau von Websites und Blogs

Es gibt zahlreiche unterschiedliche Arten, eine Website aufzubauen. Vor allem mit der zunehmenden Zahl von Benutzern, die Webseiten mit mobilen Geräten wie Smartphones oder Tablets aufrufen, geraten die Designansprüche wieder in Bewegung. (Mehr über diese neuen Anforderungen ans Webdesign, die unter dem Stichwort »Responsive Webdesign« zusammengefasst werden, und WordPress' Antwort darauf können Sie auf Seite 183 nachlesen.)

Trotz aller Unterschiede in den Details hat sich in den vergangenen Jahren vor allem ein Layout durchgesetzt, das aus einer Seitenspalte und einer Hauptspalte für die Inhalte besteht.

Diese zweispaltigen Layouts kommen auch bei zahlreichen WordPress-Designs zum Einsatz. Sie setzen sich häufig aus fünf Hauptbereichen zusammen:

- **Kopfzeile** (Header)
- **Horizontale Navigationsleiste** (Navigation Bar)
- **Hauptspalte** (Content)
- **Seitenleiste** (Sidebar)
- **Fußzeile** (Footer)

Je nach WordPress-Design – bei WordPress *Theme* genannt – lassen sich die verschiedenen Seitenbereiche mal mehr, mal weniger flexibel gestalten. In der Regel können Sie aber die Navigation anpassen und in der Seitenleiste sowie in der Fußzeile verschiedene Sonderbereiche wie z. B. eine Suche oder eine Liste mit den letzten Beiträgen einbauen. Dazu erlauben moderne Themes den Upload eines Hintergrundbilds (mehr zu Themes lesen Sie in Kapitel 6).

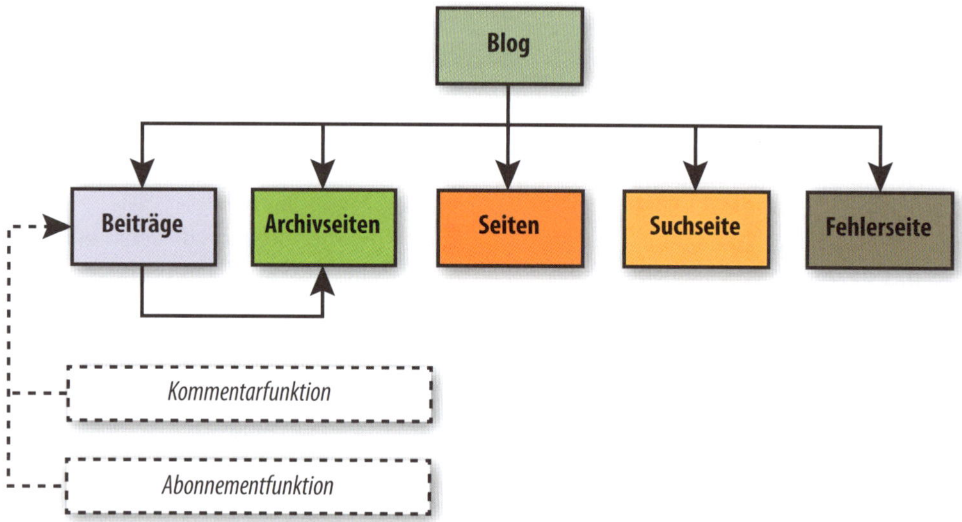
Blog
Beiträge
Archivseiten
Seiten
Suchseite
Fehlerseite
Kommentarfunktion
Abonnementfunktion

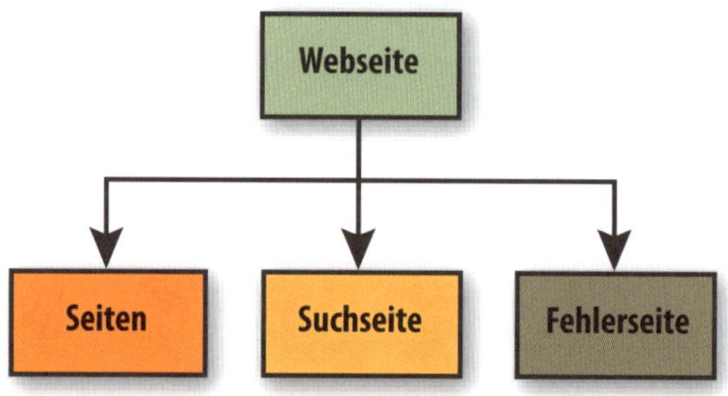
Webseite
Seiten
Suchseite
Fehlerseite

# Was unterscheidet ein Blog von einer »normalen« Website?

Auf der vorherigen Seite habe ich Ihnen erklärt, wie eine einzelne Webseite in den meisten Fällen aufgebaut wird. Internetauftritte für Projekte, Produkte oder Services sowie Blogs nutzen diesen gängigen Aufbau einer Webseite und variieren ihn bei Bedarf – z. B. bei einer Fotogalerie, die mehr Platz für großformatige Bilder durch eine fehlende Seitenleiste schafft.

Was unterscheidet aber ein Blog von einem herkömmlichen Internetauftritt? Ein Blog hebt sich vor allem durch das Ziel ab, **mit dem Besucher interagieren** zu wollen. So nutzen Blogs zahlreiche interaktive Funktionen wie die Kommentarfunktion, Module, die Interaktionen anzeigen (letzte Kommentare, meistgelesene Beiträge), und Funktionen für Abonnements neuer Beiträge (per RSS-Feed oder E-Mail-Benachrichtigung).

Ein weiteres typisches Merkmal von Blogs ist die **chronologische Sortierung von Beiträgen**. Blogs listen Beiträge auf der Startseite und über verschiedenartige Archivseiten meist in chronologischer Reihenfolge auf, wobei der oberste Beitrag der zuletzt veröffentlichte ist.

Außerdem zeigen Blogs die Beiträge auf verschiedenartigen **Archivseiten**. Das können Kategorieseiten genauso wie Autorenarchive oder datumsbasierte Archive sein. Solche Archivseiten trifft man seltener auf »normalen« Webseiten an. Archivseiten erscheinen auf Websites meist nur in Form von Pressemitteilungen, Newslettern oder verwandten Inhalten.

# Vier Arten von Webseiten

Index

Beitrag

Seite

Archivseiten

- Kategorienarchive
- Schlagwortarchive
- Autorenarchive
- Datumsbasierte Archive

# Webseitenformate in WordPress: Beiträge, Seiten, Archive und Index

Um mit WordPress zu arbeiten, muss man das Konzept und die verschiedenen Typen von Webseiten verstehen, die WordPress baut. Generell unterscheidet WordPress vier verschiedene Seitentypen:

- Die **Startseite** (auch Indexseite genannt) listet die aktuellen Beiträge auf oder dient als Begrüßungs- bzw. Orientierungswebseite.
- **Beiträge** sind Artikel, die kategorisiert und verschlagwortet werden.
- **Seiten** sind ein eigenständiges Webseitenformat, das man für Seiten wie Kontakt, Impressum oder Informationen zur Website nutzt. Sie werden nicht kategorisiert.
- **Archivseiten** listen Beiträge nach einem Parameter auf – z. B. Archivseiten einer Kategorie oder nach Erscheinungsdatum sortierte Blogbeiträge.

Diese unterschiedlichen Seitentypen werden von WordPress auf verschiedene Arten gebaut. Während Beiträge und Seiten anhand der von Ihnen eingegebenen Inhalte zusammengestellt werden, werden die Startseite und die Archivseiten automatisch anhand von Vorlagen generiert und ausgegeben.

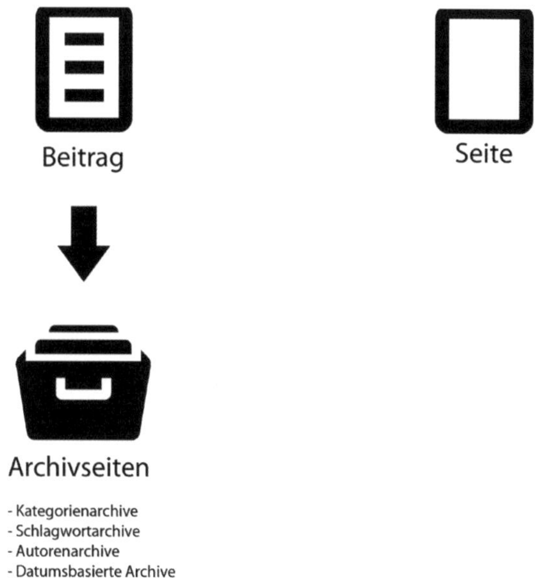
Beitrag
Seite
Archivseiten
- Kategorienarchive
- Schlagwortarchive
- Autorenarchive
- Datumsbasierte Archive

# Der Unterschied zwischen Beiträgen und Seiten

Was ist denn nun der Unterschied zwischen Beiträgen und Seiten, werden Sie sich vielleicht fragen. Das ist ganz einfach: Ein Beitrag wird automatisch von WordPress einer Kategorie, einem Autor und einem Datum zugeordnet. Dieses einheitliche Verfahren, nach dem man Objekte klassifiziert, also ein Klassifikationsschema nutzt, nennt man **Taxonomie**. So veröffentlichen wir eine neue digitalKultur.TV-Sendung als Beitrag, der in die Kategorie Sendungen einsortiert wird.

Seiten besitzen dahingegen keinerlei Taxonomie (Klassifikationsschema). Sie können aber Seiten hierarchisieren und einer Seite Unterseiten (oder Unter-Unterseiten usw.) zuweisen. Das Webseitenformat Seite setzt man immer dann ein, wenn eine Klassifizierung keinen Sinn ergibt. Das ist z. B. bei einer **Kontakt- oder Impressumsseite** der Fall. Dies sind Inhalte bzw. Webseiten jenseits von Kategorien, Autor und Zeit. So kommt das Seitenformat z. B. bei digitalKultur.TV für die Webseite, die über das Projekt informiert, zum Einsatz. Diese Seite hat wiederum drei Unterseiten – jeweils eine für eine Biografie von Lars Sobiraj und mir und eine mit Material für Presse und Blogger. Die Hierarchie sieht dann so aus:

- Über digitalKultur.TV
  - Über Moritz »mo.« Sauer
  - Über Lars Sobiraj
  - Pressematerial

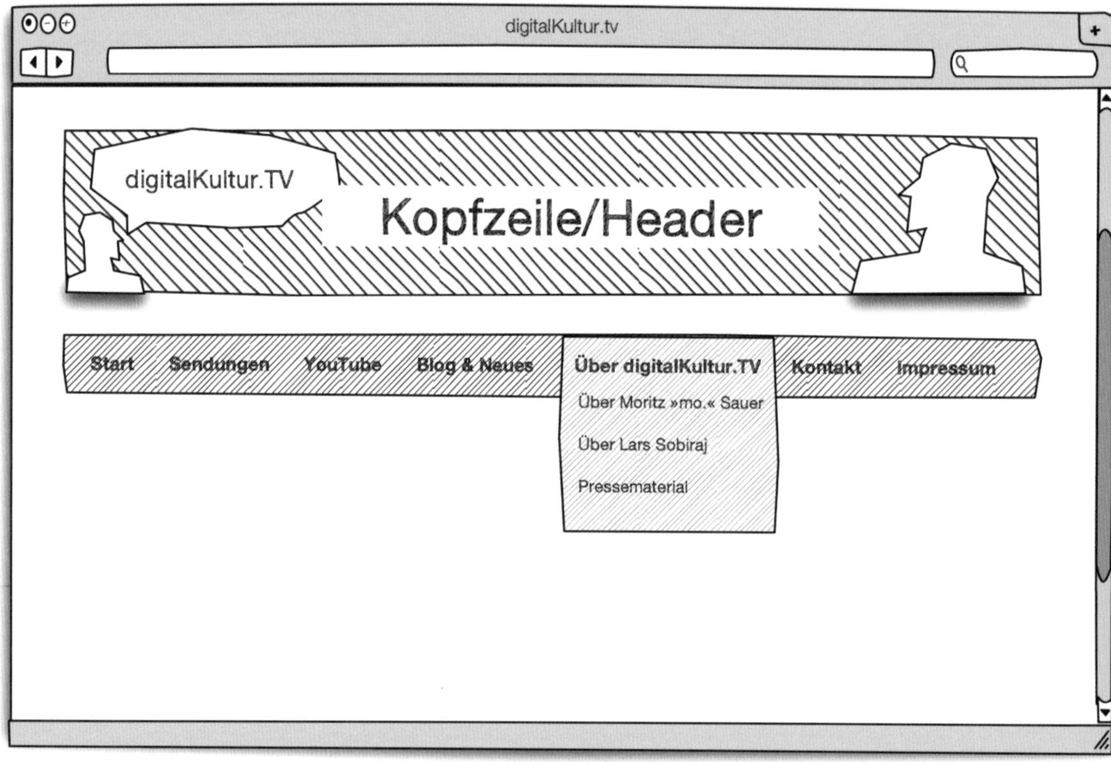
digitalKultur.tv
digitalKultur.TV
Kopfzeile/Header
Start
Sendungen
YouTube
Blog & Neues
Über digitalKultur.TV
Kontakt
Impressum
Über Moritz »mo.« Sauer
Über Lars Sobiraj
Pressematerial

# Inhalte und Navigation skizzieren

Wenn Sie eine Website mit WordPress planen, lohnt es sich, im ersten Schritt auf einem Blatt einfach mal eine Webseite zu »scribbeln«. Stellen Sie sich Fragen: Wie sortieren und kategorisieren Sie Beiträge? Möchten Sie eine blogtypische Startseite mit chronologisch sortierten Beiträgen oder starten Sie mit einer Übersichtsseite, die das Projekt vorstellt? Tendieren Sie überhaupt zu einem Blog oder möchten Sie lieber auf einer klassischen Website Ihr Produkt oder Projekt vorstellen?

Wenn Sie sich eine Struktur erarbeitet haben, ergibt sich die Navigation oft von selbst. Als Leitlinie gilt: **Vermeiden Sie mehr als sieben Menüpunkte!** Mehr sind von Besuchern schwierig zu erfassen. Zahlreiche WordPress-Designs ermöglichen Ihnen auch Ausklappmenüs, mit deren Hilfe Sie einem Hauptmenüpunkt weitere Untermenüpunkte zuweisen können. Diese werden erst dann eingeblendet, wenn der Besucher den Menüpunkt weiter erforschen will und darauf klickt.

Die folgende Tabelle zeigt das Menü von digitalKultur.TV.

| Menübeschreibung | Menütitel | Seitenformat in WordPress |
|---|---|---|
| Startseite | Start | Indexseite |
| Archivseite mit allen Sendungen | Sendungen | Kategorieseite »Sendungen« |
| Seite mit Informationen über das Projekt | Über digitalKultur.TV | Seite |
| Blog des Projekts | Blog & Neues | Kategorieseite »Neues« |
| Kontaktformular | Kontakt | Seite |
| Impressum | Impressum | Seite |

Haben Sie die Planung und das Konzept abgeschlossen, können Sie sich im nächsten Kapitel an die Umsetzung begeben und erste Inhalte veröffentlichen und editieren.

# Kapitel 3 | Erste Inhalte veröffentlichen

Nachdem Sie diese Vorarbeiten erledigt haben, kann es nun richtig losgehen. Auf den folgenden Seiten erfahren Sie, wie Sie Ihre ersten Beiträge veröffentlichen, Bilder hochladen und einbauen, YouTube-Videos in Ihre Website einbetten und ein Impressum anlegen. Während dieses Kapitel eine Art Schnellstart mit grundlegenden Funktionen ist, vertiefen Sie Ihr Wissen später in Kapitel 5. Fragen, die in diesem Kapitel offen bleiben, werden dort ausführlich beantwortet.

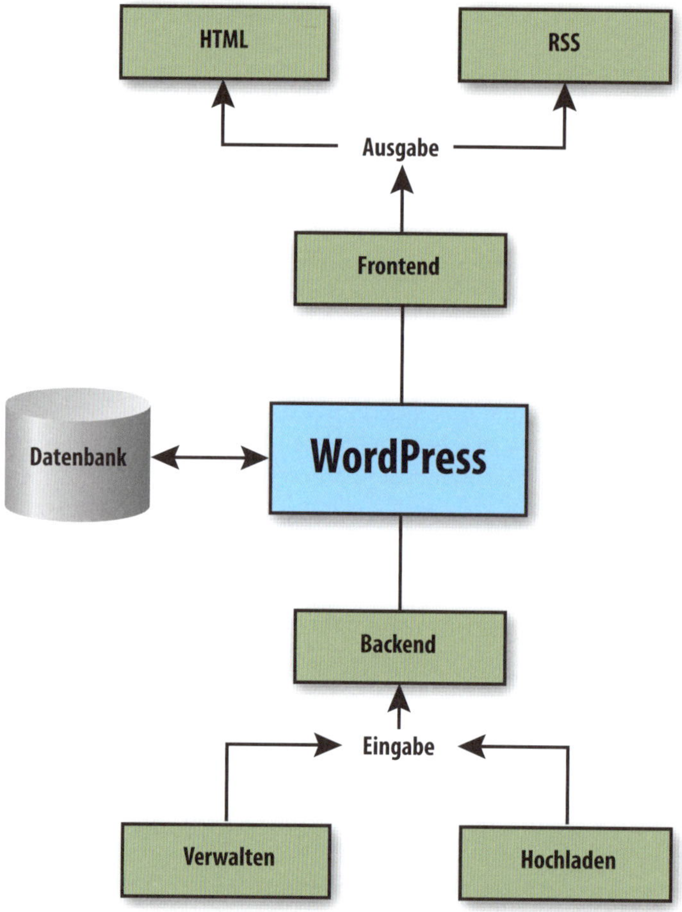
HTML
RSS
Ausgabe
Frontend
Datenbank
WordPress
Backend
Eingabe
Verwalten
Hochladen

# Wie funktioniert ein Redaktionssystem?

In den vorangehenden Kapiteln ist im Zusammenhang mit WordPress öfter der Begriff »Redaktionssystem« gefallen. Was verbirgt sich genau dahinter? Ein Redaktionssystem besteht aus zwei Bereichen: dem **Frontend** und dem **Backend**. Das Frontend ist der Bereich, den jeder Besucher sehen kann – die eigentliche Website. Das Backend ist der passwortgeschützte Bereich, über den Sie die Website verwalten. Um Inhalte über das Backend einzugeben, hochzuladen und zu veröffentlichen, müssen Sie sich zuerst mit einem Benutzernamen und einem Passwort anmelden, wie Sie es von Facebook, Google Mail usw. kennen.

In diesem und den beiden folgenden Kapiteln zeige ich Ihnen, wie Sie mit WordPress umgehen. Sie konfigurieren, verwalten und erweitern Ihre WordPress-Website im **Backend**. Hier können Sie auch neue Inhalte eingeben, die Website administrieren, Bilder und andere Dateien hochladen, das Layout verändern und Plugins installieren, um das WordPress-System um hilfreiche Funktionen zu erweitern. Das gesamte WordPress-System und alle hochgeladenen Dateien liegen auf einem Server, der auf das Redaktionssystem vorbereitet wurde und der es »versteht«.

Ruft ein Besucher eine Webseite im Browser auf, wird die Internetadresse der Webseite an das Redaktionssystem übergeben. WordPress »schaut« daraufhin in die Datenbank, um festzustellen, welche Inhalte mit der Internetadresse verknüpft sind. Gibt es Inhalte unter der Internetadresse, baut das Redaktionssystem die Webseite zusammen, indem es die dazu nötigen Informationen aus der Datenbank zieht. Die fertige Webseite schickt der Server dann an den Browser des Besuchers. Diese dynamische Ausgabe der Website übernimmt das sogenannte Frontend.

Frontend

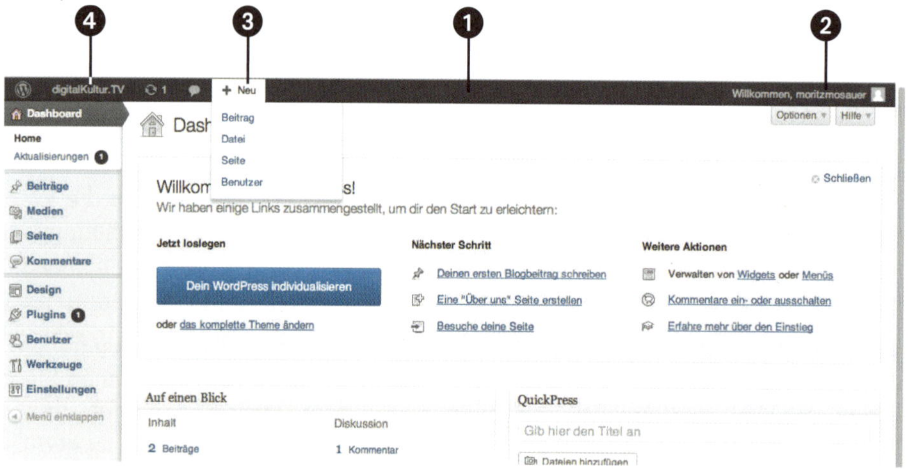


Backend

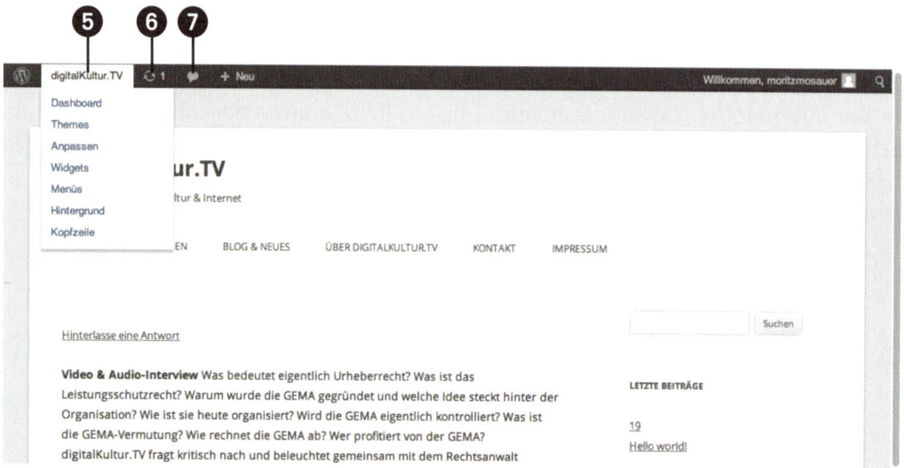


Frontend

# Zwischen Frontend und Backend wechseln

Wenn Sie sich bei WordPress eingeloggt haben, können Sie jederzeit zwischen Frontend und Backend über die oben angezeigte dunkelgraue Adminleiste ❶ wechseln. Diese Leiste wird nur eingeloggten Nutzern angezeigt.

Die Adminleiste ist in zwei Bereiche unterteilt. Über den rechten Bereich ❷ gelangen Sie schnell zu Ihrem WordPress-Profil oder melden sich aus dem System ab.

Über den linken Bereich springen Sie in die verschiedenen administrativen Bereiche oder legen über den Menüpunkt +Neu ❸ neue Beiträge, Seiten und Benutzer an, oder Sie laden eine Datei in die Mediathek hoch.

Klicken Sie auf den Titel Ihrer Website ❹, wechseln Sie schnell zwischen Frontend und Backend hin und her. Befinden Sie sich im Frontend, blendet das Ausklappmenü verschiedene Adminbereiche ein ❺.

Gibt es Aktualisierungen von WordPress, Themes oder Plugins, erscheinen zwei kreisförmig angeordnete Pfeile plus Zahl ❻. Die Zahl weist darauf hin, wie viele Komponenten auf Aktualisierung warten. Die Sprechblase wiederum ❼ zeigt an, ob neue Kommentare auf die Freischaltung warten.

## Tipp

Wenn Sie die Adminleiste stört, können Sie sie einfach und unkompliziert über das Menü Benutzer → Dein Profil deaktivieren. Löschen Sie dazu das Häkchen bei Werkzeugleiste für mich auf der Website anzeigen.

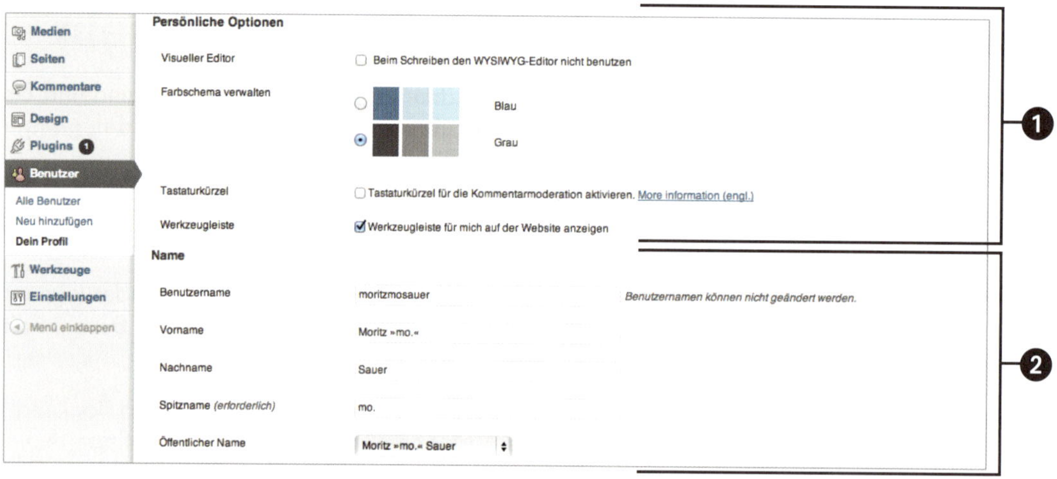
Medien
Seiten
Kommentare
Design
Plugins 1
Benutzer
Alle Benutzer
Neu hinzufügen
Dein Profil
Werkzeuge
Einstellungen
Menü einklappen
Persönliche Optionen
Visueller Editor
Beim Schreiben den WYSIWYG-Editor nicht benutzen
Farbschema verwalten
Blau
Grau
Tastaturkürzel
Tastaturkürzel für die Kommentarmoderation aktivieren. More information (engl.)
Werkzeugleiste
Werkzeugleiste für mich auf der Website anzeigen
Name
Benutzername
moritzmosauer
Benutzernamen können nicht geändert werden.
Vorname
Moritz »mo.«
Nachname
Sauer
Spitzname (erforderlich)
mo.
Öffentlicher Name
Moritz »mo.« Sauer
1
2

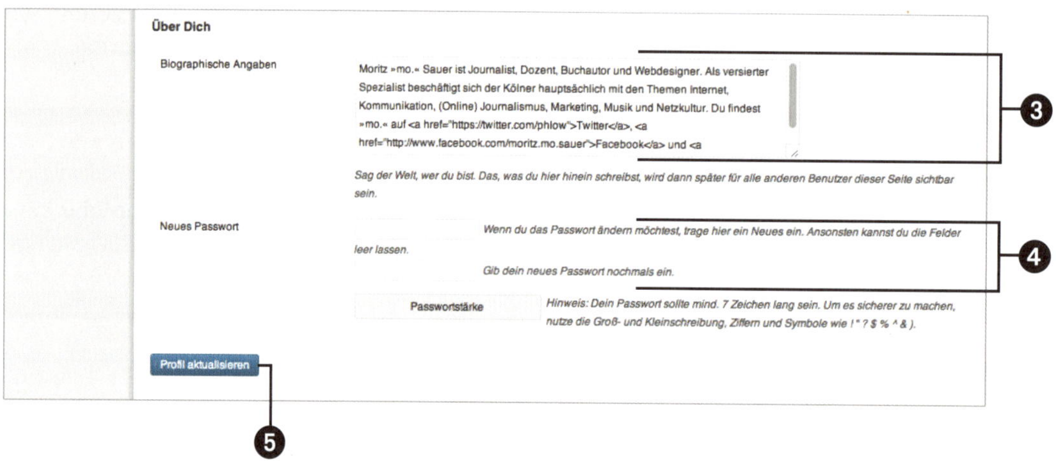
Über Dich
Biographische Angaben
Moritz »mo.« Sauer ist Journalist, Dozent, Buchautor und Webdesigner. Als versierter Spezialist beschäftigt sich der Kölner hauptsächlich mit den Themen Internet, Kommunikation, (Online) Journalismus, Marketing, Musik und Netzkultur. Du findest »mo.« auf <a href="https://twitter.com/phlow">Twitter</a>, <a href="http://www.facebook.com/moritz.mo.sauer">Facebook</a> und <a
Sag der Welt, wer du bist. Das, was du hier hinein schreibst, wird dann später für alle anderen Benutzer dieser Seite sichtbar sein.
Neues Passwort
Wenn du das Passwort ändern möchtest, trage hier ein Neues ein. Ansonsten kannst du die Felder leer lassen.
Gib dein neues Passwort nochmals ein.
Passwortstärke
Hinweis: Dein Passwort sollte mind. 7 Zeichen lang sein. Um es sicherer zu machen, nutze die Groß- und Kleinschreibung, Ziffern und Symbole wie ! " ? $ % ^ & ).
Profil aktualisieren
3
4
5

# Das eigene WordPress-Profil

Jeder Benutzer verfügt über ein eigenes Profil. Für den Administrator legt WordPress automatisch bei der Installation ein Profil an. Dieses finden Sie entweder über die linke Navigation unter Benutzer → Dein Profil oder indem Sie in der oberen Adminleiste ganz rechts auf Ihren Namen klicken.

Über Ihr Profil steuern Sie Persönliche Optionen ❶ und legen z. B. fest, ob der visuelle Editor eingeblendet werden soll oder nicht (siehe dazu Seite 121).

Über die Felder im Bereich Name ❷ steuern Sie, mit welchem Namen Ihre Beiträge gekennzeichnet werden. Füllen Sie dazu alle Felder aus, speichern Sie die Änderungen anschließend mit einem Klick auf Profil aktualisieren und wählen Sie erst dann über das Ausklappmenü Öffentlicher Name aus, unter welchem Namen Sie Ihre Beiträge veröffentlichen wollen. Der anschließende Bereich Kontaktinfo erklärt sich von selbst. Wichtig ist noch die Kurzbeschreibung unter Biographische Angaben ❸. Je nachdem, mit welcher Designvorlage (Theme) Sie arbeiten, wird diese Beschreibung unter Ihren Beiträgen eingeblendet.

Über Neues Passwort ❹ ändern Sie unkompliziert Ihr Passwort und speichern über Profil aktualisieren ❺ sämtliche Eingaben ab.

## Hinweis

Das Theme Twenty Twelve zeigt biografische Informationen erst dann an, wenn es mindestens zwei Benutzer gibt, die jeweils mindestens einen Beitrag veröffentlicht haben.

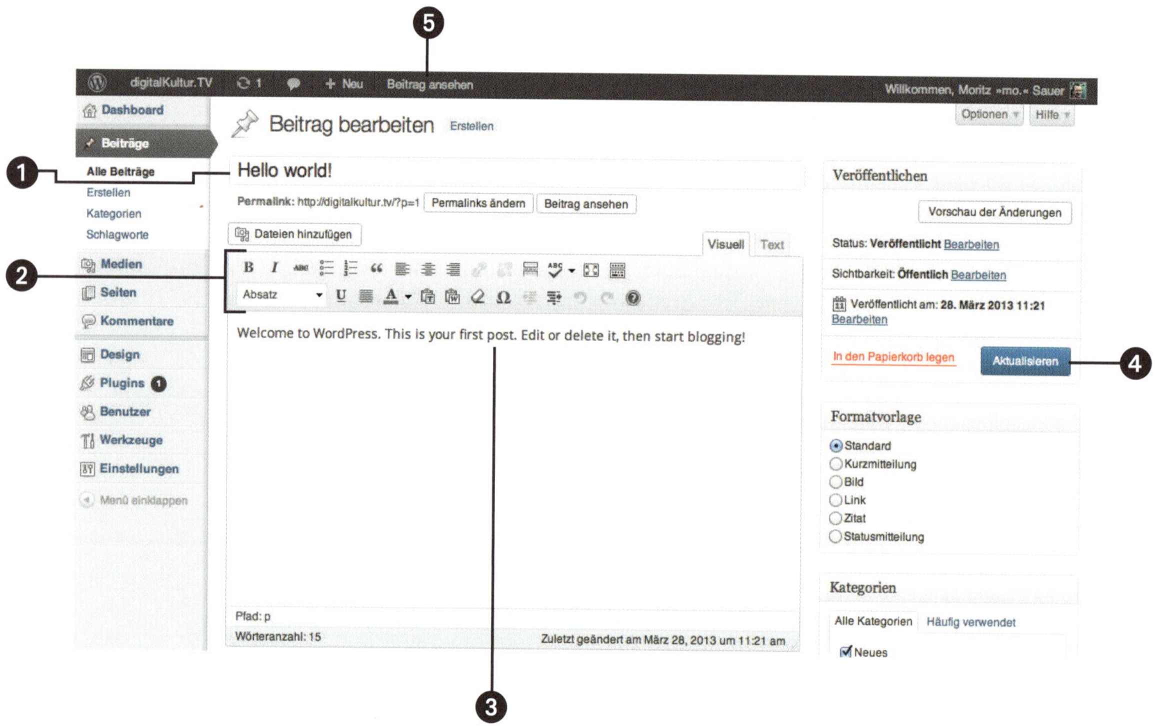
5
digitalKultur.TV
1
Neu
Beitrag ansehen
Willkommen, Moritz »mo.« Sauer
Dashboard
Beiträge
1
Alle Beiträge
Erstellen
Kategorien
Schlagworte
2
Medien
Seiten
Kommentare
Design
Plugins 1
Benutzer
Werkzeuge
Einstellungen
Menü einklappen
Beitrag bearbeiten
Erstellen
Optionen
Hilfe
Hello world!
Permalink: http://digitalkultur.tv/?p=1
Permalinks ändern
Beitrag ansehen
Dateien hinzufügen
Visuell
Text
Absatz
Welcome to WordPress. This is your first post. Edit or delete it, then start blogging!
Pfad: p
Wörteranzahl: 15
Zuletzt geändert am März 28, 2013 um 11:21 am
3
Veröffentlichen
Vorschau der Änderungen
Status: Veröffentlicht Bearbeiten
Sichtbarkeit: Öffentlich Bearbeiten
Veröffentlicht am: 28. März 2013 11:21
Bearbeiten
In den Papierkorb legen
Aktualisieren
4
Formatvorlage
Standard
Kurzmitteilung
Bild
Link
Zitat
Statusmitteilung
Kategorien
Alle Kategorien
Häufig verwendet
Neues

# Der erste Beitrag: »Hallo Welt!«

Sicherlich haben Sie bereits den »Hallo Welt!«-Beitrag Ihrer WordPress-Installation entdeckt. Um diesen und andere Beiträge zu bearbeiten, gibt es verschiedene Wege. Der klassische Weg ist, dass Sie den Beitrag im Backend über die linke Menüleiste aufrufen, indem Sie auf Beiträge und danach auf das Feld Titel des Beitrages klicken. Sie können aber auch den Beitrag über die Website im Frontend öffnen. Rufen Sie dazu einfach den zu bearbeitenden Beitrag im Browser auf und klicken Sie in der dunkelgrauen Adminleiste (direkt neben der +Neu-Schaltfläche) auf Beitrag bearbeiten. Anschließend öffnet sich der Beitragseditor, wie in der linken Abbildung zu sehen ist.

Lassen Sie sich nicht von der Vielzahl der Kästen und Funktionen irritieren. In Kapitel 5 erfahren Sie mehr über alle Funktionen. An dieser Stelle ändern wir nur die wesentlichen Bestandteile eines Beitrags: den Titel ❶ und den Text ❸. Probieren Sie ruhig auch die Editierfunktionen ❷ aus, um den Text zu gestalten.

Wenn Sie mit den Änderungen zufrieden sind, klicken Sie abschließend auf Aktualisieren ❹. WordPress speichert den Beitrag in der Datenbank ab und informiert Sie darüber mit der Meldung Der Beitrag wurde aktualisiert. Klicken Sie in der Adminleiste auf Beitrag ansehen ❺, um das Resultat zu betrachten. Wollen Sie den Beitrag weiter editieren, klicken Sie in der Adminleiste wieder auf Beitrag bearbeiten.

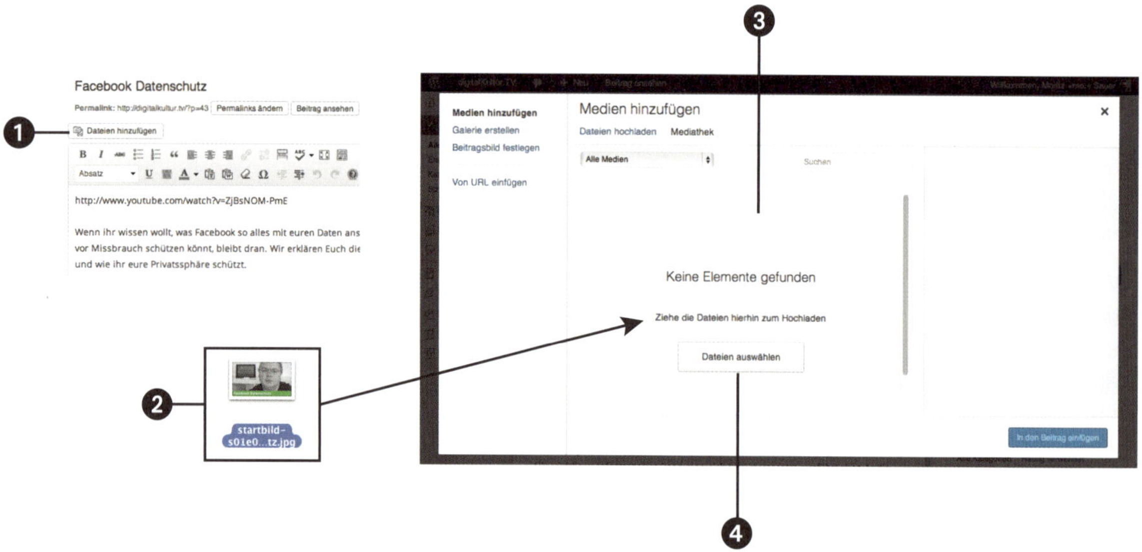
Facebook Datenschutz
Permalink: http://digitalkultur.tv/?p=43
Permalinks ändern
Beitrag ansehen
Dateien hinzufügen
Absatz
http://www.youtube.com/watch?v=ZjBsNOM-PmE
Wenn ihr wissen wollt, was Facebook so alles mit euren Daten ans
vor Missbrauch schützen könnt, bleibt dran. Wir erklären Euch die
und wie ihr eure Privatssphäre schützt.
startbild-
s0ie0...tz.jpg
Medien hinzufügen
Galerie erstellen
Beitragsbild festlegen
Von URL einfügen
Medien hinzufügen
Dateien hochladen
Mediathek
Alle Medien
Suchen
Keine Elemente gefunden
Ziehe die Dateien hierhin zum Hochladen
Dateien auswählen
In den Beitrag einfügen
1
2
3
4

# Ein Bild in einen Beitrag einfügen (1)

Die meisten Blogartikel und Webseiten zeigen neben Texten auch Fotos oder Grafiken. Dateien wie z. B. Bilder können Sie auf zwei verschiedene Arten mittels WordPress hochladen: entweder direkt bei der Eingabe eines Beitrags oder über die Mediathek. Es ist am unkompliziertesten, Dateien direkt bei der Eingabe des Beitrags hochzuladen, denn WordPress bringt sie dann auf direktem Weg zum Editor. Beachten Sie beim Upload von Bildern unbedingt das **Urheberrecht**. Laden Sie am besten nur Fotos und Bilder hoch, deren Rechte Sie selbst besitzen. Sonst könnte es eine Abmahnung geben.

Bevor Sie ein Bild für einen Beitrag hochladen, positionieren Sie im ersten Schritt den Cursor an der Stelle, an der das Bild eingefügt werden soll. Als Nächstes klicken Sie unterhalb des Titels auf die Schaltfläche Dateien hinzufügen ❶. WordPress blendet jetzt ein Upload-Fenster ein.

Nun stehen Ihnen zwei Möglichkeiten zur Verfügung, eine Datei hochzuladen: Die einfachste Methode besteht darin, ein Bild ❷ im Finder bzw. im Windows Explorer zur markieren und in das eingeblendete Fenster ❸ zu ziehen. Halten Sie dazu das Bild mit der linken Maustaste fest und bewegen Sie die Maus mit der Datei über das Fenster. Daraufhin verändert sich die Farbe des Fensters (es wird blau eingefärbt). Wenn Sie die Maus jetzt loslassen, lädt WordPress die Datei hoch. Die andere Methode besteht darin, auf die Schaltfläche Dateien auswählen ❹ zu klicken und die Datei im Dateimanager Ihres Computers auszuwählen und hochzuladen.

## Tipp

Sie können auch mehrere Dateien in einem Rutsch hochladen, z. B. um eine **Galerie** zu erstellen. Markieren Sie dazu die entsprechenden Bilder und ziehen Sie sie anschließend in das Fenster.

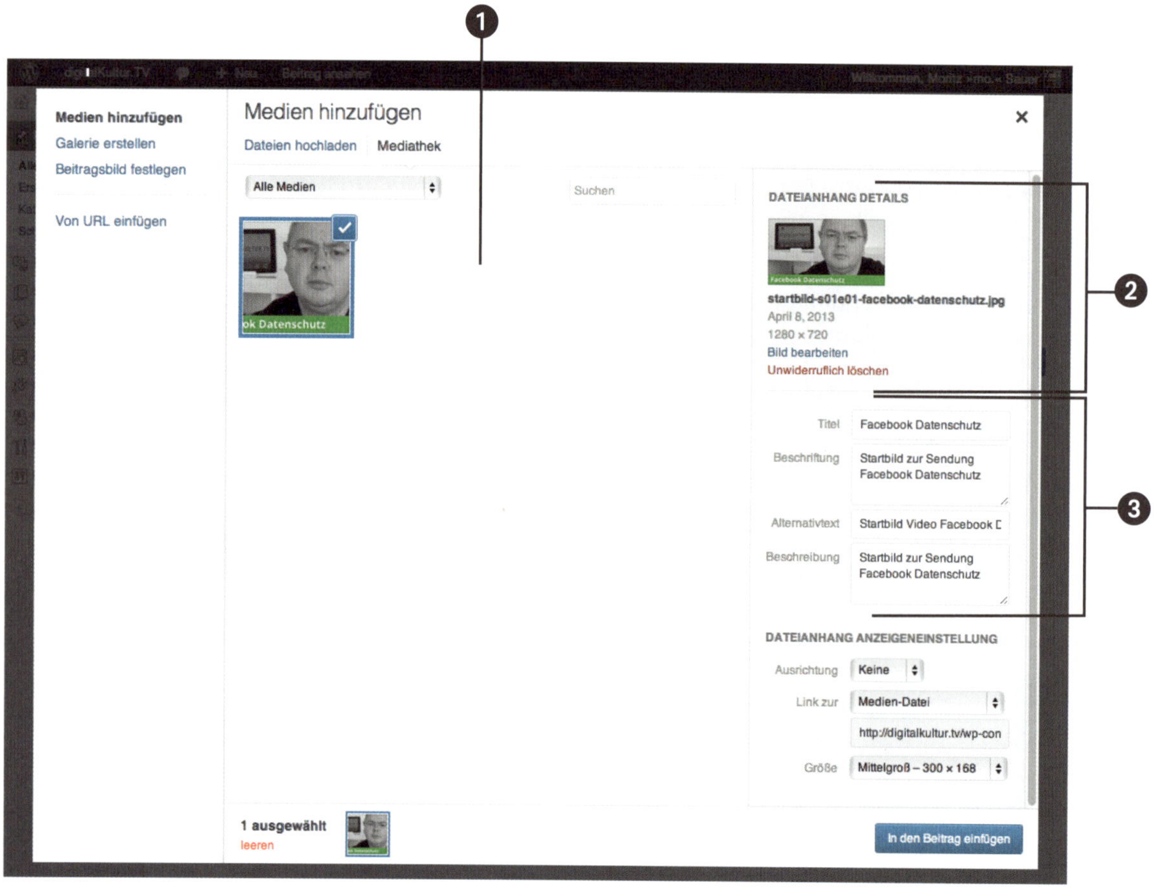
1
2
3
Medien hinzufügen
Galerie erstellen
Beitragsbild festlegen
Von URL einfügen
Medien hinzufügen
Dateien hochladen
Mediathek
Alle Medien
Suchen
DATEIANHANG DETAILS
startbild-s01e01-facebook-datenschutz.jpg
April 8, 2013
1280 × 720
Bild bearbeiten
Unwiderruflich löschen
Titel
Facebook Datenschutz
Beschriftung
Startbild zur Sendung Facebook Datenschutz
Alternativtext
Startbild Video Facebook D
Beschreibung
Startbild zur Sendung Facebook Datenschutz
DATEIANHANG ANZEIGENEINSTELLUNG
Ausrichtung
Keine
Link zur
Medien-Datei
http://digitalkultur.tv/wp-con
Größe
Mittelgroß – 300 × 168
1 ausgewählt
leeren
In den Beitrag einfügen

# Ein Bild in einen Beitrag einfügen (2)

Nachdem Sie das Bild hochgeladen haben, öffnet sich ein neues Dialogfenster ❶. Es zeigt das hochgeladene Bild als quadratische Miniatur an. Rechts vom Bild sehen Sie Details zur Datei ❷, wie z. B. den Dateinamen, die Originalgröße und das Aufnahmedatum. Über den Link Bild bearbeiten öffnen Sie den Bildeditor von WordPress (mehr dazu erfahren Sie auf Seite 153 bis 155). Der zweite Link macht genau das, was er in Rot »androht«: Er löscht das Bild unwiderruflich aus der Mediathek.

Im unten anschließenden Bereich können Sie die Angaben zum Bild ändern ❸. Wichtig sind die ersten drei Felder Titel, Beschriftung und Alternativtext. Geben Sie dem Bild unbedingt einen Titel. Das hilft Ihnen, Bilder in der Mediathek wiederzufinden, und außerdem ist es sinnvoll bei der Suchmaschinenoptimierung Ihrer Beiträge. Möchten Sie dem Bild eine Bildunterschrift beifügen, tippen Sie diese in das Feld Beschriftung. Für Sehbehinderte ist das Feld Alternativtext hilfreich. Greift ein Besucher mit einem Bildschirmlesegerät (einem sogenannten Screenreader) auf Ihre Website zu, wird der Alternativtext vorgelesen. Das Feld Beschreibung dient lediglich dazu, Ihr Bild mit zusätzlichen Informationen für die Mediathek zu füttern.

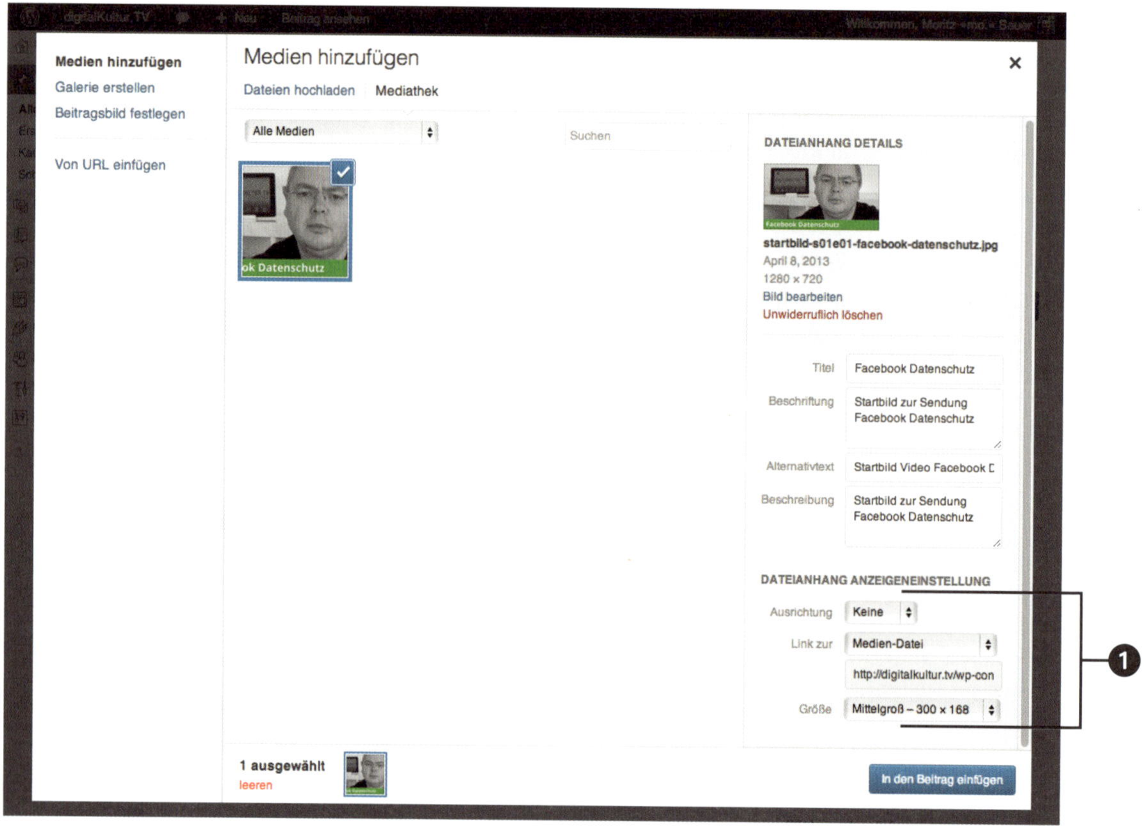

Medien hinzufügen
Galerie erstellen
Beitragsbild festlegen
Von URL einfügen
Medien hinzufügen
Dateien hochladen
Mediathek
Alle Medien
Suchen
DATEIANHANG DETAILS
startbild-s01e01-facebook-datenschutz.jpg
April 8, 2013
1280 × 720
Bild bearbeiten
Unwiderruflich löschen
Titel
Facebook Datenschutz
Beschriftung
Startbild zur Sendung Facebook Datenschutz
Alternativtext
Startbild Video Facebook D
Beschreibung
Startbild zur Sendung Facebook Datenschutz
DATEIANHANG ANZEIGENEINSTELLUNG
Ausrichtung
Keine
Link zur
Medien-Datei
http://digitalkultur.tv/wp-con
Größe
Mittelgroß – 300 × 168
1 ausgewählt
leeren
In den Beitrag einfügen
1

# Ein Bild in einen Beitrag einfügen (3)

Im Bereich Dateianhang Anzeigeneinstellung ❶ bestimmen Sie schließlich die Ausrichtung des Bilds im Text, die Verlinkung und die Größe, in der es angezeigt werden soll. Bei der Verlinkung stehen Ihnen vier verschiedene Möglichkeiten zur Verfügung, die unterschiedliche Effekte haben.

**Benutzerdefinierte URL:** Wählen Sie einen individuellen Link aus, auf den das Bild verweist – z. B. eine externe Website. Vergessen Sie nicht das http://.

**Medien-Seite:** Jede Datei erhält eine eigene Webseite. Klickt z. B. jemand auf ein kleines Bild, öffnet sich das große Bild in einer neuen Seite.

**Anhang-Seite:** Wenn Sie diesen Punkt auswählen, verlinkt WordPress direkt die Datei. Das ist beispielsweise dann sinnvoll, wenn Sie ein PDF hochgeladen haben, das man über einen Link herunterladen kann.

**Keine:** Wählen Sie diese Option, um ein Bild lediglich einzufügen und nicht zu verlinken.

Bei großen Bildern erstellt WordPress beim Upload automatisch bis zu drei verschiedene Bildgrößen: Miniatur, Mittelgroß, Groß. Die Pixelmaße stehen jeweils direkt daneben. Über das Ausklappmenü können Sie bestimmen, wie groß das Bild sein soll, das WordPress in den Beitrag einfügt. Das Originalbild wird übrigens gesondert gespeichert.

Um das Bild in den Beitrag einzufügen, klicken Sie auf In den Beitrag einfügen. WordPress bringt Sie jetzt zurück zum Editor, in den das Bild bereits eingefügt wurde. Wenn Sie zufrieden sind, speichern Sie die neuen Einstellungen für den Beitrag, indem Sie auf Aktualisieren klicken.

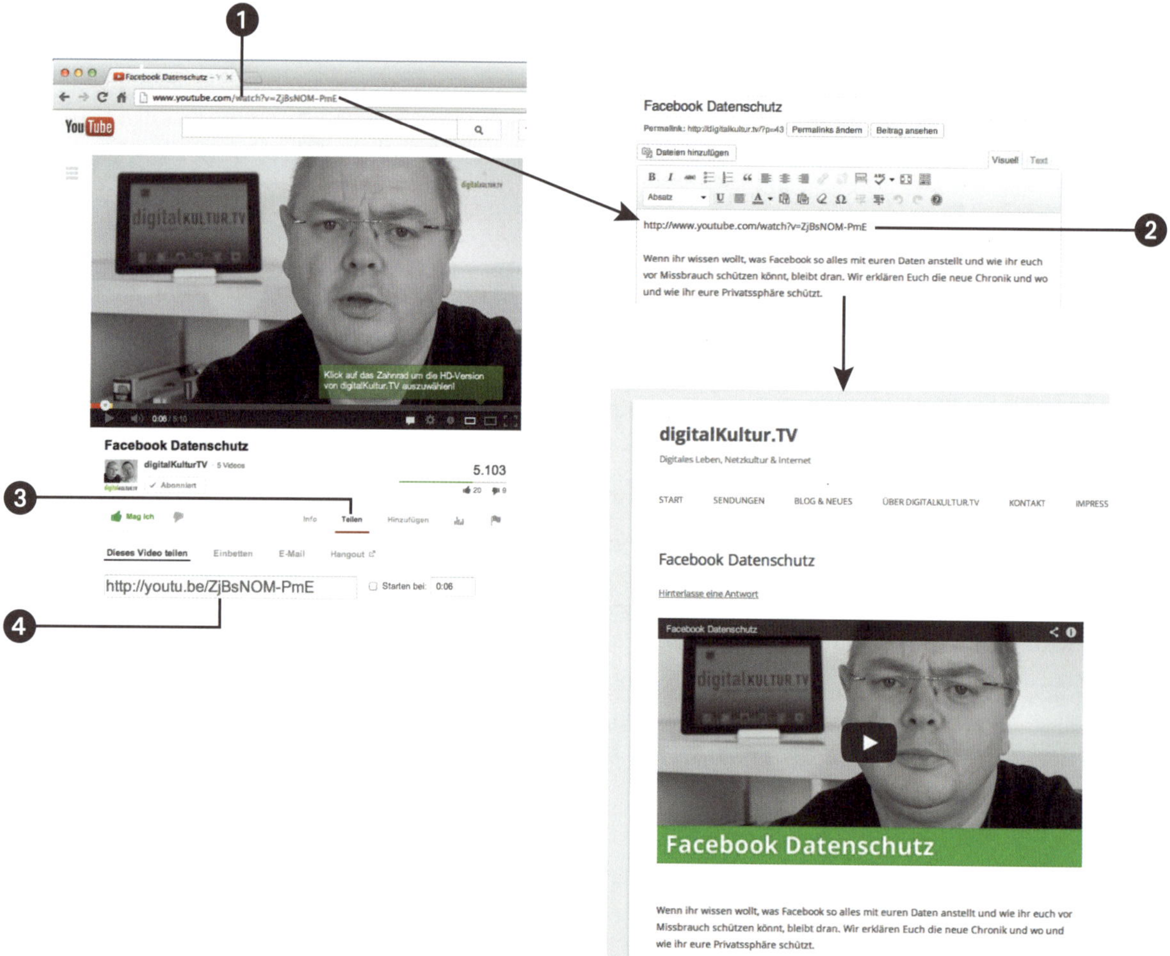
1
Facebook Datenschutz
www.youtube.com/watch?v=ZjBsNOM-PmE
You Tube
digitalKULTUR.TV
Klick auf das Zahnrad um die HD-Version von digitalKultur.TV auszuwählen!
0:06 / 5:10
Facebook Datenschutz
digitalKulturTV
5 Videos
Abonniert
5.103
20
9
3
Mag ich
Info
Teilen
Hinzufügen
Dieses Video teilen
Einbetten
E-Mail
Hangout
http://youtu.be/ZjBsNOM-PmE
Starten bei:
0:06
4
Facebook Datenschutz
Permalinks ändern
Beitrag ansehen
Dateien hinzufügen
Visuell
Text
Absatz
http://www.youtube.com/watch?v=ZjBsNOM-PmE
2
Wenn ihr wissen wollt, was Facebook so alles mit euren Daten anstellt und wie ihr euch vor Missbrauch schützen könnt, bleibt dran. Wir erklären Euch die neue Chronik und wo und wie ihr eure Privatssphäre schützt.
digitalKultur.TV
Digitales Leben, Netzkultur & Internet
START
SENDUNGEN
BLOG & NEUES
ÜBER DIGITALKULTUR.TV
KONTAKT
IMPRESS
Facebook Datenschutz
Hinterlasse eine Antwort
Facebook Datenschutz
Facebook Datenschutz
Wenn ihr wissen wollt, was Facebook so alles mit euren Daten anstellt und wie ihr euch vor Missbrauch schützen könnt, bleibt dran. Wir erklären Euch die neue Chronik und wo und wie ihr eure Privatssphäre schützt.

# Ein YouTube-Video einbinden

Ein YouTube- oder Vimeo-Video in einen Beitrag einzufügen, ist sensationell einfach. Suchen Sie sich für Ihren Beitrag einfach ein Video auf YouTube.com aus, kopieren Sie die Internetadresse (URL) aus der Browserzeile ❶ und fügen Sie sie in eine neue eigene Zeile innerhalb Ihres Beitrags ein ❷. WordPress fügt Ihnen nun das YouTube-Video automatisch mit der optimalen Breite in den Beitrag ein. Achten Sie aber darauf, dass die URL in einer eigenen Zeile steht und sich weder vor noch hinter der URL Leerzeichen befinden. Speichern Sie Ihre Änderungen mit einem Klick auf Aktualisieren ab und schauen Sie sich das Resultat im Frontend an.

## Hinweis

Damit die oben beschriebene Technik einwandfrei funktioniert, muss es sich um eine »pure« YouTube-Video-URL mit *http://* handeln, die wie folgt aussieht: *http://www.youtube.com/watch?v=ZjBsNOM-PmE*. Am besten finden Sie die optimale URL, indem Sie unter den YouTube-Videos auf Teilen ❸ klicken und die dort angegebene URL ❹ in Ihren Beitrag kopieren.

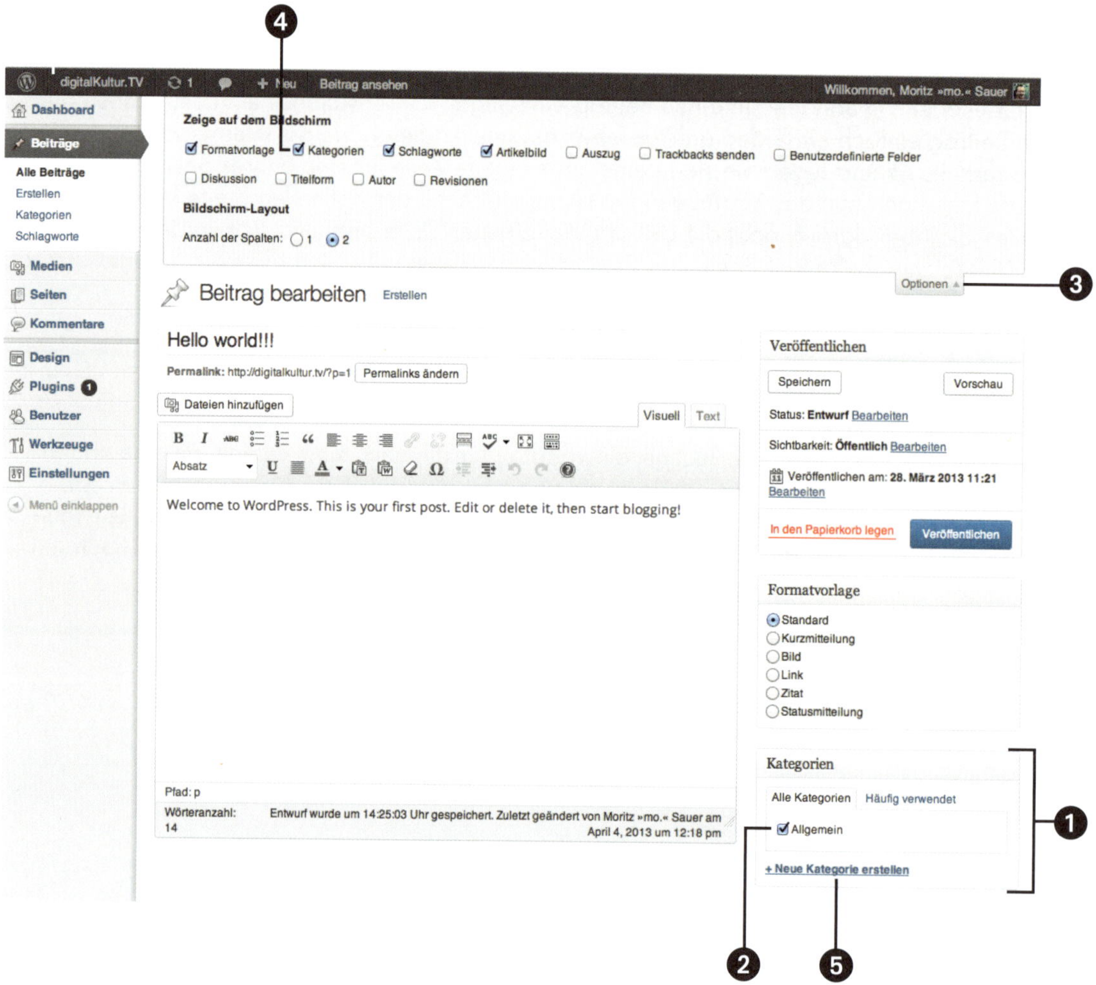
4
digitalKultur.TV
1
Neu
Beitrag ansehen
Willkommen, Moritz »mo.« Sauer
Dashboard
Beiträge
Alle Beiträge
Erstellen
Kategorien
Schlagworte
Medien
Seiten
Kommentare
Design
Plugins 1
Benutzer
Werkzeuge
Einstellungen
Menü einklappen
Zeige auf dem Bildschirm
Formatvorlage
Kategorien
Schlagworte
Artikelbild
Auszug
Trackbacks senden
Benutzerdefinierte Felder
Diskussion
Titelform
Autor
Revisionen
Bildschirm-Layout
Anzahl der Spalten: 1 2
Optionen
3
Beitrag bearbeiten
Erstellen
Hello world!!!
Permalink: http://digitalkultur.tv/?p=1
Permalinks ändern
Dateien hinzufügen
Visuell
Text
Absatz
Welcome to WordPress. This is your first post. Edit or delete it, then start blogging!
Pfad: p
Wörteranzahl: 14
Entwurf wurde um 14:25:03 Uhr gespeichert. Zuletzt geändert von Moritz »mo.« Sauer am April 4, 2013 um 12:18 pm
Veröffentlichen
Speichern
Vorschau
Status: Entwurf Bearbeiten
Sichtbarkeit: Öffentlich Bearbeiten
Veröffentlichen am: 28. März 2013 11:21 Bearbeiten
In den Papierkorb legen
Veröffentlichen
Formatvorlage
Standard
Kurzmitteilung
Bild
Link
Zitat
Statusmitteilung
Kategorien
Alle Kategorien
Häufig verwendet
Allgemein
+ Neue Kategorie erstellen
1
2
5

# Kategorien für Beiträge erstellen

Kategorien sind dazu da, um Beiträge zu sortieren bzw. klassifizieren. WordPress weist jedem Beitrag automatisch eine Kategorie zu, wenn man diese nicht aktiv auswählt. Beiträge können auch in mehrere Kategorien einsortiert werden.

Nach der Installation gibt es bereits eine Kategorie, die bei der deutschen Installation mit Allgemein betitelt ist. Der »Hallo Welt!«-Beitrag wurde dieser Kategorie bereits zugewiesen.

Öffnen Sie erneut den Beitrag im Backend. In der rechten Seitenleiste sollte es einen Kasten Kategorien ❶ geben. Dort ist bereits ein Häkchen bei Allgemein ❷ gesetzt. Können Sie den Kasten nicht finden, scrollen Sie erst mal weiter nach unten, denn WordPress sortiert manche Kästen auch in der mittleren Spalte ein. Sollten Sie immer noch nicht fündig werden, klicken Sie ganz oben rechts unterhalb Ihres Benutzernamens auf Optionen ❸ und setzen bei Zeige auf dem Bildschirm ein Häkchen bei Kategorien ❹. Jetzt sollte der Kategoriekasten auftauchen.

Wenn Sie bereits bei der Bearbeitung eine neue Kategorie anlegen wollen, klicken Sie im Kategoriekasten auf + Neue Kategorie erstellen ❺. Geben Sie den Namen für die Kategorie in die eingeblendete Zeile ein. Haben Sie bereits Kategorien erstellt, können Sie die neue Kategorie einer bereits bestehenden mithilfe des Ausklappmenüs unterordnen.

Wie Sie Kategorien editieren, erfahren Sie auf Seite 139.

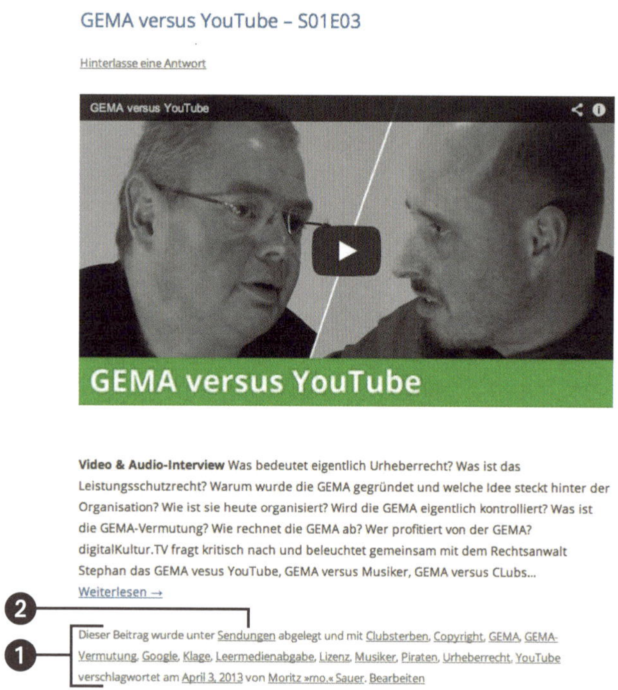

GEMA versus YouTube – S01E03
Hinterlasse eine Antwort
GEMA versus YouTube
GEMA versus YouTube
Video & Audio-Interview Was bedeutet eigentlich Urheberrecht? Was ist das Leistungsschutzrecht? Warum wurde die GEMA gegründet und welche Idee steckt hinter der Organisation? Wie ist sie heute organisiert? Wird die GEMA eigentlich kontrolliert? Was ist die GEMA-Vermutung? Wie rechnet die GEMA ab? Wer profitiert von der GEMA? digitalKultur.TV fragt kritisch nach und beleuchtet gemeinsam mit dem Rechtsanwalt Stephan das GEMA vesus YouTube, GEMA versus Musiker, GEMA versus CLubs…
Weiterlesen →
2
1
Dieser Beitrag wurde unter Sendungen abgelegt und mit Clubsterben, Copyright, GEMA, GEMA-Vermutung, Google, Klage, Leermedienabgabe, Lizenz, Musiker, Piraten, Urheberrecht, YouTube verschlagwortet am April 3, 2013 von Moritz »mo.« Sauer. Bearbeiten


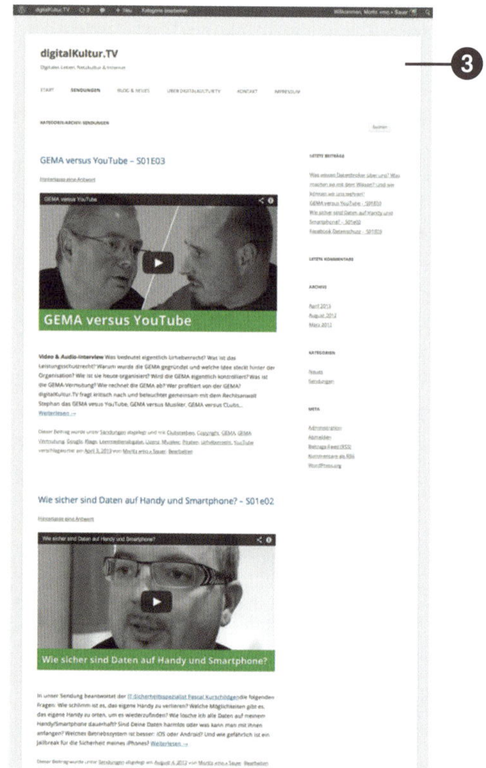

digitalKultur.TV
GEMA versus YouTube – S01E03
GEMA versus YouTube
Wie sicher sind Daten auf Handy und Smartphone? – S01e02
Wie sicher sind Daten auf Handy und Smartphone?
3

# Kategorieseiten aufrufen

Wie gerade erwähnt, wird jeder Beitrag mindestens einer Kategorie zugeordnet. Diese Kategorieseiten erstellt WordPress automatisch. Dadurch erhalten Ihre Besucher die Möglichkeit, Inhalte anhand von Kategorien zu durchsuchen oder zu lesen.

Um eine Kategorieseite anzuzeigen, öffnen Sie einfach Ihre Website im Browser (also im Frontend) und anschließend einen Beitrag. In der Regel finden Sie einen Link zur Kategorieseite über- oder unterhalb des Artikels. Falls Sie wie ich im Beispiel links das Standard-Theme Twenty Twelve benutzen, finden Sie die Kategorieseite(n) in den Informationen zum Beitrag ❶ unterhalb des Beitrags. Dort verweist das Theme auf die Kategorie(n) – im Beispiel Sendungen ❷. Wenn Sie hier auf den Link klicken, gelangen Sie zur Kategorieseite ❸ mit allen einsortierten Beiträgen dieser Kategorie.

## Tipp

Die Anzahl der Beiträge pro Kategorieseite legen Sie im Backend im Menü Einstellungen → Lesen unter Blogseiten zeigen maximal fest. In der Standardeinstellung werden zehn Beiträge pro Seite angezeigt. Findet WordPress bei dieser Einstellung mehr als zehn Beiträge in einer Kategorie, stellt es einen Link für die nächsten zehn Beiträge der Kategorie bereit.

digitalKultur.TV
Neu
Willkommen, Moritz »mo.« Sauer
Dashboard
Beiträge
Medien
Seiten
Alle Seiten
Erstellen
Kommentare
Design
Plugins
Seiten
Erstellen
Optionen
Hilfe
Alle (1) | Veröffentlicht (1)
Seiten durchsuchen
Aktion wählen
Übernehmen
Jedes Datum
Auswahl einschränken
Ein Element
Titel
Autor
Datum
Beispiel-Seite
Moritz »mo.« Sauer
vor 21 Stunden Veröffentlicht
1
2

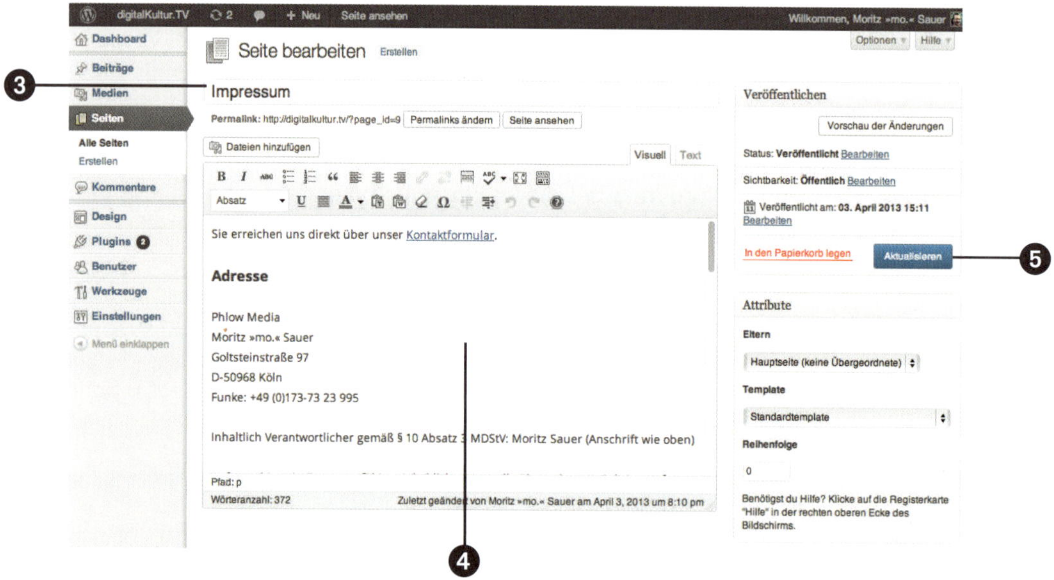
digitalKultur.TV
Neu
Seite ansehen
Willkommen, Moritz »mo.« Sauer
Seite bearbeiten
Erstellen
Optionen
Hilfe
Impressum
Permalink: http://digitalkultur.tv/?page_id=9
Permalinks ändern
Seite ansehen
Dateien hinzufügen
Visuell
Text
Absatz
Sie erreichen uns direkt über unser Kontaktformular.
Adresse
Phlow Media
Moritz »mo.« Sauer
Goltsteinstraße 97
D-50968 Köln
Funke: +49 (0)173-73 23 995
Inhaltlich Verantwortlicher gemäß § 10 Absatz 3 MDStV: Moritz Sauer (Anschrift wie oben)
Pfad: p
Wörteranzahl: 372
Zuletzt geändert von Moritz »mo.« Sauer am April 3, 2013 um 8:10 pm
Dashboard
Beiträge
Medien
Seiten
Alle Seiten
Erstellen
Kommentare
Design
Plugins
Benutzer
Werkzeuge
Einstellungen
Menü einklappen
Veröffentlichen
Vorschau der Änderungen
Status: Veröffentlicht Bearbeiten
Sichtbarkeit: Öffentlich Bearbeiten
Veröffentlicht am: 03. April 2013 15:11 Bearbeiten
In den Papierkorb legen
Aktualisieren
Attribute
Eltern
Hauptseite (keine Übergeordnete)
Template
Standardtemplate
Reihenfolge
0
Benötigst du Hilfe? Klicke auf die Registerkarte "Hilfe" in der rechten oberen Ecke des Bildschirms.
3
4
5

# Eine Impressumsseite anlegen

Laut deutschem Telemediengesetz braucht jede Website ein Impressum. Der Link zum Impressum muss leicht zu finden sein und sollte an prominenter Stelle, am besten im oberen Bereich der Website, angezeigt werden. Da es wenig Sinn ergibt, ein Impressum zu kategorisieren, sollten Sie hierfür das Webseitenformat Seiten nutzen.

Den Unterschied zwischen Seiten und Beiträgen haben Sie auf Seite 51 bereits kurz kennengelernt. Seiten unterscheiden sich von Beiträgen dadurch, dass sie keine Klassifizierung aufweisen, sprich, Sie unterliegen keiner Taxonomie. Seiten rufen Sie im Backend über die linke Menüleiste und den Unterpunkt Seiten ❶ auf.

Auch an dieser Stelle hat WordPress bei der Installation bereits einen »Dummy« namens Beispiel-Seite angelegt. Klicken Sie auf Beispiel-Seite ❷, um diese zu öffnen und zu editieren. Seiten bearbeiten Sie mit dem gleichen Editor wie Beiträge. Sie können nun die Seite umbenennen – z. B. in »Impressum« ❸. Löschen Sie dann den Dummy-Text und kopieren Sie den Text, den Sie mit einem Impressumsgenerator – siehe Tipp – erstellt haben, in das Beitragsfeld ❹. Verfeinern Sie den Text bei Bedarf mit dem Editor und klicken Sie abschließend auf Aktualisieren ❺. Schauen Sie sich nun das Resultat im Frontend an. WordPress zeigt einen Link zu Ihrer Impressumsseite automatisch in der Menüleiste an.

## Tipp

Ein juristisch einwandfreies Impressum können Sie online mit einem kostenlosen **Impressumsgenerator** erstellen. Zwei gute Generatoren finden Sie unter *www.j.mp/web_impressum* und *www.j.mp/impressum_generator*. Beide Werkzeuge führen Sie Schritt für Schritt zu einem rechtssicheren Impressum.

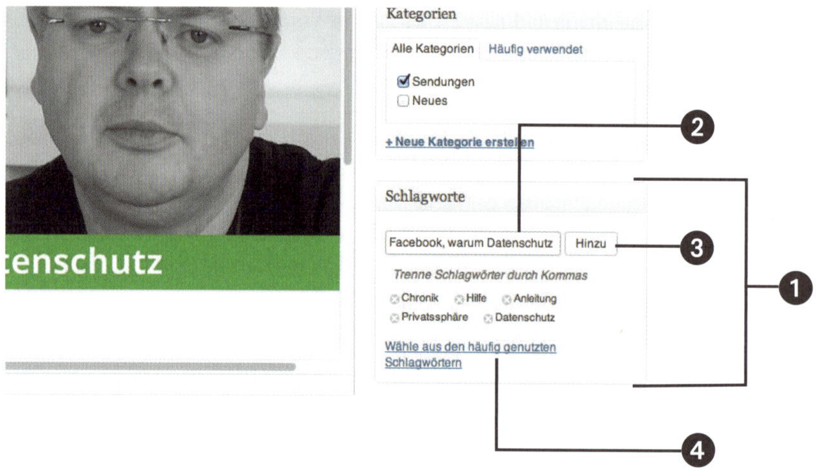
enschutz
Kategorien
Alle Kategorien
Häufig verwendet
Sendungen
Neues
+ Neue Kategorie erstellen
Schlagworte
Facebook, warum Datenschutz
Hinzu
Trenne Schlagwörter durch Kommas
Chronik
Hilfe
Anleitung
Privatssphäre
Datenschutz
Wähle aus den häufig genutzten Schlagwörtern
1
2
3
4

# Beiträge verschlagworten

Schlagwörter bilden ein mächtiges Werkzeug, um Inhalte einer Website untereinander zu verknüpfen. Der hauptsächliche Unterschied zwischen Schlagwörtern und Kategorien ist der, dass Schlagwörter Inhalte detaillierter klassifizieren. Kategorien bilden somit eher übergeordnete Bereiche, während Schlagwörter Bereiche noch einmal genauer unterteilen.

Wie bei Kategorien erstellt WordPress auch für Schlagwörter, die sogenannten **Tags**, automatisch Archive. Setzt man Schlagwörter clever ein, bündelt man thematisch zusammenpassende Beiträge für den Nutzer. Veröffentlicht man z. B. kontinuierlich Beiträge in der Kategorie Webdesign und verschlagwortet ausgewählte Beiträge zum Unterthema Suchmaschinenoptimierung, erhalten diese Beiträge ein eigenes Schlagwortarchiv. Ganz nach dem Amazon-Prinzip »Wenn Sie dies mögen, dann mögen Sie auch das« hilft man den Lesern, für sie interessante weitere Beiträge im jeweiligen Schlagwortarchiv zu entdecken. So können Sie z. B. die Leser bereits auf einer Beitragsseite darauf hinweisen, dass es noch mehr interessante Beiträge zum Thema gibt.

Beiträge zu verschlagworten, ist leicht. Öffnen Sie dazu einfach einen Beitrag – z. B. den »Hallo Welt!«-Beitrag. In der rechten Seitenleiste finden Sie den Kasten Schlagworte ❶. Falls er nicht angezeigt wird, können Sie ihn mithilfe des Optionenpanels einblenden (siehe Seite 85).

Geben Sie jetzt ein paar Schlagwörter in das Eingabefeld ❷ ein, die inhaltlich zum Beitrag passen. Trennen Sie die Schlagwörter oder Schlagwortkombinationen durch Kommata ab und bestätigen Sie die Eingabe abschließend mit der Enter-Taste oder klicken Sie auf Hinzu ❸. Wenn Sie bereits mehrere Beiträge verschlagwortet haben, hilft Ihnen WordPress bei der Verschlagwortung. Klicken Sie dazu einfach auf den Link Wähle aus den häufig genutzten Schlagwörtern ❹.

Facebook Datenschutz
Startbild zur Sendung Facebook Datenschutz
Links zur Sendung
Gulli.com Facebooks Gesichtserkennung erneut in der Kritik
T3n.de: Facebook: Gesichtserkennung jetzt aktiv, so schaltest du sie ab
Spiegel.de : Schritt für Schritt: So richten Sie Facebook Chronik ein
Heise.de: FAQ: Facebook-Chronik
Heise.de: Gelöschte Bilder auf Facebook jahrelang online
Bitkom: Internetnutzer verbringen die meiste Zeit in Sozialen Netzwerken
Dieser Beitrag wurde unter Sendungen abgelegt und mit Anleitung, Chronik, Datenschutz, Facebook, Hilfe, Privatssphäre, warum Datenschutz verschlagwortet am 16. März 2012 von Moritz »mo.« Sauer.
Bearbeiten
Über Moritz »mo.« Sauer
Moritz »mo.« Sauer ist Journalist, Dozent, Buchautor und Webdesigner. Als versierter Spezialist beschäftigt sich der Kölner hauptsächlich mit den Themen Internet, Kommunikation, (Online) Journalismus, Marketing, Musik und Netzkultur. Du findest »mo.« auf Twitter, Facebook und Google+.
Zeige alle Artikel von Moritz »mo.« Sauer →
1
2
3

# Schlagwortarchive und Autorenseiten

Neben Archivseiten für Kategorien bietet WordPress auch **Archivseiten für Schlagwörter und Autoren** an. In der Regel finden Sie einen Link zum Schlagwortarchiv ober- oder unterhalb des Artikels.

Wie Sie in der Abbildung sehen, listet das für digitalKultur.TV genutzte Theme Twenty Twelve die Schlagwörter direkt unterhalb des Beitrags auf ❶. Ein Klick auf das jeweilige Schlagwort öffnet die dazugehörige Archivseite mit Beiträgen, die mit dem gleichen Schlagwort versehen wurden.

Der Link Moritz »mo.« Sauer ❷ führt die Leser zur sogenannten Autorenseite. Diese Archivseite listet alle Beiträge des jeweiligen Autors auf, in diesem Fall meine veröffentlichten Beiträge.

Da ich das Feld für die Beschreibung in meinem Profil ausgefüllt habe, erscheint außerdem noch einmal der Link Zeige alle Artikel von Moritz »mo.« Sauer → ❸ unterhalb der Beschreibung.

## Hinweis

Die Autorenbeschreibung zeigt das Theme Twenty Twelve nur dann an, wenn bereits zwei Autoren einen Beitrag veröffentlicht haben.

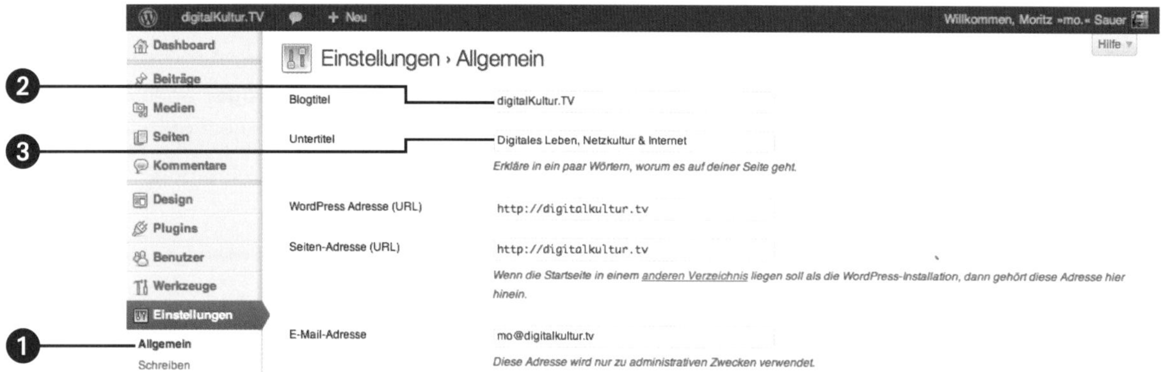

digitalKultur.TV
+ Neu
Willkommen, Moritz »mo.« Sauer
Hilfe
Dashboard
Beiträge
Medien
Seiten
Kommentare
Design
Plugins
Benutzer
Werkzeuge
Einstellungen
Allgemein
Schreiben
Einstellungen › Allgemein
Blogtitel
digitalKultur.TV
Untertitel
Digitales Leben, Netzkultur & Internet
Erkläre in ein paar Wörtern, worum es auf deiner Seite geht.
WordPress Adresse (URL)
http://digitalkultur.tv
Seiten-Adresse (URL)
http://digitalkultur.tv
Wenn die Startseite in einem anderen Verzeichnis liegen soll als die WordPress-Installation, dann gehört diese Adresse hier hinein.
E-Mail-Adresse
mo@digitalkultur.tv
Diese Adresse wird nur zu administrativen Zwecken verwendet.
2
3
1

# Titel und Slogan der Website ändern

Jede WordPress-Installation verfügt über einen eigenen Titel und einen eigenen Slogan. Für unser digitalKultur.TV-Projekt nutzen wir den Slogan **Digitales Leben, Internet & Technik**. Titel und Slogan tauchen in der Regel im Kopfzeilenbereich Ihrer Website auf und ersetzen das nach der Installation standardmäßig dort erscheinende »Ein weiteres tolles WordPress Blog«.

Um den Slogan zu ändern, klicken Sie im Backend in der linken Menüleiste einfach auf Einstellungen und dann auf den Unterpunkt Allgemein ❶. Um Namen und Slogan zu ändern, geben Sie in die Eingabefelder Blogtitel ❷ und Untertitel ❸ Ihren Wunschnamen und -slogan ein.

Um die neuen Einstellungen wirksam werden zu lassen, klicken Sie ganz unten auf der Seite auf die Schaltfläche Änderungen übernehmen. Wenn Sie jetzt Ihre Website im Frontend erneut aufrufen, zeigt WordPress den neuen Namen und den neuen Slogan an.

## Hinweis

Mehr zu den Einstellungen erfahren Sie in Kapitel 4.

digitalKultur.TV
Neu
Beitrag ansehen
Willkommen, Moritz »mo.« Sauer
Dashboard
Beiträge
Beitrag bearbeiten
Erstellen
Optionen
Hilfe
1


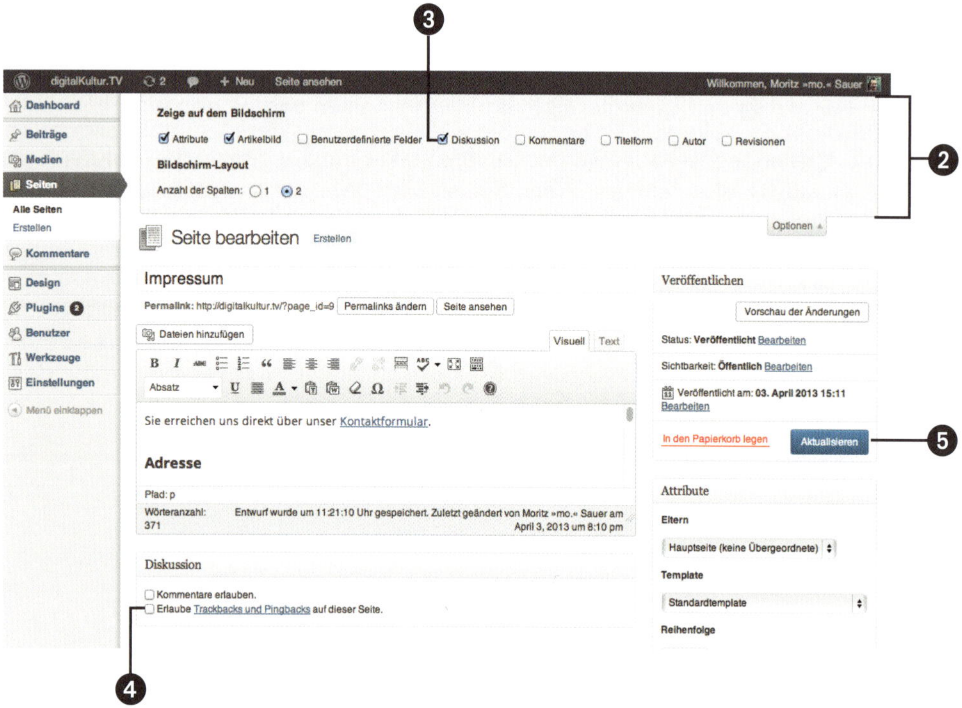

digitalKultur.TV
Neu
Seite ansehen
Willkommen, Moritz »mo.« Sauer
Zeige auf dem Bildschirm
Attribute
Artikelbild
Benutzerdefinierte Felder
Diskussion
Kommentare
Titelform
Autor
Revisionen
Bildschirm-Layout
Anzahl der Spalten: 1 2
Optionen
Dashboard
Beiträge
Medien
Seiten
Alle Seiten
Erstellen
Kommentare
Design
Plugins
Benutzer
Werkzeuge
Einstellungen
Menü einklappen
Seite bearbeiten
Erstellen
Impressum
Permalink: http://digitalkultur.tv/?page_id=9
Permalinks ändern
Seite ansehen
Dateien hinzufügen
Visuell
Text
Absatz
Sie erreichen uns direkt über unser Kontaktformular.
Adresse
Pfad: p
Wörteranzahl: 371
Entwurf wurde um 11:21:10 Uhr gespeichert. Zuletzt geändert von Moritz »mo.« Sauer am April 3, 2013 um 8:10 pm
Diskussion
Kommentare erlauben.
Erlaube Trackbacks und Pingbacks auf dieser Seite.
Veröffentlichen
Vorschau der Änderungen
Status: Veröffentlicht Bearbeiten
Sichtbarkeit: Öffentlich Bearbeiten
Veröffentlicht am: 03. April 2013 15:11
Bearbeiten
In den Papierkorb legen
Aktualisieren
Attribute
Eltern
Hauptseite (keine Übergeordnete)
Template
Standardtemplate
Reihenfolge
2
3
4
5

# Funktionen über das Optionenpanel ein- und ausblenden

Selbst gestandene WordPress-Nutzer suchen manchmal Funktionen, bis ihnen einfällt, dass diese vielleicht »dank« des Optionenpanels nicht angezeigt werden. Das Optionenpanel erlaubt es nämlich, WordPress den eigenen Vorlieben anzupassen, und blendet auf Wunsch Funktionen und die dazugehörigen Kästen ein bzw. aus.

Diese Funktionalität sorgt ab und an für Verwirrung, weil WordPress nach der Installation nicht automatisch alle Funktionen einblendet. So haben Sie vielleicht bereits gesehen, dass auf der Seite Ihres Impressums eine Kommentarbox angezeigt wird. Für ein Impressum ist eine Kommentarbox aber nicht wirklich sinnvoll.

Damit WordPress die Kommentarbox für einen Beitrag nicht anzeigt, müssen Sie im dazugehörigen Diskussionskasten das Häkchen entfernen. Dieser Kasten wird nach der Installation aber nicht automatisch angezeigt. Um den Diskussionskasten einzublenden, gehen Sie wie folgt vor: Klicken Sie oben rechts unter der Adminleiste auf Optionen ❶, um das Optionenpanel ❷ zu öffnen. Setzen Sie jetzt das fehlende Häkchen bei Diskussion ❸. Prompt blendet WordPress unterhalb des Textfelds den Diskussionskasten ein. Entfernen Sie beide Häkchen bei Kommentare erlauben sowie bei Erlaube Trackbacks […] ❹ und speichern Sie die neuen Einstellungen mit Aktualisieren ❺ ab. Die Kommentarbox auf Ihrer Impressumsseite ist nun verschwunden.

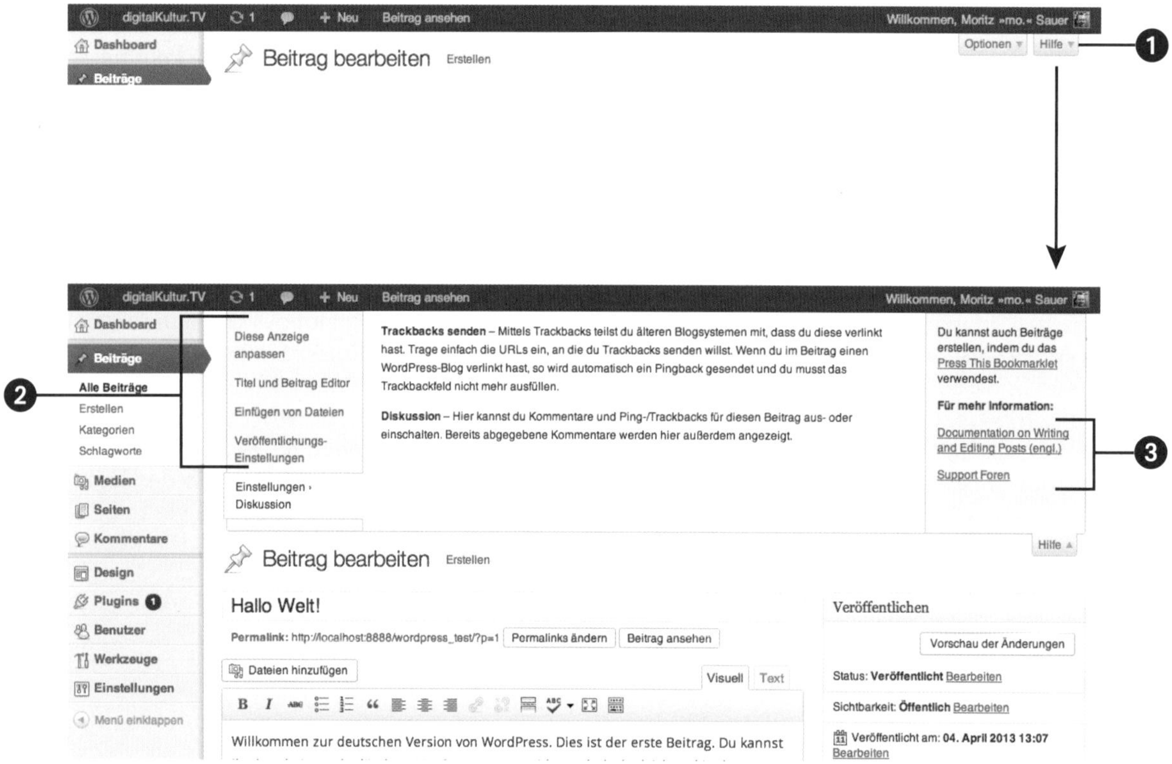
digitalKultur.TV
Neu
Beitrag ansehen
Willkommen, Moritz »mo.« Sauer
Dashboard
Beiträge
Beitrag bearbeiten
Erstellen
Optionen
Hilfe
1
Diese Anzeige anpassen
Titel und Beitrag Editor
Einfügen von Dateien
Veröffentlichungs-Einstellungen
Einstellungen › Diskussion
Trackbacks senden – Mittels Trackbacks teilst du älteren Blogsystemen mit, dass du diese verlinkt hast. Trage einfach die URLs ein, an die du Trackbacks senden willst. Wenn du im Beitrag einen WordPress-Blog verlinkt hast, so wird automatisch ein Pingback gesendet und du musst das Trackbackfeld nicht mehr ausfüllen.
Diskussion – Hier kannst du Kommentare und Ping-/Trackbacks für diesen Beitrag aus- oder einschalten. Bereits abgegebene Kommentare werden hier außerdem angezeigt.
Du kannst auch Beiträge erstellen, indem du das Press This Bookmarklet verwendest.
Für mehr Information:
Documentation on Writing and Editing Posts (engl.)
Support Foren
2
3
Alle Beiträge
Erstellen
Kategorien
Schlagworte
Medien
Seiten
Kommentare
Design
Plugins
Benutzer
Werkzeuge
Einstellungen
Menü einklappen
Hallo Welt!
Permalink: http://localhost:8888/wordpress_test/?p=1
Permalinks ändern
Dateien hinzufügen
Visuell
Text
Willkommen zur deutschen Version von WordPress. Dies ist der erste Beitrag. Du kannst
Veröffentlichen
Vorschau der Änderungen
Status: Veröffentlicht Bearbeiten
Sichtbarkeit: Öffentlich Bearbeiten
Veröffentlicht am: 04. April 2013 13:07
Bearbeiten

# Die Hilfefunktion einblenden

Vielleicht haben Sie sich auf der vorangehenden Seite gefragt, was es mit den Begriffen **Trackback** und **Pingback** im Diskussionskasten auf sich hat. Egal wo Sie sich im Backend des Redaktionssystems befinden: WordPress bietet über die integrierte Hilfe immer kurze, unterstützende Erklärungen und Anweisungen an. Sie können also in den meisten Fällen auf Fragen eine direkte Antwort finden, indem Sie den Hilfebereich auf der gleichen Seite aufsuchen.

Den **Hilfebereich** öffnen Sie, indem Sie auf die Schaltfläche Hilfe ❶ klicken. Nach dem Klick fährt der Hilfebereich aus. Auf der linken Seite sehen Sie eine Art Index mit den verschiedenen Hilfethemen, durch die Sie mit einem Klick blättern können ❷.

Sollten Ihnen die Informationen nicht genügen, bringen Sie die rechts angezeigten Links ❸ zu weiterführenden Informationen. Die dort hinterlegten Dokumente sind manchmal auf Englisch, manchmal auf Deutsch, oder es ist lediglich ein Link zum Supportforum von WordPress hinterlegt.

# Kapitel 4 | WordPress konfigurieren

Wie jede Software oder jedes Programm können Sie auch WordPress konfigurieren, d. h. grundlegende Einstellungen für das System treffen. Die verschiedenen Möglichkeiten, WordPress zu justieren, finden Sie im Backend im linken Menü unter Einstellungen.

Hier bestimmen Sie Titel und Slogan Ihrer Website oder Ihres Blogs, und Sie nehmen wichtige Einstellungen für das Kommentarsystem oder die Medienverwaltung vor. Im Folgenden gehe ich mit Ihnen schrittweise die verschiedenen Einstellmöglichkeiten durch. Dabei lernen Sie WordPress besser kennen und konfigurieren das System genau nach Ihren Wünschen.

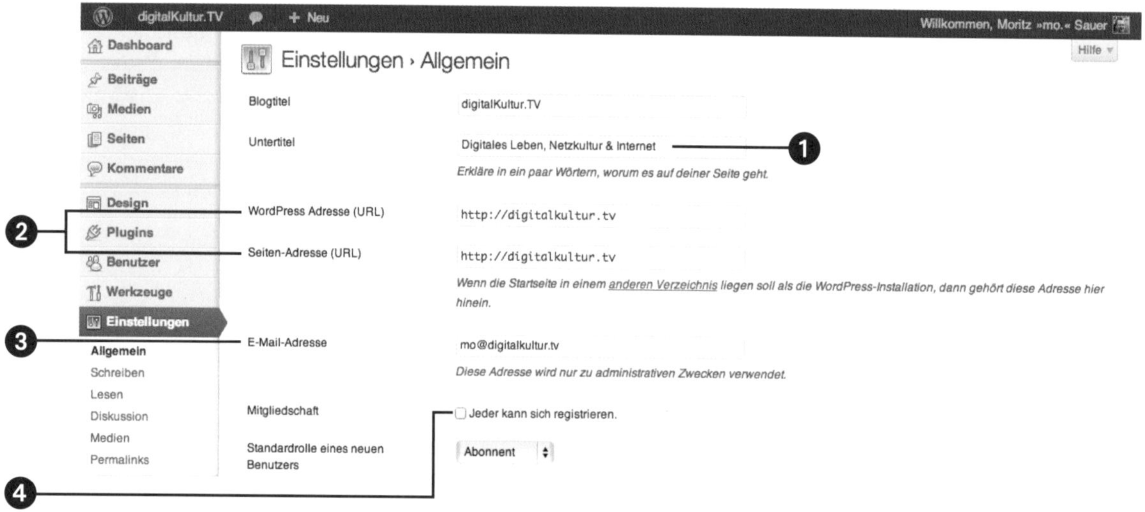
digitalKultur.TV
Neu
Willkommen, Moritz »mo.« Sauer
Hilfe
Dashboard
Beiträge
Medien
Seiten
Kommentare
Design
Plugins
Benutzer
Werkzeuge
Einstellungen
Allgemein
Schreiben
Lesen
Diskussion
Medien
Permalinks
Einstellungen › Allgemein
Blogtitel
digitalKultur.TV
Untertitel
Digitales Leben, Netzkultur & Internet
Erkläre in ein paar Wörtern, worum es auf deiner Seite geht.
WordPress Adresse (URL)
http://digitalkultur.tv
Seiten-Adresse (URL)
http://digitalkultur.tv
Wenn die Startseite in einem anderen Verzeichnis liegen soll als die WordPress-Installation, dann gehört diese Adresse hier hinein.
E-Mail-Adresse
mo@digitalkultur.tv
Diese Adresse wird nur zu administrativen Zwecken verwendet.
Mitgliedschaft
Jeder kann sich registrieren.
Standardrolle eines neuen Benutzers
Abonnent
1
2
3
4

# Allgemeine Einstellungen (1)

Sollten Sie den voreingestellten Slogan ❶ noch nicht angepasst haben (siehe dazu Seite 83), klicken Sie im Backend in der linken Menüleiste einfach auf Einstellungen und dann auf den Unterpunkt Allgemein. Um Namen und Slogan zu ändern, geben Sie in die Eingabefelder Blogtitel und Untertitel Ihren Wunschnamen und -slogan ein.

Die beiden Eingabefelder WordPress Adresse (URL) und Seiten-Adresse (URL) ❷ können Sie unberührt lassen. Hier tragen Sie nur dann Änderungen ein, wenn Ihre Startseite in einem anderen Verzeichnis liegt als die eigentliche WordPress-Installation. Auf die im Feld E-Mail-Adresse ❸ angegebene Adresse greift WordPress zurück, wenn das System Nachrichten verschickt, z. B. über neue Kommentare, die auf die Freigabe warten. Außerdem nutzen einige Plugins die hier eingegebene E-Mail-Adresse, um Ihnen administrative, das System betreffende Informationen zu schicken.

WordPress verfügt über eine **Benutzerverwaltung** mit verschiedenen Rollen für Benutzer. Jeder Benutzer hat einen Namen und ein Passwort und kann sich, wie bei Twitter, Gmail oder anderen Onlineservices, einloggen.

Die selbstständige Registrierung neuer Benutzer ergibt nur dann Sinn, wenn Sie einen passwortgeschützten Bereich mit Extrainhalten für registrierte Nutzer planen. Möchten Sie, dass sich Besucher selbstständig auf Ihrer Website registrieren können, setzen Sie ein Häkchen bei Mitgliedschaft → Jeder kann sich registrieren ❹. Anschließend können Sie noch die Standardrolle auswählen, die einem neuen Benutzer zugewiesen wird. Wenn Sie gerade erst anfangen mit dem Bloggen, ist es empfehlenswert, vorerst die Registrierung auszuschalten. Erstens ist Ihr System so besser vor Hackerangriffen geschützt, und zweitens benötigen Sie für einen passwortgeschützten Bereich ein passendes Theme. Mehr zur Benutzerverwaltung erfahren Sie auf Seite 113.

Einstellungen
Allgemein
Schreiben
Lesen
Diskussion
Medien
Permalinks
Menü einklappen
E-Mail-Adresse
mo@digitalkultur.tv
Diese Adresse wird nur zu administrativen Zwecken verwendet.
Mitgliedschaft
Jeder kann sich registrieren.
Standardrolle eines neuen Benutzers
Abonnent
1
Zeitzone
UTC+2
UTC-Zeit ist 08.04.2013 19:08
Deine lokale Zeit ist 08.04.2013 21:08
Wähle eine Stadt, die in deiner Zeitzone liegt.
2
Datumsformat
8. April 2013
2013/04/08
04/08/2013
08/04/2013
Angepasst: j. F Y 8. April 2013
Documentation on date and time formatting (engl.)
Deutsches Zeitformat einstellen
3
Zeitformat
21:08
9:08 PM
Angepasst: H:i 21:08
4
Woche beginnt am
Montag
Änderungen übernehmen
5

# Allgemeine Einstellungen (2)

UTC bedeutet Coordinated Universal Time bzw. koordinierte Weltzeit. Die Zeitzone ❶ bekommt WordPress vom Serverrechner übermittelt. Sie können sie über das Auswahlmenü passend einstellen, damit sie Ihrer lokalen Zeit entspricht. Auf diese Zeitangabe greift WordPress immer dann zurück, wenn es z. B. das Erstellungsdatum eines Beitrags abspeichert oder ein Beitrag zeitgesteuert zu einem vorgegebenen Termin veröffentlicht werden soll. Mehr dazu erfahren Sie auf Seite 135.

Häufig zeigt WordPress ober- oder unterhalb der Beiträge das **Datum** und die **Zeit** an. Wie die Zeit dargestellt werden soll, können Sie über Datumsformat ❷ und Zeitformat ❸ festlegen. Wählen Sie dazu entweder eine der angezeigten Voreinstellungen oder konstruieren Sie sich die Anzeige des Datums mithilfe von Platzhaltern. Weitere Informationen finden Sie über die darunter angezeigten Links. Mit welchem Tag auf Ihrer Website die Woche beginnt ❹, legen Sie über das letzte Ausklappmenü fest. Mit Änderungen übernehmen ❺ speichern Sie Ihre Einstellungen schließlich ab.

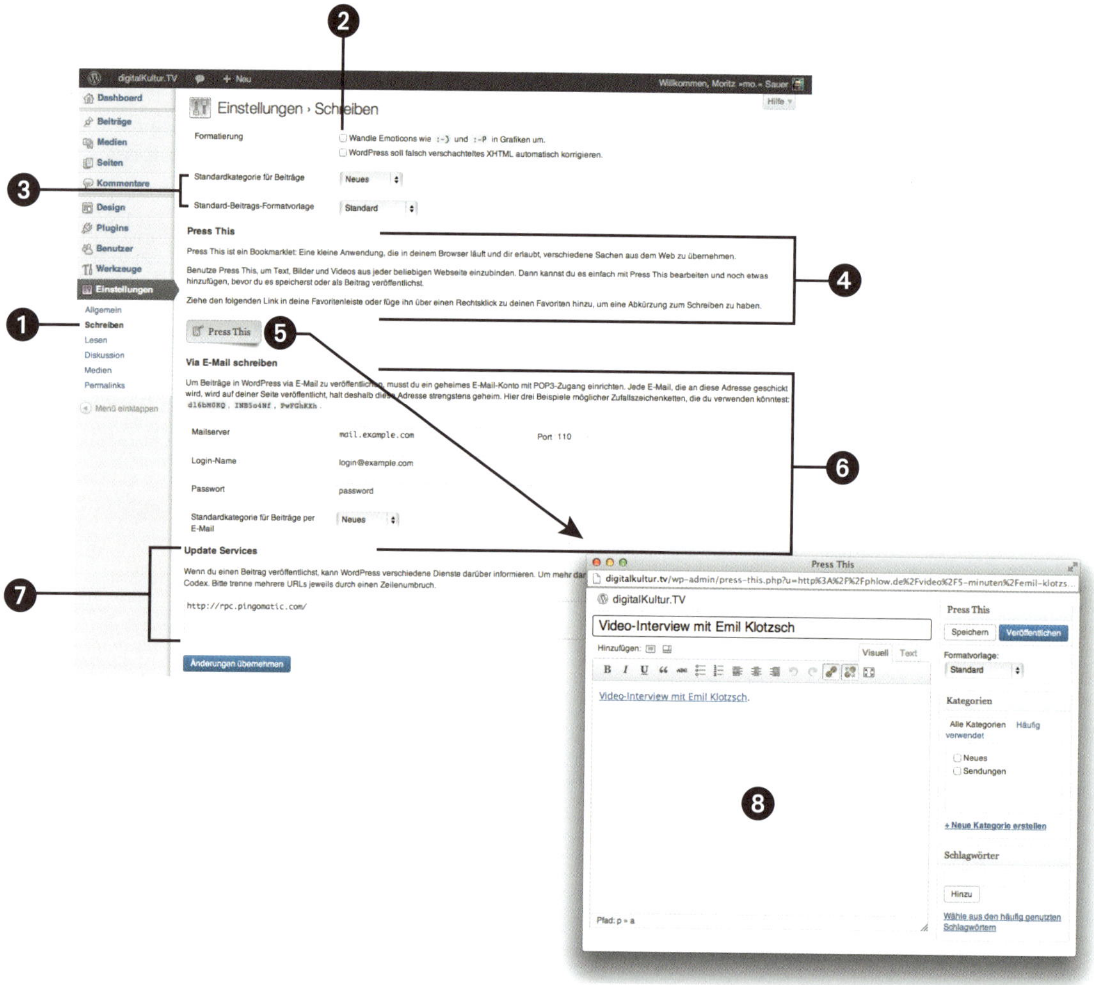

1
2
3
4
5
6
7
8
digitalKultur.TV
Neu
Willkommen, Moritz »mo.« Sauer
Hilfe
Dashboard
Beiträge
Medien
Seiten
Kommentare
Design
Plugins
Benutzer
Werkzeuge
Einstellungen
Allgemein
Schreiben
Lesen
Diskussion
Medien
Permalinks
Menü einklappen
Einstellungen › Schreiben
Formatierung
Wandle Emoticons wie :-) und :-P in Grafiken um.
WordPress soll falsch verschachteltes XHTML automatisch korrigieren.
Standardkategorie für Beiträge
Neues
Standard-Beitrags-Formatvorlage
Standard
Press This
Press This ist ein Bookmarklet: Eine kleine Anwendung, die in deinem Browser läuft und dir erlaubt, verschiedene Sachen aus dem Web zu übernehmen.
Benutze Press This, um Text, Bilder und Videos aus jeder beliebigen Webseite einzubinden. Dann kannst du es einfach mit Press This bearbeiten und noch etwas hinzufügen, bevor du es speicherst oder als Beitrag veröffentlichst.
Ziehe den folgenden Link in deine Favoritenleiste oder füge ihn über einen Rechtsklick zu deinen Favoriten hinzu, um eine Abkürzung zum Schreiben zu haben.
Press This
Via E-Mail schreiben
Mailserver
mail.example.com
Port 110
Login-Name
login@example.com
Passwort
password
Standardkategorie für Beiträge per E-Mail
Neues
Update Services
http://rpc.pingomatic.com/
Änderungen übernehmen
Press This
digitalKultur.TV
Video-Interview mit Emil Klotzsch
Hinzufügen:
Visuell
Text
Video-Interview mit Emil Klotzsch.
Pfad: p » a
Speichern
Veröffentlichen
Formatvorlage:
Standard
Kategorien
Alle Kategorien
Häufig verwendet
Neues
Sendungen
+ Neue Kategorie erstellen
Schlagwörter
Hinzu
Wähle aus den häufig genutzten Schlagwörtern

# Smileys, Lesezeichen und Standardkategorie editieren

Über den Menüpunkt Einstellungen → Schreiben ❶ bestimmen Sie, wie WordPress mit Ihren Inhalten bei der Veröffentlichung umgeht.

Wenn Sie **Smileys** mögen, verwandelt WordPress Emoticons wie :-) automatisch in kleine Grafiken ❷. Mit WordPress soll falsch verschachteltes XHTML automatisch korrigieren instruieren Sie das System, bei der Eingabe von Artikeln eine Autokorrektur für HTML-Befehle durchzuführen. Ich empfehle Ihnen, den Punkt zu ignorieren, da so manche Erweiterung ansonsten eventuell nicht mehr funktioniert. Über Standardkategorie für Beiträge und Standard-Beitrags-Formatvorlage ❸ legen Sie fest, welche **Kategorie bzw. Formatvorlage** für einen neuen Beitrag automatisch gewählt werden soll.

Die Option Press This ❹ ist etwas für Vielschreiber. Damit bietet WordPress Autoren eine Art Lesezeichen für die Linkleiste im Browser an. Klicken Sie auf dieses **Lesezeichen**, öffnet sich ein Pop-up-Fenster ❽, über das Sie Inhalte speichern oder direkt veröffentlichen können. Bewegen Sie dazu Ihre Maus über den Sticker ❺, klicken Sie darauf und ziehen Sie den Link in Ihre Favoritenleiste.

Sie können auch per E-Mail Beiträge veröffentlichen ❻. Dazu müssen Sie sich ein separates E-Mail-Konto anlegen, das WordPress abrufen kann. Diese E-Mail-Adresse muss geheim bleiben, sonst können Fremde Inhalte auf Ihrer WordPress-Website veröffentlichen, indem sie an die Adresse eine E-Mail schicken. Mehr dazu erfahren Sie in der Beschreibung direkt unterhalb des Menüpunkts.

Die Option Update Services ❼ sollten Sie aktivieren, wenn Sie in Blogsuchmaschinen wie *www.google.de/blogsearch* auftauchen wollen – tun Sie dies also unbedingt.

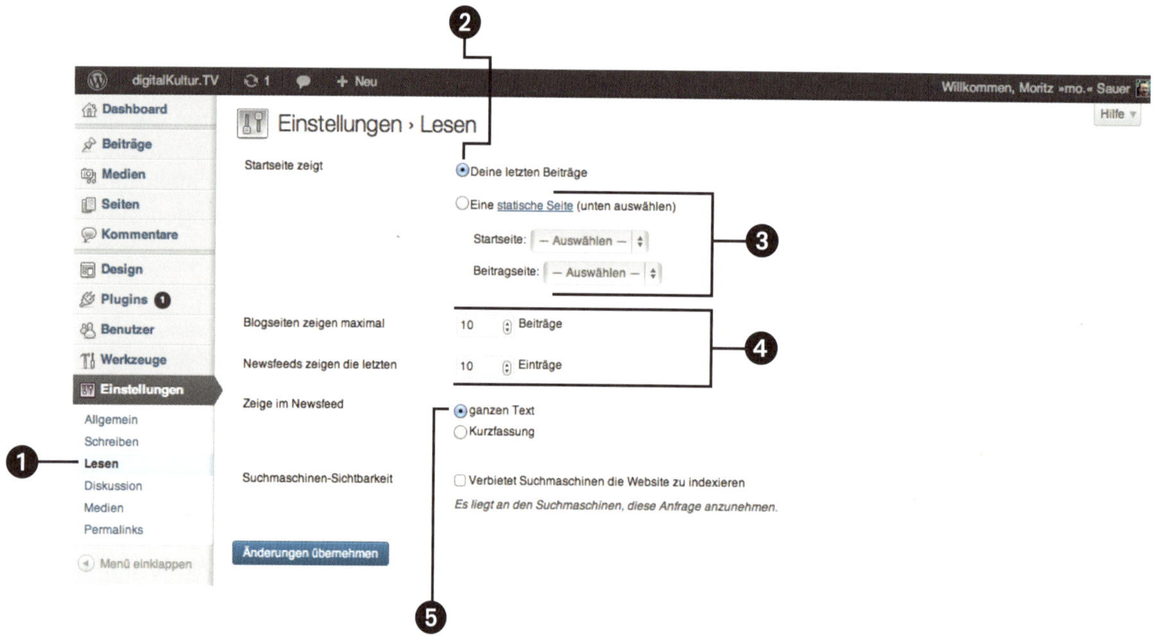
digitalKultur.TV
1
Neu
Willkommen, Moritz »mo.« Sauer
Hilfe
Dashboard
Beiträge
Medien
Seiten
Kommentare
Design
Plugins 1
Benutzer
Werkzeuge
Einstellungen
Allgemein
Schreiben
Lesen
Diskussion
Medien
Permalinks
Menü einklappen
Einstellungen › Lesen
Startseite zeigt
Deine letzten Beiträge
Eine statische Seite (unten auswählen)
Startseite: – Auswählen –
Beitragseite: – Auswählen –
Blogseiten zeigen maximal
10 Beiträge
Newsfeeds zeigen die letzten
10 Einträge
Zeige im Newsfeed
ganzen Text
Kurzfassung
Suchmaschinen-Sichtbarkeit
Verbietet Suchmaschinen die Website zu indexieren
Es liegt an den Suchmaschinen, diese Anfrage anzunehmen.
Änderungen übernehmen
1
2
3
4
5

# Beitragsanzahl auf Start- und Archivseiten festlegen

Über Einstellungen → Lesen ❶ bestimmen Sie, welche Startseite WordPress anzeigen soll und wie viele Beiträge auf der Startseite und im RSS-Feed (dazu gleich mehr) auftauchen sollen. Nach der Installation greift WordPress auf die Standardseite zurück. Hierbei handelt es sich um eine sogenannte **Indexseite**, die die letzten Beiträge ❷ anzeigt. Alternativ können Sie aber auch eine Seite Ihrer Wahl anzeigen lassen ❸. Welche das genau sein soll, entscheiden Sie über das Ausklappmenü. Mehr über diese Möglichkeit erfahren Sie auf Seite 161. Mit dem Auswahlmenü neben Blogseiten zeigen maximal ❹ legen Sie die Anzahl der Beiträge fest, die WordPress auf der Startseite auflistet. Beachten Sie, dass die Webseite bei Besuchern immer größer wird und sich immer langsamer aufbaut, je mehr Bilder und Inhalte Sie auf der Startseite anzeigen. Eine gute Anzahl sind fünf bis zwölf Beiträge – je nachdem, wie viele große Bilder Sie nutzen.

Mithilfe von RSS – auch **RSS-Feed** genannt – können Besucher die Inhalte Ihrer Website mit spezieller Lesesoftware (RSS-Reader) abonnieren. WordPress generiert automatisch einen RSS-Feed. Diesen können Sie über die URL *www.ihre-website.de/feed* aufrufen und z. B. mit einem Service wie *www.netvibes.com* abonnieren.

Über Newsfeeds zeigen die letzten bestimmen Sie, wie viele Beiträge der RSS-Feed beinhalten soll. Ob nur ein Auszug oder der gesamte Beitrag im RSS-Feed angeboten wird, bestimmen Sie mit der Option ganzen Text oder Kurzfassung.

Wenn Sie über Google & Co. gefunden werden wollen, setzen Sie besser kein Häkchen bei Verbietet Suchmaschinen, die Website zu indexieren ❺. Sonst ignorieren Suchmaschinen Ihre Website.

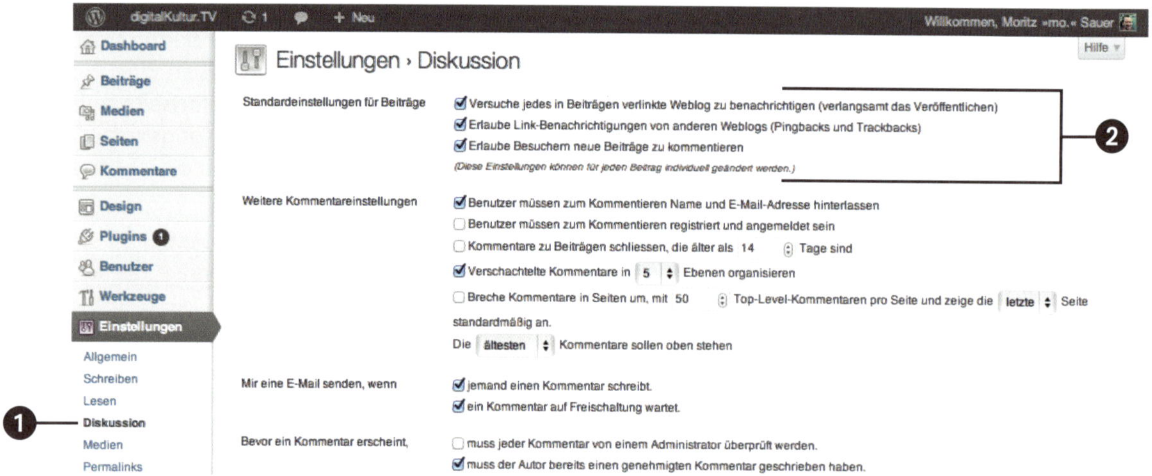

digitalKultur.TV
1
Neu
Willkommen, Moritz »mo.« Sauer
Dashboard
Beiträge
Medien
Seiten
Kommentare
Design
Plugins 1
Benutzer
Werkzeuge
Einstellungen
Allgemein
Schreiben
Lesen
Diskussion
Medien
Permalinks
Hilfe
Einstellungen › Diskussion
Standardeinstellungen für Beiträge
Versuche jedes in Beiträgen verlinkte Weblog zu benachrichtigen (verlangsamt das Veröffentlichen)
Erlaube Link-Benachrichtigungen von anderen Weblogs (Pingbacks und Trackbacks)
Erlaube Besuchern neue Beiträge zu kommentieren
(Diese Einstellungen können für jeden Beitrag individuell geändert werden.)
Weitere Kommentareinstellungen
Benutzer müssen zum Kommentieren Name und E-Mail-Adresse hinterlassen
Benutzer müssen zum Kommentieren registriert und angemeldet sein
Kommentare zu Beiträgen schliessen, die älter als 14 Tage sind
Verschachtelte Kommentare in 5 Ebenen organisieren
Breche Kommentare in Seiten um, mit 50 Top-Level-Kommentaren pro Seite und zeige die letzte Seite standardmäßig an.
Die ältesten Kommentare sollen oben stehen
Mir eine E-Mail senden, wenn
jemand einen Kommentar schreibt.
ein Kommentar auf Freischaltung wartet.
Bevor ein Kommentar erscheint,
muss jeder Kommentar von einem Administrator überprüft werden.
muss der Autor bereits einen genehmigten Kommentar geschrieben haben.
1
2

# Einstellungen für Kommentare und Moderation editieren

Über Einstellungen → Diskussion ❶ konfigurieren Sie, wie WordPress mit eingegebenen Kommentaren umgeht. Dazu bietet das System zahlreiche Einstellungsmöglichkeiten, die in erster Linie darauf abzielen, **Kommentar-Spam** zu vermeiden bzw. lästigen Kommentarschreibern, die es leider fast immer gibt, einen Riegel vorzusetzen.

Über die Option Standardeinstellungen für Beiträge ❷ entscheiden Sie, ob Ihr Blog bzw. Ihre Website versuchen soll, in Beiträgen verlinkte Websites automatisch zu kontaktieren (dieses Verfahren heißt **Trackback**, siehe dazu den Hinweis unten). Außerdem legen Sie fest, ob Sie eingehende Linkbenachrichtigungen akzeptieren oder ignorieren wollen. Ich empfehle Ihnen, hier Häkchen zu setzen, weil es die Kommunikation zwischen Websites erhöht.

Wollen Sie, dass neue Beiträge automatisch für Kommentare freigegeben werden, setzen Sie einen Haken bei Erlaube Besuchern neue Beiträge zu kommentieren. Diese Einstellung können Sie für jeden Artikel einzeln aktivieren oder deaktivieren.

## Hinweis

**Trackback** (auch **Pingback**) ist eine Benachrichtigungstechnik. Mit dieser Technik werden zusammenhängende Artikel auf verschiedenen Websites vernetzt. Veröffentlichen Sie z. B. einen Beitrag, der ähnliche Beiträge auf anderen Websites oder Blogs verlinkt, informiert WordPress deren Betreiber mittels Trackback automatisch über Ihren Artikel. Dadurch können Diskussionen zwischen Websites entstehen, und Sie bekommen im besten Fall mehr Aufmerksamkeit für Ihre Inhalte.

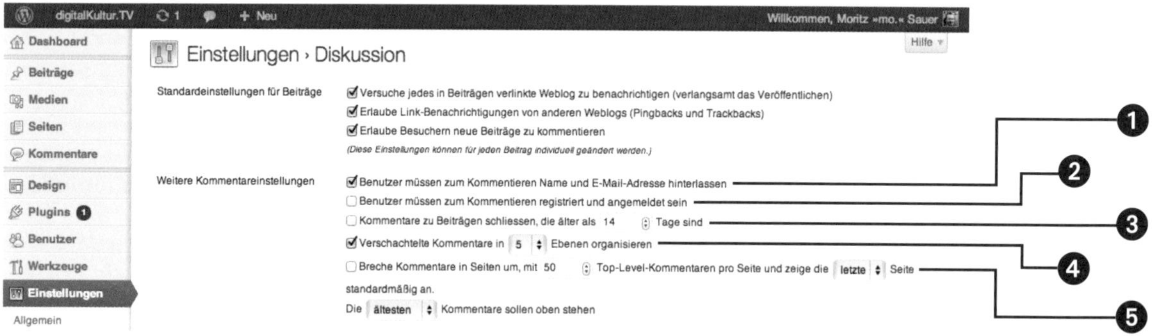
digitalKultur.TV
Neu
Willkommen, Moritz »mo.« Sauer
Hilfe
Dashboard
Beiträge
Medien
Seiten
Kommentare
Design
Plugins
Benutzer
Werkzeuge
Einstellungen
Allgemein
Einstellungen › Diskussion
Standardeinstellungen für Beiträge
Versuche jedes in Beiträgen verlinkte Weblog zu benachrichtigen (verlangsamt das Veröffentlichen)
Erlaube Link-Benachrichtigungen von anderen Weblogs (Pingbacks und Trackbacks)
Erlaube Besuchern neue Beiträge zu kommentieren
(Diese Einstellungen können für jeden Beitrag individuell geändert werden.)
Weitere Kommentareinstellungen
Benutzer müssen zum Kommentieren Name und E-Mail-Adresse hinterlassen
Benutzer müssen zum Kommentieren registriert und angemeldet sein
Kommentare zu Beiträgen schliessen, die älter als 14 Tage sind
Verschachtelte Kommentare in 5 Ebenen organisieren
Breche Kommentare in Seiten um, mit 50 Top-Level-Kommentaren pro Seite und zeige die letzte Seite standardmäßig an.
Die ältesten Kommentare sollen oben stehen
1
2
3
4
5

# Spam in Kommentaren erschweren

Mit Weitere Kommentareinstellungen justieren Sie WordPress, um Kommentar-Spam vorzubeugen. Viele Websitebetreiber und Blogger setzen bei der Option Benutzer müssen zum Kommentieren Name und E-Mail-Adresse hinterlassen ❶ ein Häkchen. Wenn Sie möchten, können Sie mit Kommentarschreibern aber auch restriktiver umgehen, indem Sie sie auffordern, sich zu registrieren und im System anzumelden ❷. Dazu müssen Sie Nutzern aber eine Möglichkeit bieten, sich zu registrieren. Das ermöglicht z. B. ein Widget in der Seitenleiste – mehr dazu auf Seite 197.

Spammer schreiben vorwiegend **Kommentare zu älteren Artikeln**. Um die Kommentarfunktion automatisch nach einem gewissen Zeitraum zu schließen, müssen Sie ein Häkchen bei Kommentare zu Beiträgen schliessen ❸ setzen und den Zeitraum eingeben.

Viele Foren verschachteln Kommentare ineinander, um zu zeigen, wer auf welchen Kommentar reagiert hat. Auch WordPress bietet Ihnen diese Funktionalität. Mit Verschachtelte Kommentare in X Ebenen organisieren ❹ stellen Sie ein, ob und inwieweit Sie die Verschachtelung von Kommentaren erlauben.

Es kann vorkommen, dass ein Beitrag zahlreiche Kommentarschreiber anzieht. Mehr Kommentare bedeuten mehr Text und somit mehr Daten pro Webseite. Das verlängert dementsprechend die **Ladezeit**. Mit Breche Kommentare in Seiten um ❺ bestimmen Sie, ab dem wievielten Kommentar diese auf eine separate Seite ausgelagert werden. Wird die Grenze von z. B. 50 Kommentaren überschritten, werden keine weiteren Kommentare abgebildet, stattdessen wird auf eine neue Webseite, die die nächsten Kommentaren enthält, verlinkt.

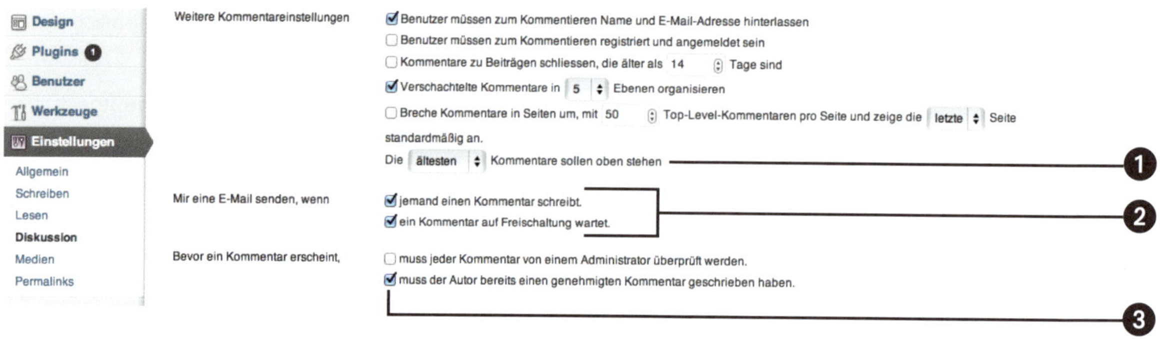
Design
Plugins 1
Benutzer
Werkzeuge
Einstellungen
Allgemein
Schreiben
Lesen
Diskussion
Medien
Permalinks
Weitere Kommentareinstellungen
Benutzer müssen zum Kommentieren Name und E-Mail-Adresse hinterlassen
Benutzer müssen zum Kommentieren registriert und angemeldet sein
Kommentare zu Beiträgen schliessen, die älter als 14 Tage sind
Verschachtelte Kommentare in 5 Ebenen organisieren
Breche Kommentare in Seiten um, mit 50 Top-Level-Kommentaren pro Seite und zeige die letzte Seite standardmäßig an.
Die ältesten Kommentare sollen oben stehen
1
Mir eine E-Mail senden, wenn
jemand einen Kommentar schreibt.
ein Kommentar auf Freischaltung wartet.
2
Bevor ein Kommentar erscheint,
muss jeder Kommentar von einem Administrator überprüft werden.
muss der Autor bereits einen genehmigten Kommentar geschrieben haben.
3

# Kommentarreihenfolge und -moderation

Mit Die ältesten/neusten Kommentare sollen oben stehen ❶ entscheiden Sie über die Reihenfolge, in der WordPress die Kommentare anzeigt. Der Optionen bei Mir eine E-Mail senden, wenn ❷ sind selbsterklärend.

Wenn Sie sichergehen wollen, dass Ihnen kein unliebsamer Kommentar durchflutscht, setzen Sie unbedingt ein Häkchen bei Bevor ein Kommentar erscheint, muss jeder Kommentar von einem Administrator überprüft werden ❸. WordPress veröffentlicht Kommentare bei dieser Einstellung erst nach Ihrer Freigabe. Ein wenig lockerer, aber sehr effektiv ist die Option Bevor ein Kommentar erscheint, muss der Autor bereits einen genehmigten Kommentar geschrieben haben. Diese Annahme geht davon aus, dass einmal abgenickte Kommentarschreiber bei weiteren Kommentaren ebenfalls die Etikette einhalten.

## Hinweis

Je restriktiver Sie WordPress einstellen, desto unwahrscheinlicher wird es, dass Besucher Kommentare zu Ihren Beiträgen schreiben, aber je laxer Sie WordPress einstellen, desto mehr Spam und Arbeit kommt auf Sie zu. Am Anfang empfehle ich Ihnen erst einmal lockere Einstellungen, die Sie bei Bedarf restriktiver gestalten. Bedenken Sie stets, dass Sie für die Kommentare – also auch rechtswidrige Kommentare – auf Ihrer Website immer haftbar gemacht werden können.

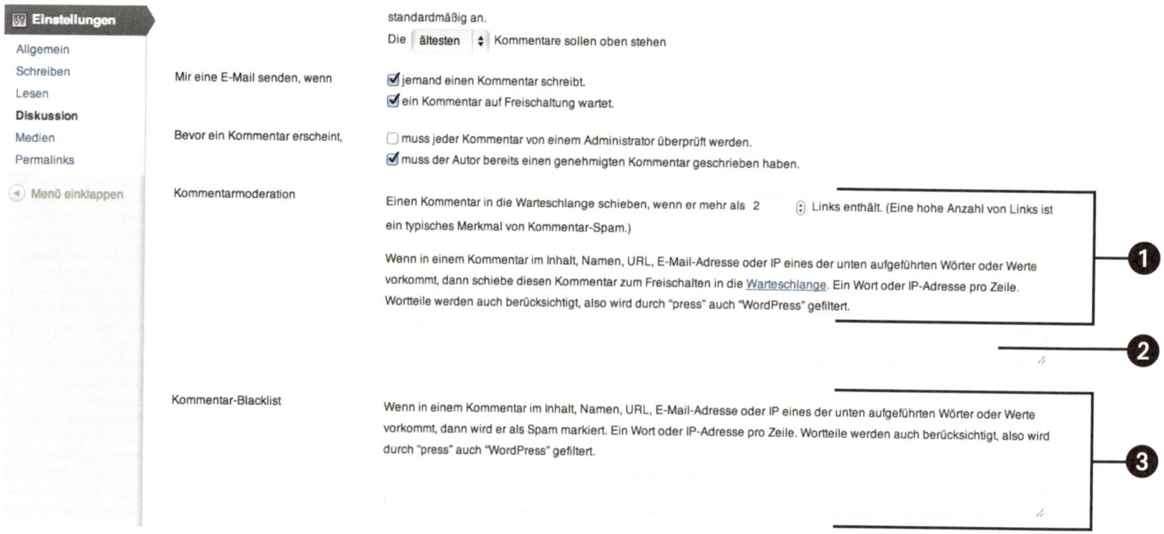
Einstellungen
Allgemein
Schreiben
Lesen
Diskussion
Medien
Permalinks
Menü einklappen
standardmäßig an.
Die ältesten Kommentare sollen oben stehen
Mir eine E-Mail senden, wenn
jemand einen Kommentar schreibt.
ein Kommentar auf Freischaltung wartet.
Bevor ein Kommentar erscheint,
muss jeder Kommentar von einem Administrator überprüft werden.
muss der Autor bereits einen genehmigten Kommentar geschrieben haben.
Kommentarmoderation
Einen Kommentar in die Warteschlange schieben, wenn er mehr als 2 Links enthält. (Eine hohe Anzahl von Links ist ein typisches Merkmal von Kommentar-Spam.)
Wenn in einem Kommentar im Inhalt, Namen, URL, E-Mail-Adresse oder IP eines der unten aufgeführten Wörter oder Werte vorkommt, dann schiebe diesen Kommentar zum Freischalten in die Warteschlange. Ein Wort oder IP-Adresse pro Zeile. Wortteile werden auch berücksichtigt, also wird durch "press" auch "WordPress" gefiltert.
Kommentar-Blacklist
Wenn in einem Kommentar im Inhalt, Namen, URL, E-Mail-Adresse oder IP eines der unten aufgeführten Wörter oder Werte vorkommt, dann wird er als Spam markiert. Ein Wort oder IP-Adresse pro Zeile. Wortteile werden auch berücksichtigt, also wird durch "press" auch "WordPress" gefiltert.
1
2
3

# Kommentare automatisch filtern und als Spam markieren

Mithilfe der Kommentarmoderation ❶ können Sie WordPress anweisen, Kommentare in die **Warteschleife** zu schicken, damit diese nicht automatisch veröffentlicht werden. So verschiebt WordPress bereits in den Standardeinstellungen automatisiert Kommentare mit mehr als zwei Links in die Warteschlange. Mehr als ein Link pro Kommentar ist oft ein Indiz für Kommentarbeiträge, die nur Eigenwerbung oder Spam in Form von Links beinhalten.

In das Eingabefeld darunter ❷ können Sie Wörter oder Werte eingeben, auf die WordPress neue Kommentare überprüfen soll. Taucht in einem Kommentar z. B. ein Name, eine Internet-, E-Mail- oder IP-Adresse aus der Liste auf, sortiert WordPress diesen automatisch in die Warteschlange ein.

Unter der Kommentarmoderation gibt es noch die Kommentar-Blacklist ❸. Dieser Filter funktioniert wie der vorherige, jedoch mit dem einzigen Unterschied, dass Kommentare mit den Wörtern oder Werten nicht in die Warteschlange geschickt, sondern als Spam markiert und in den **Spam-Ordner** verschoben werden. Gehen Sie darum vor allem mit diesem Filter vorsichtig um.

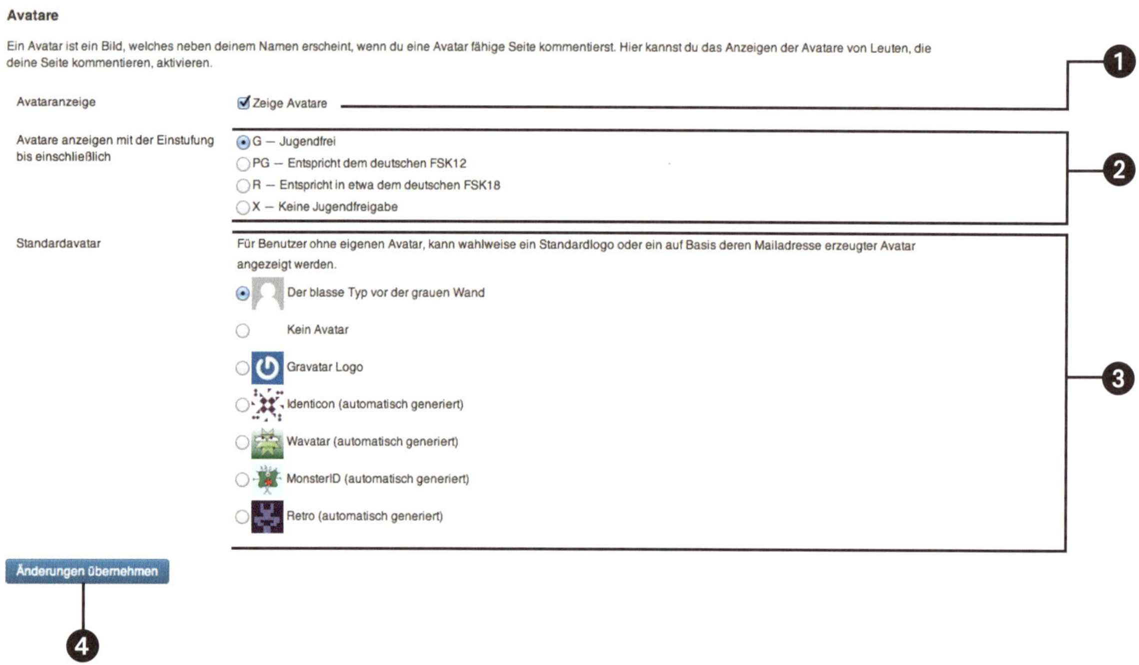
Avatare
Ein Avatar ist ein Bild, welches neben deinem Namen erscheint, wenn du eine Avatar fähige Seite kommentierst. Hier kannst du das Anzeigen der Avatare von Leuten, die deine Seite kommentieren, aktivieren.
Avataranzeige
Zeige Avatare
Avatare anzeigen mit der Einstufung bis einschließlich
G — Jugendfrei
PG — Entspricht dem deutschen FSK12
R — Entspricht in etwa dem deutschen FSK18
X — Keine Jugendfreigabe
Standardavatar
Für Benutzer ohne eigenen Avatar, kann wahlweise ein Standardlogo oder ein auf Basis deren Mailadresse erzeugter Avatar angezeigt werden.
Der blasse Typ vor der grauen Wand
Kein Avatar
Gravatar Logo
Identicon (automatisch generiert)
Wavatar (automatisch generiert)
MonsterID (automatisch generiert)
Retro (automatisch generiert)
Änderungen übernehmen
1
2
3
4

# Individuelle Bilder für Kommentarschreiber mit Gravatar

Kommentare gewinnen an Wert, wenn sie individueller und persönlicher präsentiert werden. Dafür eignet sich hervorragend ein kleines, jedem Nutzer zugeordnetes Bild, das als **Avatar** bezeichnet wird. Über den Unterpunkt Avatare in Einstellungen → Diskussion konfigurieren Sie, ob WordPress Avatare anzeigen soll ❶.

Die Avatar-Bilder bezieht WordPress vom Avatar-Service *www.gravatar.com*. Über diesen Dienst können Benutzer kostenlos ein Miniprofil erstellen und ein Avatarbild hochladen. Kommentiert ein Benutzer einen Beitrag auf einer Website, die den Service nutzt, erscheint neben dem Kommentar das Avatar-Bild.

Benutzer können bei Gravatar selbstständig bestimmen, ob Ihr Bild jugendfrei ist. Auf diesen Filter greifen Sie mit den Einstellungen bei Avatare anzeigen mit der Einstufung bis einschließlich ❷ zurück. Verfügt ein Kommentarschreiber über kein eigenes Gravatar-Profil, entscheiden Sie mit Standardavatar ❸, welches Ersatzbild angezeigt werden soll.

Vergessen Sie nicht, Ihre neuen Einstellungen mit einem abschließenden Klick auf Änderungen übernehmen ❹ zu sichern.

## Tipp

Wenn Sie ein Blog betreiben, kann ich Ihnen nur herzlichst empfehlen, sich ein eigenes kostenloses Profil bei Gravatar.com anzulegen, denn durch das Bild werden auch Ihre Beiträge persönlicher. Achten Sie darauf, dass die E-Mail-Adresse Ihres Gravatar-Kontos mit der in Ihren WordPress-Profileinstellungen übereinstimmt. Nur dann erscheint Ihr Avatar-Bild auf Ihrer Website in den Kommentaren wie auch im Redaktionssystem.

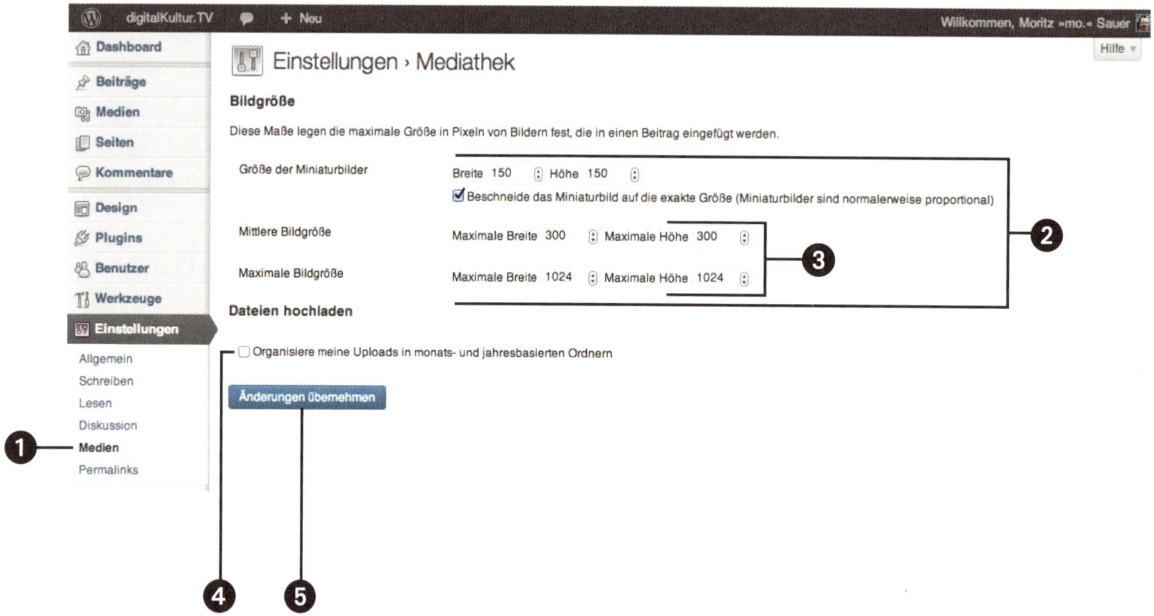
digitalKultur.TV
Neu
Willkommen, Moritz »mo.« Sauer
Hilfe
Dashboard
Beiträge
Medien
Seiten
Kommentare
Design
Plugins
Benutzer
Werkzeuge
Einstellungen
Allgemein
Schreiben
Lesen
Diskussion
Medien
Permalinks
Einstellungen › Mediathek
Bildgröße
Diese Maße legen die maximale Größe in Pixeln von Bildern fest, die in einen Beitrag eingefügt werden.
Größe der Miniaturbilder
Breite 150 Höhe 150
Beschneide das Miniaturbild auf die exakte Größe (Miniaturbilder sind normalerweise proportional)
Mittlere Bildgröße
Maximale Breite 300 Maximale Höhe 300
Maximale Bildgröße
Maximale Breite 1024 Maximale Höhe 1024
Dateien hochladen
Organisiere meine Uploads in monats- und jahresbasierten Ordnern
Änderungen übernehmen
1
2
3
4
5

# Bildmaße und Organisation von Uploads festlegen

WordPress generiert beim Upload von Bildern automatisch Bilddateien mit verschiedenen Bildgrößen und erstellt pro Bild maximal drei weitere Varianten. Wie viele Extradateien das System erstellt, hängt von der Größe der Originalbilddatei ab (WordPress generiert nie Varianten mit Pixelmaßen, die größer als das Original sind).

Die Pixelmaße für die Varianten Miniaturbild, Mittlere Bildgröße und Maximale Bildgröße ❷ legen Sie in den Einstellungen unter Einstellungen → Medien ❶ fest. Während Sie für die mittlere und maximale Bildgröße ❸ lediglich die maximale Breite und Höhe bestimmen können, bietet WordPress für Miniaturbilder die Option Beschneide das Miniaturbild auf die exakte Größe. Diese Einstellung ist nach der Installation aktiviert und erzeugt quadratische Miniaturbilder. Hierbei beschneidet WordPress die Bilder, indem es immer von der Mitte des Bilds ausgeht.

Mit einem Häkchen bei Organisiere meine Uploads in monats- und jahresbasierten Ordnern ❹ entscheiden Sie sich für oder gegen die datumsbasierte Organisation Ihrer Uploads. Setzen Sie das Häkchen, legt WordPress für jeden Upload zu einem Beitrag ein Monatsverzeichnis und ein Tagesverzeichnis abhängig vom Datum des Beitrags an. Das kann auf dem Server allerdings auch unnötig verschachtelte Verzeichnisstrukturen zur Folge haben – z. B. ein Verzeichnis samt Unterverzeichnis für einen Upload (*http://digitalkultur.tv/wp-content/uploads/2013/04/logo.jpg*). Andererseits kann diese Struktur hilfreich sein, wenn man sehr viele Beiträge samt Uploads veröffentlicht. Ich persönlich bevorzuge die einfache Struktur (*http://digitalkultur.tv/wp-content/uploads/logo.jpg*).

Die neuen Einstellungen übernehmen Sie mit einem abschließenden Klick auf Änderungen übernehmen ❺.

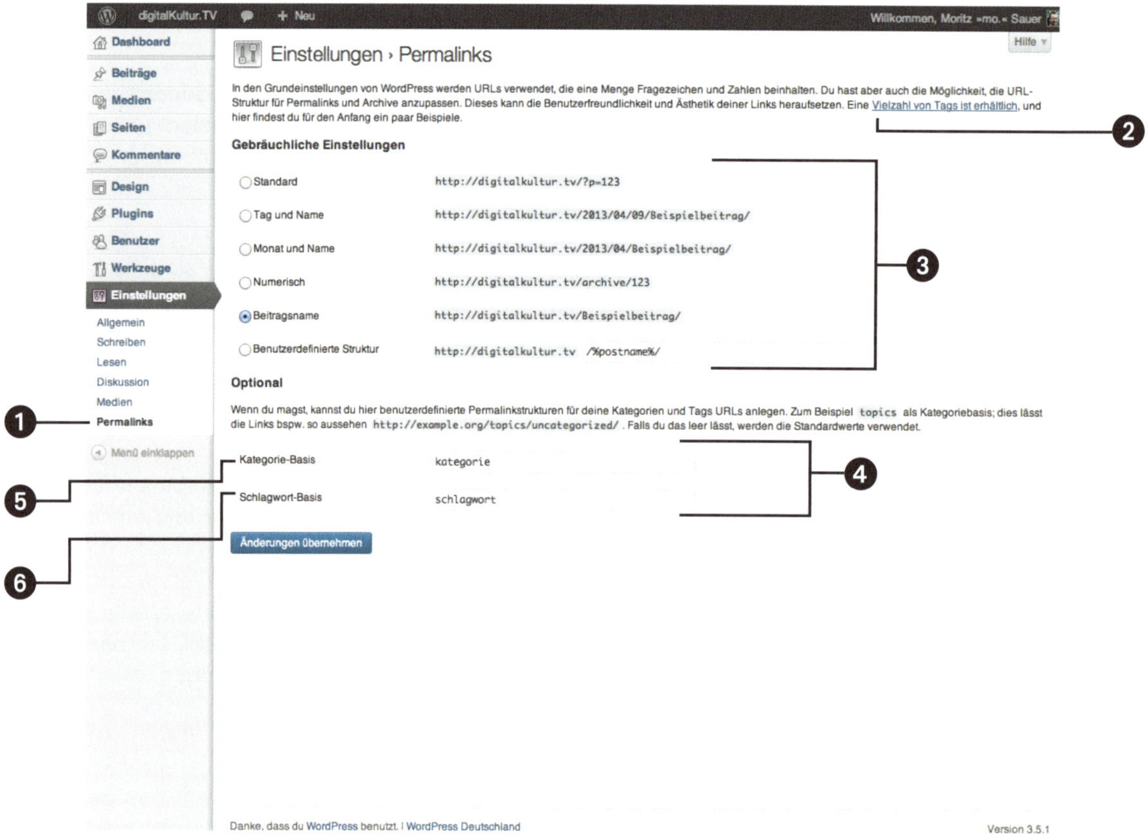
digitalKultur.TV
Neu
Willkommen, Moritz »mo.« Sauer
Hilfe
Dashboard
Beiträge
Medien
Seiten
Kommentare
Design
Plugins
Benutzer
Werkzeuge
Einstellungen
Allgemein
Schreiben
Lesen
Diskussion
Medien
Permalinks
Menü einklappen
Einstellungen › Permalinks
In den Grundeinstellungen von WordPress werden URLs verwendet, die eine Menge Fragezeichen und Zahlen beinhalten. Du hast aber auch die Möglichkeit, die URL-Struktur für Permalinks und Archive anzupassen. Dieses kann die Benutzerfreundlichkeit und Ästhetik deiner Links heraufsetzen. Eine Vielzahl von Tags ist erhältlich, und hier findest du für den Anfang ein paar Beispiele.
Gebräuchliche Einstellungen
Standard http://digitalkultur.tv/?p=123
Tag und Name http://digitalkultur.tv/2013/04/09/Beispielbeitrag/
Monat und Name http://digitalkultur.tv/2013/04/Beispielbeitrag/
Numerisch http://digitalkultur.tv/archive/123
Beitragsname http://digitalkultur.tv/Beispielbeitrag/
Benutzerdefinierte Struktur http://digitalkultur.tv /%postname%/
Optional
Wenn du magst, kannst du hier benutzerdefinierte Permalinkstrukturen für deine Kategorien und Tags URLs anlegen. Zum Beispiel topics als Kategoriebasis; dies lässt die Links bspw. so aussehen http://example.org/topics/uncategorized/ . Falls du das leer lässt, werden die Standardwerte verwendet.
Kategorie-Basis kategorie
Schlagwort-Basis schlagwort
Änderungen übernehmen
Danke, dass du WordPress benutzt. | WordPress Deutschland
Version 3.5.1
1
2
3
4
5
6

# Permalinks: Linknamen ändern, Linkstrukturen bestimmen

Ein Permalink ist die Internetadresse (URL) einer Webseite, unter der ein Beitrag dauerhaft zu finden ist. Über Einstellungen → Permalinks ❶ bestimmen Sie, wie WordPress die Permalinks aufbaut.

In den Grundeinstellungen verwendet WordPress für Permalinks Zeichen, die Fragezeichen und Zahlen beinhalten und wie folgt aussehen: *http://www.digitalkultur.tv/?p=143*.

Solche Adressen sind nicht wirklich hilfreich, da sie keine wichtigen Schlagwörter enthalten und somit weder von Websitebesuchern noch von Suchmaschinen gut gelesen werden können. **Lesbare Links** können Sie mittels einer Vielzahl von Tags ❷ erzeugen und so eine eigene Permalinkstruktur aufbauen. Noch besser ist es, die Gebräuchlichen Einstellungen ❸ so einzurichten, wie in der Abbildung links gezeigt, und die Option Beitragsname zu wählen. Dadurch erhalten Beiträge Links wie z. B. *http://digitalkultur.tv/facebook-datenschutz*.

Darunter können Sie noch Optional ❹ die Begriffe in der Permalinkstruktur für Kategorien ❺ und Schlagworte ❻ bestimmen. Auch das ist ratsam, weil sonst die beiden englischen Begriffe category und tag im Permalink auftauchen. So lautet dank der Einstellungen der Link zur Kategorie Sendungen wie folgt: *http://digitalkultur.tv/kategorie/sendungen/*.

## Hinweis

Damit Sie schöne, lesbare WordPress-URLs erzeugen können, benötigt WordPress das Modul **mod_rewrite** aufseiten des Servers. Wenn Ihre Website auf einem Apache-Server liegt, sollte dieses Modul bereits aktiv sein. Ob es Ihnen zur Verfügung steht und wie Sie es gegebenenfalls aktivieren, erfahren Sie von Ihrem Webhoster.

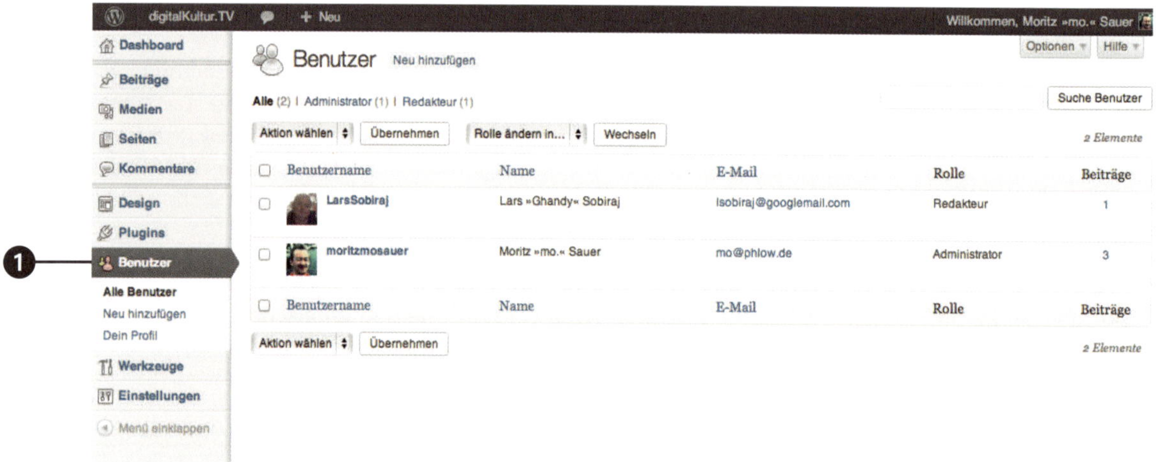
1
digitalKultur.TV
Neu
Willkommen, Moritz »mo.« Sauer
Dashboard
Beiträge
Medien
Seiten
Kommentare
Design
Plugins
Benutzer
Alle Benutzer
Neu hinzufügen
Dein Profil
Werkzeuge
Einstellungen
Menü einklappen
Benutzer
Neu hinzufügen
Optionen
Hilfe
Alle (2) | Administrator (1) | Redakteur (1)
Suche Benutzer
Aktion wählen
Übernehmen
Rolle ändern in...
Wechseln
2 Elemente
Benutzername
Name
E-Mail
Rolle
Beiträge
LarsSobiraj
Lars »Ghandy« Sobiraj
lsobiraj@googlemail.com
Redakteur
1
moritzmosauer
Moritz »mo.« Sauer
mo@phlow.de
Administrator
3
Benutzername
Name
E-Mail
Rolle
Beiträge
Aktion wählen
Übernehmen
2 Elemente

# Benutzerverwaltung: die verschiedenen Rollen für Benutzer

Damit Sie Ihre Website von Freunden, Mitarbeitern und Mitstreitern mitbetreuen lassen können, stellt Ihnen WordPress eine Benutzerverwaltung mit einem Rollen- und Rechtesystem zur Verfügung. Dieses Rollensystem unterscheidet fünf Arten von Rollen bzw. Nutzern, die jeweils unterschiedliche Rechte haben, in welcher Form sie Änderungen auf der Website vornehmen dürfen: Administrator, Redakteur, Autor, Mitarbeiter und Abonnent. Die Benutzerverwaltung finden Sie über das linke Menü unter Benutzer ❶.

Möchten Sie z. B., dass neue Autoren Beiträge in das System eingeben können, aber die eigenmächtige Veröffentlichung nicht möglich ist, weisen Sie ihnen die Rolle des Mitarbeiters zu.

WordPress kennt folgende Rollen und Rechte:

**Administrator:** Der Administrator – das sind Sie – darf alles. Sie dürfen Einstellungen, Themes und Erweiterungen ändern, Sie dürfen Updates einspielen und alle Inhalte editieren.

**Redakteur:** Der Redakteur ist der einzige Nutzer, der wie der Administrator Seiten bearbeiten kann. Keinen Zugang hat er aber zu Plugins, Theme-Einstellungen und den allgemeinen Einstellungen.

**Autor:** Der Autor darf eigene Beiträge eigenhändig veröffentlichen und kann Mediendateien in die Mediathek hochladen.

**Mitarbeiter:** Der Mitarbeiter darf Beiträge schreiben und zur Revision vorlegen. Veröffentlichen kann diese Beiträge nur der Redakteur oder der Administrator.

**Abonnent:** Abonnenten sind registrierte Besucher Ihrer Website. Die Rolle des Abonnenten dient Programmierern für die Umsetzung eines geschützten Bereichs, in dem z. B. nur eingeloggte Abonnenten Zugang zu bestimmten Informationen erhalten. Eine solche Funktionalität bieten die Standard-Themes nicht.

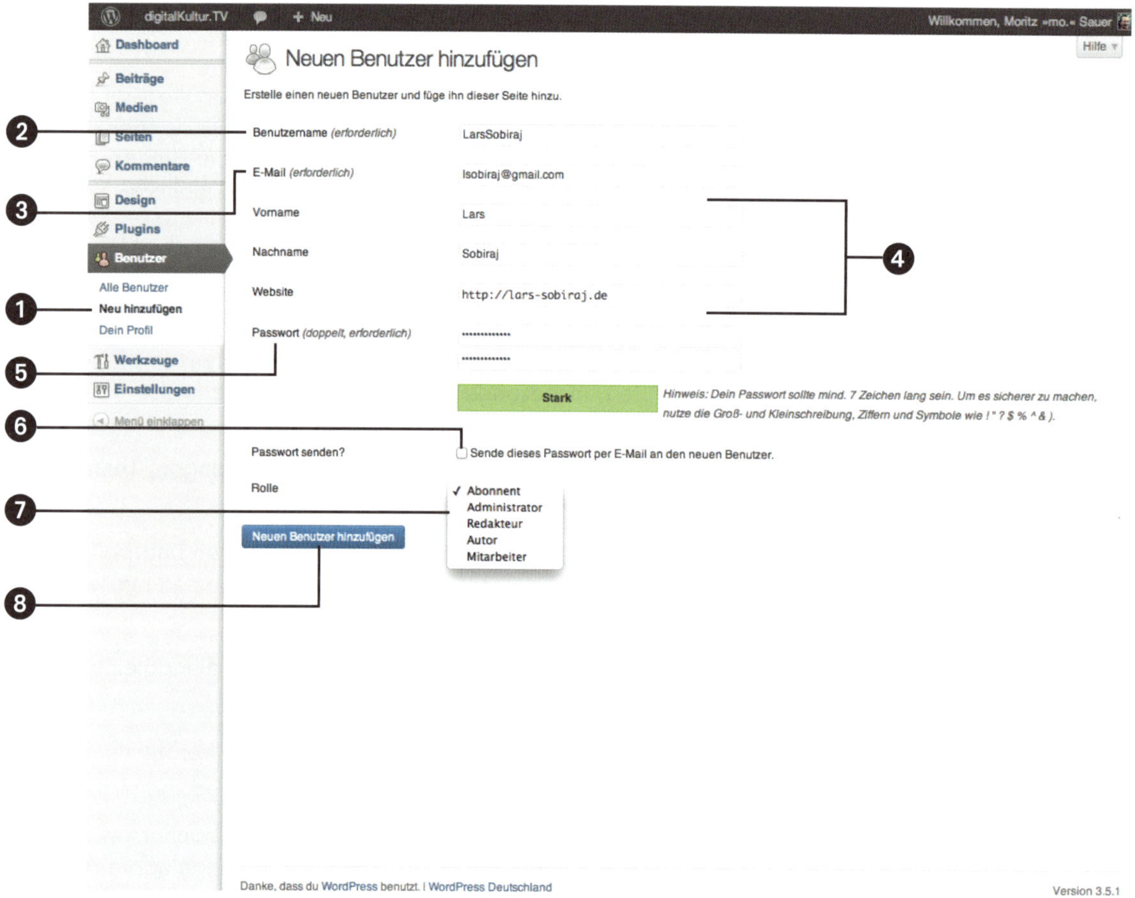
digitalKultur.TV
Neu
Willkommen, Moritz »mo.« Sauer
Hilfe
Dashboard
Beiträge
Medien
Seiten
Kommentare
Design
Plugins
Benutzer
Alle Benutzer
Neu hinzufügen
Dein Profil
Werkzeuge
Einstellungen
Menü einklappen
Neuen Benutzer hinzufügen
Erstelle einen neuen Benutzer und füge ihn dieser Seite hinzu.
Benutzername (erforderlich)
LarsSobiraj
E-Mail (erforderlich)
lsobiraj@gmail.com
Vorname
Lars
Nachname
Sobiraj
Website
http://lars-sobiraj.de
Passwort (doppelt, erforderlich)
Stark
Hinweis: Dein Passwort sollte mind. 7 Zeichen lang sein. Um es sicherer zu machen, nutze die Groß- und Kleinschreibung, Ziffern und Symbole wie ! " ? $ % ^ & ).
Passwort senden?
Sende dieses Passwort per E-Mail an den neuen Benutzer.
Rolle
✓ Abonnent
Administrator
Redakteur
Autor
Mitarbeiter
Neuen Benutzer hinzufügen
1
2
3
4
5
6
7
8
Danke, dass du WordPress benutzt. | WordPress Deutschland
Version 3.5.1

# Neue Benutzer hinzufügen

Neue Benutzer für Ihr WordPress-Projekt legen Sie im linken Menü über Benutzer → Neu hinzufügen ❶ an. Neuen Benutzern können Sie eine Rolle zuweisen, damit diese z. B. bei Ihrer Website als Redakteure oder Schreiber mitwirken. Um einen neuen Benutzer anzulegen, brauchen Sie drei Dinge: einen Benutzernamen ❷, eine E-Mail-Adresse ❸ und ein Passwort ❺. Während der Benutzer später seine E-Mail-Adresse und sein Passwort ändern kann, ist das beim Benutzernamen nicht der Fall.

Wenn Sie einen neuen Benutzer anlegen, ist es nicht notwendig, die Felder Vorname, Nachname und Website ❹ auszufüllen. Diese Informationen dürfen Benutzer selbstständig über ihr individuelles Profil jederzeit bearbeiten.

Erstellen Sie in Ihrem eigenen Interesse ein **starkes Passwort** für den neuen Benutzer. Starke Passwörter schützen Ihr System vor Hackerangriffen, insbesondere wenn der neue Mitarbeiter eine Rolle mit vielen Rechten erhält. Dieses Passwort kann der neue Mitarbeiter aber auch jederzeit ändern.

Die wichtigste Entscheidung beim Anlegen eines neuen Benutzers ist die zugewiesene Rolle – siehe vorherige Seite. Diese wählen Sie über das Ausklappmenü ❼.

Mit einem finalen Klick auf Neuen Benutzer anlegen ❽ erstellen Sie den neuen Benutzer und schicken diesem eine E-Mail mit dem Passwort, wenn Sie ein Häkchen bei Passwort senden? ❻ gesetzt haben.

# Kapitel 5 | Inhalte hinzufügen, bearbeiten, löschen

Obwohl WordPress mit dem Ziel entwickelt wurde, möglichst einfach zu bedienen zu sein, gibt es zahlreiche Funktionen, die beim Erstkontakt mit dem System verwirrend wirken können. Dieses Kapitel hilft Ihnen dabei, WordPress in den Griff zu bekommen, damit Sie Ihre Inhalte optimal auf Ihrer Website präsentieren können. Sie lernen, wie Sie den Editor nutzen, um Beiträge zu erstellen, wie Sie Beiträge mit Links, Bildergalerien oder Schlagwörtern verfeinern und wie Sie Kommentare moderieren und editieren. Außerdem stelle ich Ihnen die verschiedenen Beitragsformate vor, mit denen Sie Inhalte wie Zitate, Linktipps oder Videos besser in Szene setzen können. Schließlich erfahren Sie, wie Sie Kategorien und Schlagwörter anlegen und verwalten.

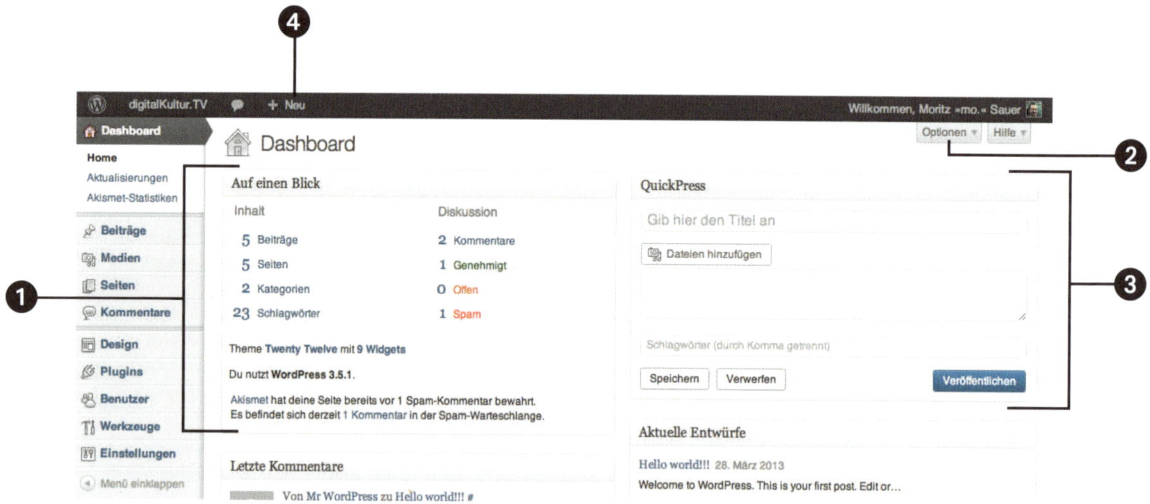
4
digitalKultur.TV
+ Neu
Willkommen, Moritz »mo.« Sauer
Dashboard
Home
Aktualisierungen
Akismet-Statistiken
Beiträge
Medien
Seiten
Kommentare
Design
Plugins
Benutzer
Werkzeuge
Einstellungen
Menü einklappen
Dashboard
Optionen
Hilfe
2
Auf einen Blick
Inhalt
Diskussion
5 Beiträge
5 Seiten
2 Kategorien
23 Schlagwörter
2 Kommentare
1 Genehmigt
0 Offen
1 Spam
Theme Twenty Twelve mit 9 Widgets
Du nutzt WordPress 3.5.1.
Akismet hat deine Seite bereits vor 1 Spam-Kommentar bewahrt.
Es befindet sich derzeit 1 Kommentar in der Spam-Warteschlange.
1
QuickPress
Gib hier den Titel an
Dateien hinzufügen
Schlagwörter (durch Komma getrennt)
Speichern
Verwerfen
Veröffentlichen
3
Aktuelle Entwürfe
Hello world!!! 28. März 2013
Welcome to WordPress. This is your first post. Edit or…
Letzte Kommentare
Von Mr WordPress zu Hello world!!! #

# Einloggen im Dashboard

Zum Login-Formular von WordPress gelangen Sie, indem Sie hinter der Internetadresse Ihrer WordPress-Startseite /wp-login.php eingeben. So finden Sie den Login-Bildschirm von digitalKultur.TV z. B. unter *http://digitalkultur.tv/wp-login.php*.

Nach dem Login befördert WordPress Sie ins sogenannte Dashboard. **Dashboard** bedeutet so viel wie Instrumentenpult oder Armaturenbrett. Hier bekommen Sie einen generellen Überblick über das System und sehen Auf einen Blick ❶, wie viele Beiträge, Seiten, Spam usw. das System bereits verwaltet. Einige WordPress-Erweiterungen blenden an dieser Stelle auch zusätzliche Informationen ein – so z. B. das Broken Link Checker Plugin – siehe Seite 259.

Ihr Dashboard gestalten Sie mithilfe des Optionenpanels ❷. Blenden Sie hier unwichtige Kästen einfach aus (mehr zum Optionenpanel lesen Sie auf Seite 85), das erhöht die Übersicht.

Mit dem Kasten Quickpress ❸ können Sie im Dashboard schnell Beiträge veröffentlichen. Ich möchte Ihnen allerdings davon abraten, Quickpress zu nutzen. Der richtige und umfangreiche Editor ist lediglich einen Klick entfernt. Sie rufen ihn auf, indem Sie in der grauen Adminleiste ❹ auf +Neu klicken.

## Tipp

Um sich schneller in bestimmte WordPress-Bereiche einzuloggen, können Sie die entsprechende URL zum jeweiligen Menüpunkt auch in Ihrer Browser-Linkleiste ablegen. Öffnen Sie in eingeloggtem Zustand dazu den jeweiligen Menüpunkt und speichern Sie dann den Link in Ihren Favoriten ab. Um z. B. einen neuen Beitrag anzulegen, öffnet man die URL *http://ihre-website.de/wp-admin/post-new.php*. Wenn Sie noch nicht eingeloggt sind, führt Sie WordPress zuerst zum Login-Bildschirm und nach erfolgreichem Login direkt zur Eingabe eines Artikels.

2
3
Dateien hinzufügen
Visuell
Text
1
Die Webvideo-Sendung digitalKultur.TV interviewt Internetspezialisten, Computerexperten, Hacker, Netzaktivisten, Programmierer und Künstler zum Thema Digitalität.
Es gibt kein zurück, wir stecken mittendrin im digitalen Leben.
Technologie und Technik verändern oder beherrschen den Alltag. Computer sammeln und verknüpfen Daten, ob an der Tankstelle, im Supermarkt oder in einem der sozialen Netzwerke.
Letztendlich ahnen wir nur, wie der technologische Sauseschritt samt digitaler Vernetzung unser Leben verändert. Oft verstehen nur noch Experten Computerprogramme und -protokolle, mobile Geräte, Speichermedien und technologische Ein- und Übergriffe.
digitalKULTUR.TV
Lars Sobiraj & Moritz »mo.« Sauer von digitalKultur.TV
Pfad: p » strong
Wörteranzahl: 141
Entwurf wurde um 11:07:22 Uhr gespeichert. Zuletzt geändert von Moritz »mo.« Sauer am 8. April 2013 um 15:50
4
5
6

# Genauer hingeschaut: die Arbeitsoberfläche des Editors

WordPress bietet für die Bearbeitung von Beiträgen gleich zwei Editoren: den Komforteditor ❶ und den HTML-Editor. Zwischen diesen beiden Editoren wechseln Sie jederzeit über die beiden Registerkarten Visuell ❷ und Text ❸. In der Regel benötigen Sie nur den visuellen, sprich den Komforteditor.

Mit dem **Komforteditor** schreiben Sie unkompliziert Texte und formatieren sie. Dieser sogenannte **Rich Editor** erzeugt für Sie im Hintergrund den eigentlichen HTML-Code, der für eine Webseite benötigt wird. **HTML** steht für **Hypertext Markup Language**. Technisch betrachtet, basieren Internetseiten wie auch Blogs auf dieser Auszeichnungssprache.

Dank des Editors müssen Sie also keine HTML-Befehle lernen und können sich vollkommen auf Text und Gestaltung konzentrieren. Die Optik, die Sie mit dem Editor festlegen (wie Sie Beiträge formatieren, Bilder im Textfluss positionieren und wie Sie Ihre Beiträge mit Links und Mediendateien anreichern), wird später genau so auf der Webseite umgesetzt.

Unterhalb des Editors ❹ zeigt WordPress Ihnen Zusatzinformationen zum Beitrag an. Das sind Angaben zur Anzahl der Wörter ❺ sowie der Zeitpunkt der letzten Speicherung des Artikels ❻ und ob diese Version bereits veröffentlicht wurde.

Wenn Sie neugierig sind, wie der HTML-Code aussieht, den der Komforteditor für Sie produziert, wechseln Sie einfach zwischen den beiden Editoren hin und her, nachdem Sie einen Beitrag eingegeben und formatiert haben.

## Hinweis

Wenn Sie HTML können und auf den visuellen Editor verzichten wollen, können Sie diesen über Ihr Benutzerprofil unter Benutzer → Dein Profil → Beim Schreiben den WYSIWYG-Editor nicht benutzen abschalten.

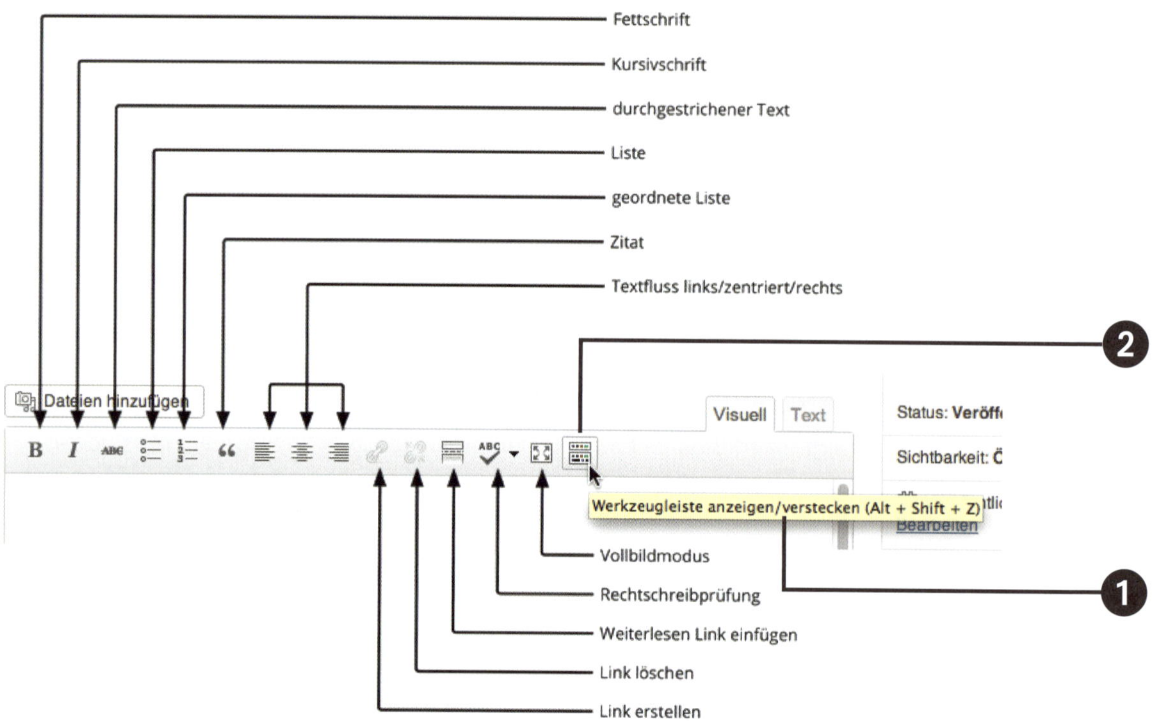
Fettschrift
Kursivschrift
durchgestrichener Text
Liste
geordnete Liste
Zitat
Textfluss links/zentriert/rechts
2
Dateien hinzufügen
Visuell
Text
Status: Veröff
Sichtbarkeit: Ö
Werkzeugleiste anzeigen/verstecken (Alt + Shift + Z)
Bearbeiten
Vollbildmodus
Rechtschreibprüfung
Weiterlesen Link einfügen
Link löschen
Link erstellen
1

# Arbeiten mit dem Komforteditor

Generell funktioniert der Komforteditor wie eine normale Textverarbeitungssoftware. Um Text zu formatieren, muss dieser zuerst markiert werden, um anschließend mit **Zeichen- und Absatzformaten** (z. B. Fettschrift) belegt zu werden. Wenn Sie Textelemente wie Listen einfügen wollen, positionieren Sie zuerst den Cursor an der Stelle, an der Sie das Element einfügen wollen.

Um eine Funktion hinter einem Symbol kennenzulernen, bewegen Sie einfach den Mauszeiger über das Symbol und warten eine Sekunde. Anschließend blendet Ihr Browser einen Hinweis ❶ zum Symbol samt Tastaturkürzel ein.

Wie Sie mit den Verkettungssymbolen Links anlegen und löschen und was es mit dem Zeichen mit der gestrichelten Linie auf sich hat, erfahren Sie auf den nächsten Seiten. An dieser Stelle seien nur noch die **Rechtschreibprüfung** und der **Vollbildmodus** erwähnt. Über ein Ausklappmenü können Sie die Sprache für die Rechtschreibprüfung auswählen, damit Ihr Beitrag automatisch auf Rechtschreibfehler hin geprüft wird. Wenn Sie in den Vollbildmodus wechseln, verschwindet die herkömmliche Bildschirmdarstellung komplett. Sie sehen dann eine reduzierte Oberfläche mit nur zwei Textfeldern für Überschrift und Inhalt. Selbst die obere Bearbeitungsleiste verschwindet langsam, wenn Sie nicht mit der Maus darüberfahren. Den Vollbildmodus verlassen Sie wieder, indem Sie die Esc-Taste drücken.

Klicken Sie jetzt auf das letzte Symbol in der ersten Zeile ❷. Nach dem Klick öffnet sich die zweite, versteckte Symbolleiste des Editors. Diese bietet weitere spannende Möglichkeiten, Text zu editieren und aus anderen Editoren unbeschadet einzufügen (mehr dazu auf der nächsten Seite).

## Tipp

Der Komforteditor hält auch Tastaturkürzel bereit. So fügt Umschalt+Enter z. B. einen Zeilenumbruch ein. Drücken Sie die Strg-Taste (Windows) oder Cmd-Taste (Mac) und den Buchstaben B, formatiert der Editor ausgewählten Text in Fettschrift um. Mehr zu den Tastaturkürzeln erfahren Sie, wenn Sie auf das Fragezeichen in der Symbolleiste des Editors klicken.

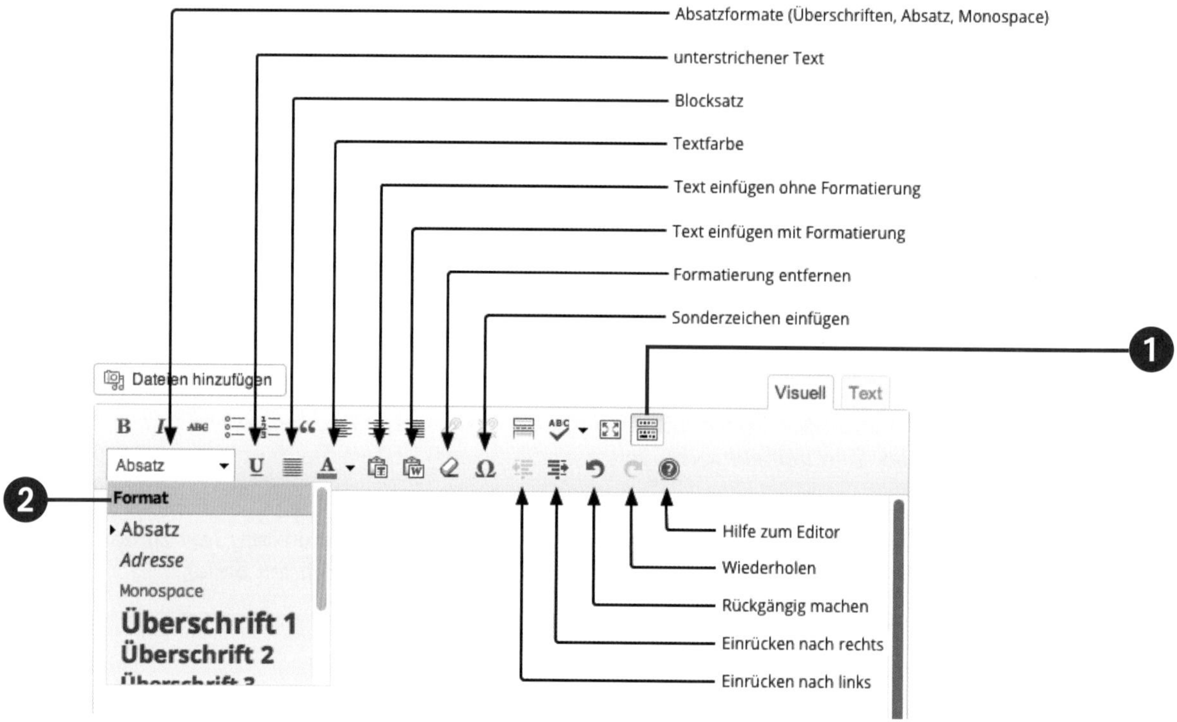
Absatzformate (Überschriften, Absatz, Monospace)
unterstrichener Text
Blocksatz
Textfarbe
Text einfügen ohne Formatierung
Text einfügen mit Formatierung
Formatierung entfernen
Sonderzeichen einfügen
1
Dateien hinzufügen
Visuell
Text
Absatz
2
Format
Absatz
Adresse
Monospace
Überschrift 1
Überschrift 2
Hilfe zum Editor
Wiederholen
Rückgängig machen
Einrücken nach rechts
Einrücken nach links

# Noch mehr Funktionen des Editors

Die zweite Zeile der Symbolleiste blenden Sie mit dem Symbol ganz rechts in der ersten Zeile ein ❶. Sie bietet Ihnen weitere Möglichkeiten, den Text zu gestalten und zu strukturieren. Über das Ausklappmenü ❷ wählen Sie Formate wie **Überschriften**, **Absätze**, **Adresse** oder die **Schrift** Monospace aus. Monospace wird oft für Codeschnipsel genutzt, die Schrift eignet sich aber auch, um z. B. einen Auszug aus einer E-Mail vom restlichen Text abheben.

Eigentlich ist die zweite Zeile der Symbolleiste selbsterklärend bis auf die beiden Funktionen für das **Einfügen von Text**. Leider kann das »Rüberkopieren« von Textauszügen aus anderen Textverarbeitungsprogrammen wie Word oder OpenOffice in WordPress zu Problemen führen, denn im Zwischenspeicher legt ein Textverarbeitungsprogramm nicht nur den Text ab, sondern auch die dazugehörigen Formatierungen. Fügen Sie den Text in das Textfeld ein, kopieren Sie auch Formatierungen mit, die höchstwahrscheinlich das Aussehen der Webseite beeinträchtigen.

Um dieses Problem zu umgehen, bietet der Editor einen Zwischenschritt an. Wollen Sie ausschließlich den rohen Text kopieren, klicken Sie auf das Symbol mit dem T für Text einfügen ohne Formatierung. Kopieren Sie nach dem Klick den Text in das Eingabefeld und klicken anschließend auf Einfügen. Der Editor löscht nun sämtliche Formatierungen.

Ähnlich funktioniert die **Einfügefunktion**, die sich hinter dem W für Text einfügen mit Formatierung verbirgt. Fügen Sie Text mittels dieser Funktion ein, bleibt die Formatierung erhalten, der Editor löscht aber nicht gebrauchte Formatierungen. Mit dem Fragezeichensymbol öffnen Sie die **Editorhilfe**, in der Sie die Tastaturkürzel nachschlagen können.

## Tipp

Das Eingabefenster lässt sich einfach vergrößern oder verkleinern. Ziehen Sie dazu die Griffleiste in der rechten unteren Ecke nach oben bzw. unten.

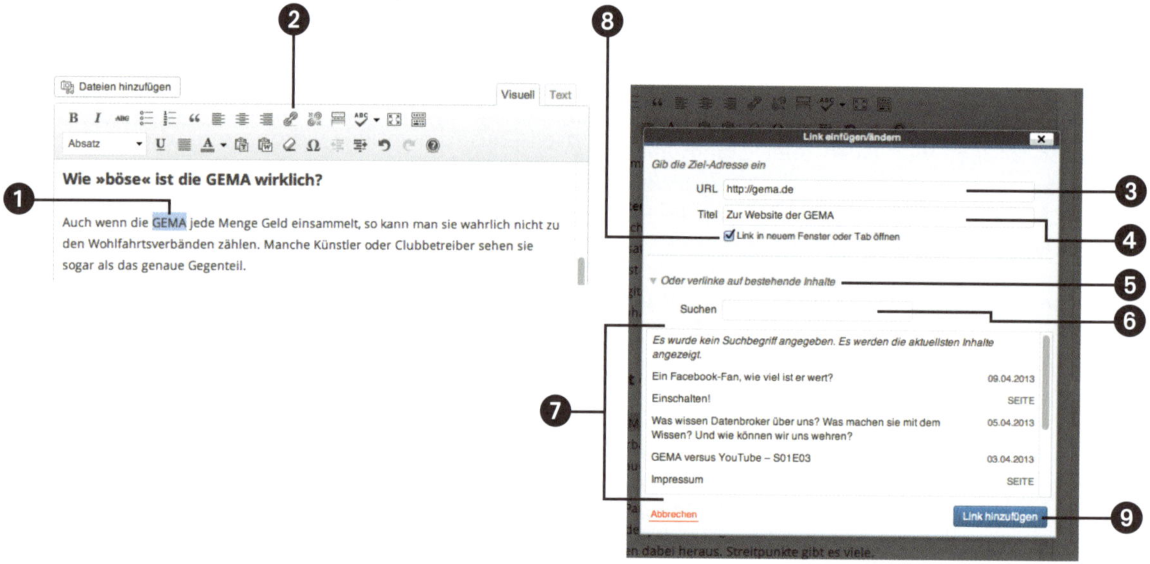

2
8
Dateien hinzufügen
Visuell
Text
Absatz
Wie »böse« ist die GEMA wirklich?
1
Auch wenn die GEMA jede Menge Geld einsammelt, so kann man sie wahrlich nicht zu den Wohlfahrtsverbänden zählen. Manche Künstler oder Clubbetreiber sehen sie sogar als das genaue Gegenteil.
Link einfügen/ändern
Gib die Ziel-Adresse ein
URL
http://gema.de
3
Titel
Zur Website der GEMA
4
Link in neuem Fenster oder Tab öffnen
Oder verlinke auf bestehende Inhalte
5
Suchen
6
Es wurde kein Suchbegriff angegeben. Es werden die aktuellsten Inhalte angezeigt.
Ein Facebook-Fan, wie viel ist er wert?
09.04.2013
Einschalten!
SEITE
Was wissen Datenbroker über uns? Was machen sie mit dem Wissen? Und wie können wir uns wehren?
05.04.2013
GEMA versus YouTube – S01E03
03.04.2013
Impressum
SEITE
7
Abbrechen
Link hinzufügen
9
en dabei heraus. Streitpunkte gibt es viele.

# Andere Webseiten und eigene Artikel verlinken

Um mit dem Editor Links einzufügen oder zu löschen, stehen Ihnen die beiden Verkettungssymbole in der oberen Symbolleiste zur Verfügung. Möchten Sie einen neuen Link setzen, gehen Sie so vor:

1. Markieren Sie die Zeichen oder das Bild, auf dem der Link sitzen soll ❶.
2. Klicken Sie in der oberen Zeile auf das Symbol mit der Kette ❷.
3. Wählen Sie jetzt eine externe oder interne Webseite aus, die verlinkt werden soll. Mit externen Seiten sind Webseiten gemeint, die auf einem anderen Server liegen, sprich, die nicht zu Ihrem Blog bzw. Ihrer Website zählen. Interne Seiten gehören zu Ihrem Webauftritt.

   **Externe Links:** Kopieren Sie den Link der zu verlinkenden Webseite samt *http://* in das Feld für die *URL* ❸. Tragen Sie einen Titel ein ❹, der als Hinweis angezeigt wird, wenn man mit der Maus eine Sekunde lang über dem Link auf Ihrer Website verharrt.

   **Interne Links:** Wenn Sie eigene Beiträge oder Seiten verlinken wollen, klicken Sie auf Oder verlinke auf bestehende Inhalte ❺ und suchen den Beitrag über die Suchfunktion ❻ oder wählen ihn direkt über die angezeigten Beiträge ❼ aus. Passen Sie den Titel auf Wunsch an.
4. Wenn die verlinkte Website in einem neuen Fenster geöffnet werden soll, setzen Sie ein Häkchen bei Link In neuem Fenster oder Tab öffnen ❽.
5. Klicken Sie auf Aktualisieren ❾, um den Link einzufügen.

Um einen bestehenden Link zu löschen, setzen Sie den Cursor einfach in das verlinkte Wort oder Bild und klicken auf das Symbol mit der getrennten Kette – der Link verschwindet.

Wie sicher sind Daten auf Handy und Smartphone? – S01e02
Hinterlasse eine Antwort
Wie sicher sind Daten auf Handy und Smartphone?
Wie sicher sind Daten auf Handy und Smartphone?
In unser Sendung beantwortet der IT-Sicherheitsspezialist Pascal Kurschildgen die folgenden Fragen: Wie schlimm ist es, das eigene Handy zu verlieren? Welche Möglichkeiten gibt es, das eigene Handy zu orten, um es wiederzufinden? Wie lösche ich alle Daten auf meinem Handy/Smartphone dauerhaft? Sind Deine Daten harmlos oder was kann man mit ihnen anfangen? Welches Betriebssystem ist besser: iOS oder Android? Und wie gefährlich ist ein Jailbreak für die Sicherheit meines iPhones? Weiterlesen →
Dieser Beitrag wurde unter Sendungen abgelegt und mit Android, Apple, Datenschutz, Datensicherheit, Handy, Lars Sobiraj, Moritz »mo.« Sauer, Pascal Kurschildgen, Smartphones Forensik verschlagwortet am 4. August 2012 von Moritz »mo.« Sauer. Bearbeiten

1

2

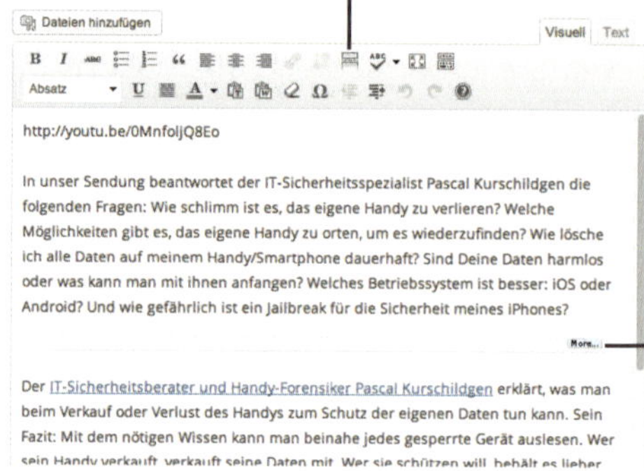
Dateien hinzufügen
Visuell
Text
Absatz
http://youtu.be/0MnfoljQ8Eo
In unser Sendung beantwortet der IT-Sicherheitsspezialist Pascal Kurschildgen die folgenden Fragen: Wie schlimm ist es, das eigene Handy zu verlieren? Welche Möglichkeiten gibt es, das eigene Handy zu orten, um es wiederzufinden? Wie lösche ich alle Daten auf meinem Handy/Smartphone dauerhaft? Sind Deine Daten harmlos oder was kann man mit ihnen anfangen? Welches Betriebssystem ist besser: iOS oder Android? Und wie gefährlich ist ein Jailbreak für die Sicherheit meines iPhones?
Der IT-Sicherheitsberater und Handy-Forensiker Pascal Kurschildgen erklärt, was man beim Verkauf oder Verlust des Handys zum Schutz der eigenen Daten tun kann. Sein Fazit: Mit dem nötigen Wissen kann man beinahe jedes gesperrte Gerät auslesen. Wer

3

4

# Anreißer mit Weiterlesen-Link erstellen

Ein Anreißer (auch Teaser genannt) ist ein kurzer Auszug ❶, der die wichtigsten Informationen eines Beitrags zusammenfasst. Er soll den Leser neugierig machen, damit dieser auf den Weiterlesen-Link ❷ klickt, um den restlichen Beitrag zu lesen.

Auch WordPress ermöglicht es Ihnen, solche Anreißer für einen Beitrag zu erstellen. Das ist besonders dann sinnvoll, wenn Sie eine **übersichtliche Startseite** anzeigen lassen möchten, auf der nicht alle Beiträge in voller Länge zu lesen sind. Dies hat den Vorzug, dass die **Ladezeiten** verkürzt werden, und es hilft Ihren Besuchern dabei, einen schnelleren Überblick über Ihre Inhalte zu bekommen. Einen Weiterlesen-Link fügen Sie wie folgt ein:

1. Öffnen Sie den Beitrag, dem Sie einen Weiterlesen-Link beifügen wollen.
2. Setzen Sie den Cursor an die Stelle, an der der Anreißer aufhört und der Weiterlesen-Link angezeigt werden soll.
3. Klicken Sie auf das vierte Symbol von rechts ❸, das ein Rechteck durch eine gestrichelte Linie unterbricht.

Nach dem dritten Schritt fügt WordPress im Beitragsfeld einen Balken mit dem Wort More… ❹ ein. Dieser kennzeichnet den Umbruch. Um den Umbruch zu löschen, wählen Sie ihn einfach an und drücken die Entf-Taste. Speichern Sie das Resultat ab und öffnen Sie Ihre Startseite, um das Ergebnis zu betrachten.

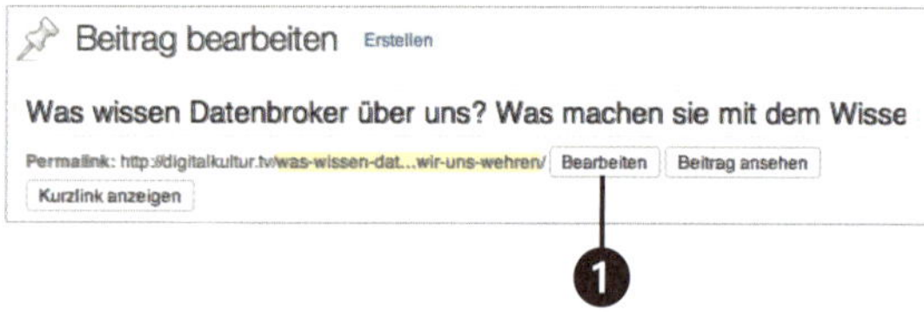
Beitrag bearbeiten
Erstellen
Was wissen Datenbroker über uns? Was machen sie mit dem Wisse
Permalink: http://digitalkultur.tv/was-wissen-dat…wir-uns-wehren/
Bearbeiten
Beitrag ansehen
Kurzlink anzeigen
1

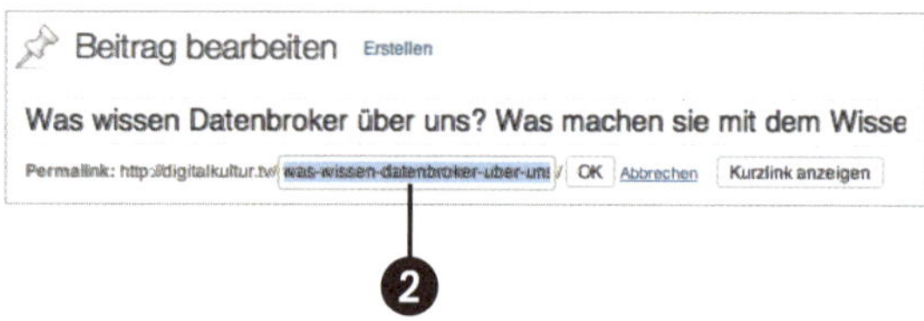
Beitrag bearbeiten
Erstellen
Was wissen Datenbroker über uns? Was machen sie mit dem Wisse
Permalink: http://digitalkultur.tv/ was-wissen-datenbroker-uber-uns /
OK
Abbrechen
Kurzlink anzeigen
2

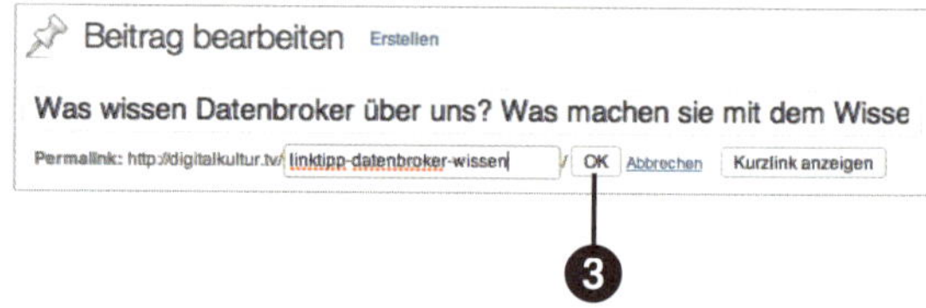
Beitrag bearbeiten
Erstellen
Was wissen Datenbroker über uns? Was machen sie mit dem Wisse
Permalink: http://digitalkultur.tv/ linktipp-datenbroker-wissen /
OK
Abbrechen
Kurzlink anzeigen
3

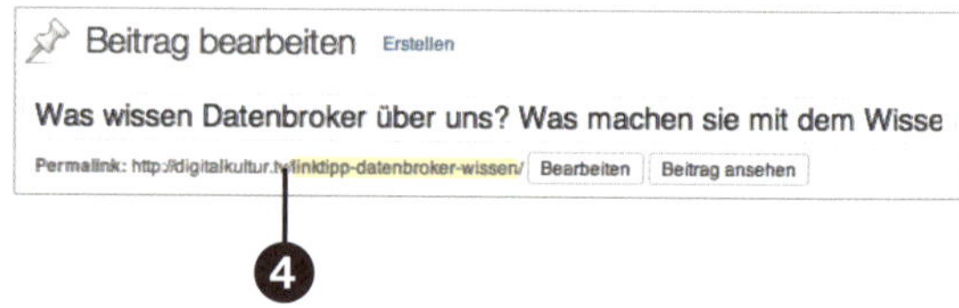
Beitrag bearbeiten
Erstellen
Was wissen Datenbroker über uns? Was machen sie mit dem Wisse
Permalink: http://digitalkultur.tv/linktipp-datenbroker-wissen/
Bearbeiten
Beitrag ansehen
4

# URLs für Beiträge ändern

Angesichts des immer größer werdenden Webs kommen Sie auch als Betreiber einer kleinen Website oder eines Blogs nicht umhin, Ihre Seiten für Suchmaschinen wie Google oder Bing zu optimieren. Wenn Sie einen Begriff googeln, besteht die Antwort, die die Suchmaschine ausspuckt, in der Regel aus drei Elementen: einem Titel, einem Textauszug und einer URL, hinter der sich der gesuchte Artikel verbirgt. Diese drei Elemente sind aber nicht nur für den ersten Eindruck beim Suchenden wichtig, sondern sie sind ebenso zentral, wenn es darum geht, von den **Suchmaschinen** gut gefunden zu werden. Sie sollten deshalb versuchen, die Begriffe, die Ihren Beitrag/Ihre Seite besonders gut charakterisieren (die sogenannten **Keywords**), im Titel, im Textauszug und in der URL Ihrer Beiträge bzw. Ihrer Seiten unterzubringen.

Wenn Sie die Schritte auf Seite 111 befolgt haben, bietet Ihnen WordPress die Möglichkeit, den Link jedes einzelnen Beitrags und jeder Seite direkt zu texten. Andernfalls übernimmt WordPress diese Aufgabe für Sie und erzeugt automatisch eine URL, die es aus dem Titel Ihres Beitrags/Ihrer Seite ableitet. So konvertiert WordPress z. B. einen Titel von digitalKultur.TV wie »Wie sicher sind Daten auf Handy und Smartphone?« zu *http://digitalkultur.tv/wie-sicher-sind-daten-auf-handy-und-smartphone-s01e02*. Benutzerfreundlicher wäre dagegen die URL *http://digitalkultur.tv/datensicherheit-handy-smartphone*.

Und so ändern Sie eine URL:

1. Öffnen Sie den entsprechenden Beitrag oder die Seite.
2. Klicken Sie unterhalb des Titels auf die Bearbeiten-Schaltfläche ❶.
3. Ändern Sie die URL ❷ und vermeiden Sie Sonderzeichen wie z. B. ä, ö oder ü. Leerzeichen ersetzt WordPress automatisch durch einen Bindestrich, und Großbuchstaben werden automatisch in Kleinbuchstaben konvertiert.
4. Klicken Sie auf OK ❸, um die URL zu übernehmen. Das endgültige Ergebnis zeigt WordPress anschließend an ❹.
5. Speichern, Veröffentlichen oder Aktualisieren Sie den Artikel, um die Eingaben zu übernehmen.

Auszug
Video & Audio-Interview Wenn ihr wissen wollt, was Facebook so alles mit euren Daten anstellt und wie ihr euch vor Missbrauch schützen könnt, bleibt dran. Wir erklären Euch die neue Chronik und wo und wie ihr eure Privatssphäre schützt.
Ein Auszug ist eine von dir erstellte Zusammenfassung deines Textes. Du kannst Auszüge in deinem Template verwenden
1

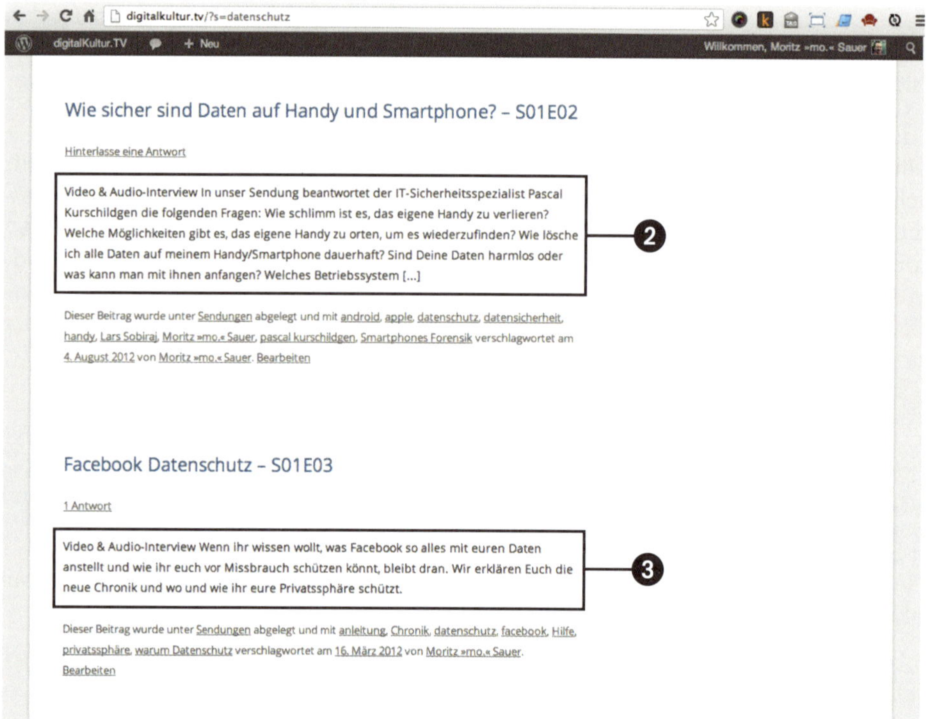
digitalkultur.tv/?s=datenschutz
digitalKultur.TV
Neu
Willkommen, Moritz »mo.« Sauer
Wie sicher sind Daten auf Handy und Smartphone? – S01E02
Hinterlasse eine Antwort
Video & Audio-Interview In unser Sendung beantwortet der IT-Sicherheitsspezialist Pascal Kurschildgen die folgenden Fragen: Wie schlimm ist es, das eigene Handy zu verlieren? Welche Möglichkeiten gibt es, das eigene Handy zu orten, um es wiederzufinden? Wie lösche ich alle Daten auf meinem Handy/Smartphone dauerhaft? Sind Deine Daten harmlos oder was kann man mit ihnen anfangen? Welches Betriebssystem […]
2
Dieser Beitrag wurde unter Sendungen abgelegt und mit android, apple, datenschutz, datensicherheit, handy, Lars Sobiraj, Moritz »mo.« Sauer, pascal kurschildgen, Smartphones Forensik verschlagwortet am 4. August 2012 von Moritz »mo.« Sauer. Bearbeiten
Facebook Datenschutz – S01E03
1 Antwort
Video & Audio-Interview Wenn ihr wissen wollt, was Facebook so alles mit euren Daten anstellt und wie ihr euch vor Missbrauch schützen könnt, bleibt dran. Wir erklären Euch die neue Chronik und wo und wie ihr eure Privatssphäre schützt.
3
Dieser Beitrag wurde unter Sendungen abgelegt und mit anleitung, Chronik, datenschutz, facebook, Hilfe, privatssphäre, warum Datenschutz verschlagwortet am 16. März 2012 von Moritz »mo.« Sauer. Bearbeiten

# Auszug: Kurzbeschreibungen für Artikel

Jeder Beitrag – nicht die Seiten – hat neben dem Inhaltsfeld auch noch ein Eingabefeld namens Auszug ❶. Dieses Feld müssen Sie über das Optionenpanel einblenden (siehe dazu Seite 85), es befindet sich dann direkt unterhalb des Eingabefelds. Beim Auszug handelt es sich um eine separat verfasste **Zusammenfassung zu einem Beitrag**. Auszüge sind optional, aber Sie sollten bedenken, dass zahlreiche Themes dieses Feld z. B. auf Archivseiten nutzen, um einen platzsparenden Eindruck des Beitrags zu vermitteln, anstatt den gesamten Beitrag anzuzeigen. Das Theme Twenty Twelve benutzt den Auszug lediglich für die Suchergebnisse der Suchfunktion, die in WordPress integriert ist.

Wenn Sie das Feld leer lassen, generiert WordPress automatisch einen Auszug **aus den ersten 55 Wörtern** Ihres Beitrags und fügt anschließend die Zeichenkette [...] an. Die Abbildung links zeigt diese Ansicht der Suchergebnisse für das Theme Twenty Twelve. Während für den Beitrag »Wie sicher sind Daten auf Handy und Smartphone? – S01E02« kein Auszug ❷ eingegeben wurde, habe ich für den Beitrag »Facebook Datenschutz – S01E03« das Auszug-Feld ❸ ausgefüllt.

## Tipp

Wenn Sie beim Theme Twenty Twelve die Anreißerfunktion mit dem Weiterlesen-Link nutzen (siehe dazu Seite 129), zeigt das Theme in den Suchergebnissen diesen Anreißer an. Sie können sich dann die Arbeit sparen, einen eigenen Auszug zu texten oder diesen Textabschnitt in den Auszug hineinzukopieren.

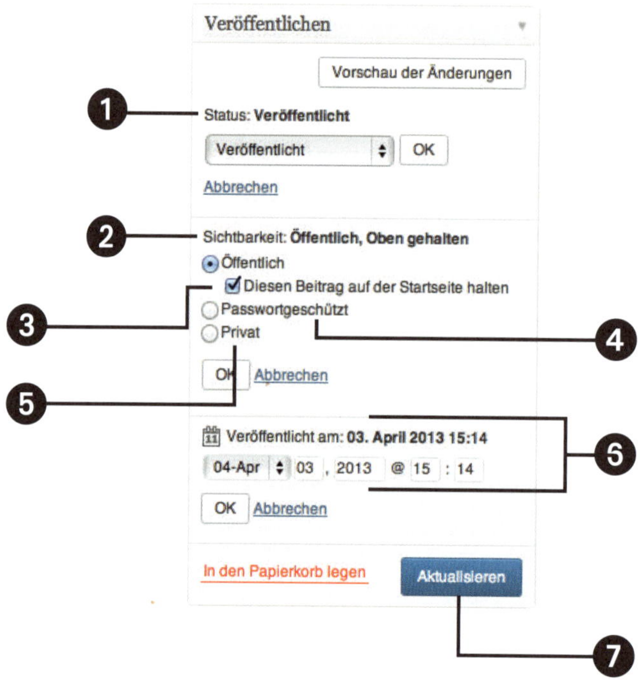
Veröffentlichen
Vorschau der Änderungen
Status: Veröffentlicht
Veröffentlicht
OK
Abbrechen
Sichtbarkeit: Öffentlich, Oben gehalten
Öffentlich
Diesen Beitrag auf der Startseite halten
Passwortgeschützt
Privat
OK
Abbrechen
Veröffentlicht am: 03. April 2013 15:14
04-Apr
03
2013
@
15
14
OK
Abbrechen
In den Papierkorb legen
Aktualisieren
1
2
3
4
5
6
7

# Inhalte zeitgesteuert veröffentlichen und mit Passwort schützen

Jeder Beitrag und jede Seite verfügt über einen Kasten, der mit Veröffentlichen betitelt ist und normalerweise in der rechten Seitenleiste residiert. Mit dem Veröffentlichen-Kasten bestimmen Sie, ob, wann und wie der Beitrag bzw. die Seite angezeigt wird. Außerdem legen Sie fest, wer den Beitrag bzw. die Seite zu sehen bekommt und wer nicht.

Einen Beitrag oder eine Seite veröffentlichen Sie über die Schaltfläche Veröffentlichen. Sie können den Status ❶ eines bereits veröffentlichten Beitrags bzw. einer Seite aber auch wieder zurück auf Entwurf oder Ausstehendes Review setzen. Klicken Sie dazu im Veröffentlichen-Kasten direkt neben Status auf den Bearbeiten-Link. Ändern Sie den Status über das Ausklappmenü.

Die Sichtbarkeit ❷ eines Artikels bestimmen Sie, indem Sie auf den Bearbeiten-Link bei Sichtbarkeit klicken. WordPress bietet Ihnen drei Möglichkeiten, die Sichtbarkeit zu bestimmen. Mit der Option Diesen Beitrag auf der Startseite halten ❸ pinnen Sie einen Beitrag oben auf der Startseite fest. Das heißt, WordPress ignoriert die Sortierung nach Datum und fixiert den Beitrag an der obersten Position, auch wenn es bereits Beiträge neueren Datums gibt.

Beiträge und Seiten lassen sich auch mit einem Passwort schützen. Wählen Sie dazu Passwortgeschützt ❹ und geben Sie das gewünschte Passwort in das eingeblendete Feld für den Beitrag bzw. die Seite ein. Der Beitrag erscheint jetzt nur noch mit Überschrift. Damit WordPress den Beitrag/die Seite anzeigt, muss der Besucher das passende Passwort eingeben. Markieren Sie Beiträge/Seiten als Privat ❺, zeigt WordPress nur eingeloggten Administratoren und Redakteuren die jeweilige Seite an.

Über die letzte Option des Veröffentlichen-Kastens bestimmen Sie Zeit und Datum des Beitrags/der Seite ❻. Wenn Sie einen Zeitpunkt in der Zukunft wählen, veröffentlicht WordPress den Beitrag zum angegebenen Zeitpunkt. Mit dieser Funktion können Sie somit Inhalte für die Zukunft planen.

Vergessen Sie nicht, die neuen Einstellungen mit einem Klick auf Aktualisieren ❼ zu übernehmen.

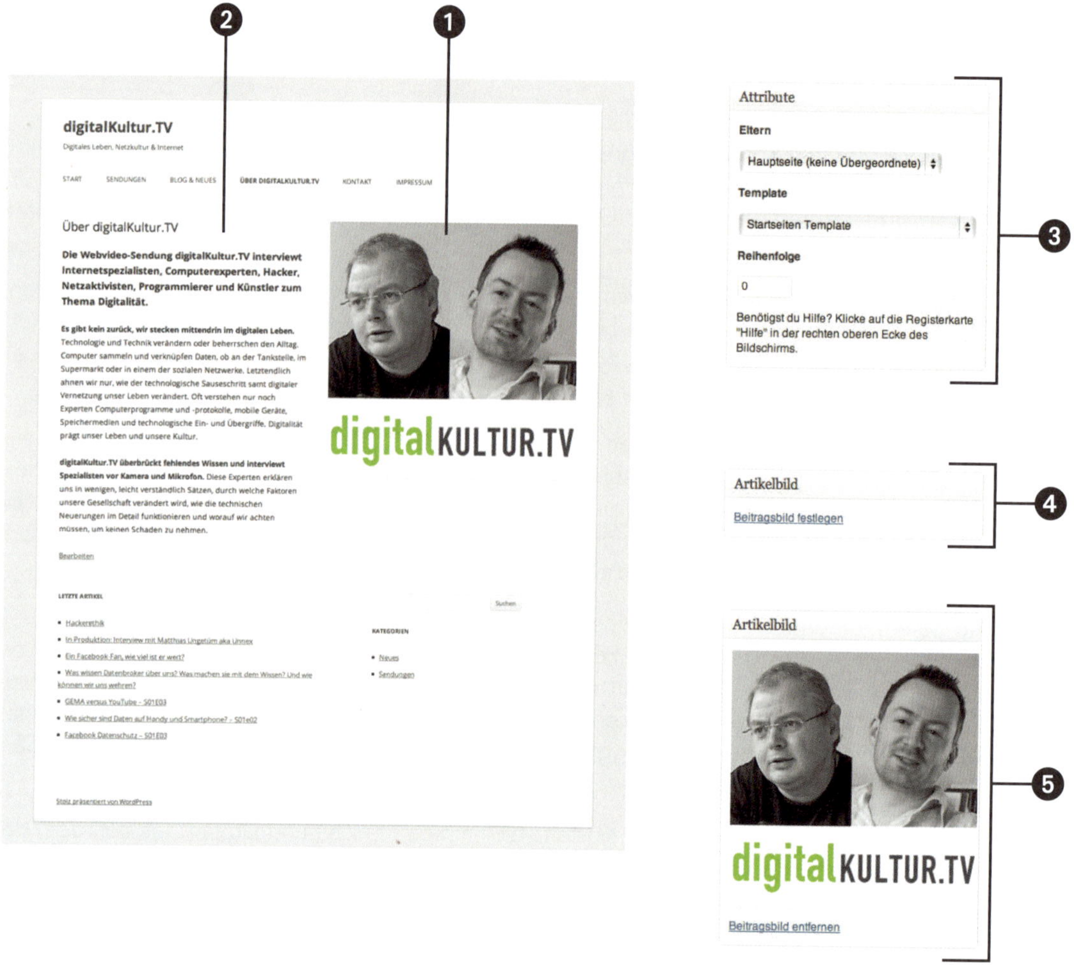
2
1
digitalKultur.TV
Digitales Leben, Netzkultur & Internet
START
SENDUNGEN
BLOG & NEUES
ÜBER DIGITALKULTUR.TV
KONTAKT
IMPRESSUM
Über digitalKultur.TV
Die Webvideo-Sendung digitalKultur.TV interviewt Internetspezialisten, Computerexperten, Hacker, Netzaktivisten, Programmierer und Künstler zum Thema Digitalität.
Es gibt kein zurück, wir stecken mittendrin im digitalen Leben. Technologie und Technik verändern oder beherrschen den Alltag. Computer sammeln und verknüpfen Daten, ob an der Tankstelle, im Supermarkt oder in einem der sozialen Netzwerke. Letztendlich ahnen wir nur, wie der technologische Sauseschritt samt digitaler Vernetzung unser Leben verändert. Oft verstehen nur noch Experten Computerprogramme und -protokolle, mobile Geräte, Speichermedien und technologische Ein- und Übergriffe. Digitalität prägt unser Leben und unsere Kultur.
digitalKultur.TV überbrückt fehlendes Wissen und interviewt Spezialisten vor Kamera und Mikrofon. Diese Experten erklären uns in wenigen, leicht verständlich Sätzen, durch welche Faktoren unsere Gesellschaft verändert wird, wie die technischen Neuerungen im Detail funktionieren und worauf wir achten müssen, um keinen Schaden zu nehmen.
Bearbeiten
digitalKULTUR.TV
LETZTE ARTIKEL
Suchen
Hackerethik
In Produktion: Interview mit Matthias Ungetüm aka Unnex
Ein Facebook Fan, wie viel ist er wert?
Was wissen Datenbroker über uns? Was machen sie mit dem Wissen? Und wie können wir uns wehren?
GEMA versus YouTube – S01E03
Wie sicher sind Daten auf Handy und Smartphone? – S01e02
Facebook Datenschutz – S01E03
KATEGORIEN
Neues
Sendungen
Stolz präsentiert von WordPress
Attribute
Eltern
Hauptseite (keine Übergeordnete)
Template
Startseiten Template
Reihenfolge
0
Benötigst du Hilfe? Klicke auf die Registerkarte "Hilfe" in der rechten oberen Ecke des Bildschirms.
3
Artikelbild
Beitragsbild festlegen
4
Artikelbild
digitalKULTUR.TV
Beitragsbild entfernen
5

# Ein Beitragsbild festlegen

Einem Beitrag oder einer Seite kann explizit ein eigenes Artikelbild zugewiesen werden. Dieses Bild steht ähnlich der Überschrift stellvertretend für den Beitrag/die Seite. Moderne Themes nutzen diese Funktionalität auf verschiedene Weise. So greift das Standard-Theme Twenty Twelve auf die Artikelbildfunktion zurück, wenn Sie sich dafür entscheiden, anstelle der aktuellen letzten Beiträge das Startseiten-Template anzeigen zu lassen. Das Startseiten-Template eignet sich hervorragend, um auf der Startseite ein Projekt, ein Produkt, sich selbst oder eine Dienstleistung vorzustellen. Wie Sie eine Seite als Startseite Ihres Webauftritts festlegen, lesen Sie auf Seite 161 nach.

Wie Sie links sehen, präsentiert sich eine Seite, für die das **Startseiten-Template** ausgesucht wurde, vollkommen anders, als würden Sie für diese Seite das **Standard-Template** nutzen. Denn anstelle der Seitenleiste zeigt das Template rechts ein Bild – das Artikelbild – an ❶ und links den Inhalt der Seite ❷. Und so funktioniert es beim Theme Twenty Twelve:

1. Öffnen Sie eine Seite oder legen Sie eine neue an.
2. Wählen Sie über den Attribute-Kasten das Startseiten-Template aus ❸.
3. Suchen Sie im Editor auf der rechten Seite den Artikelbild-Kasten und klicken Sie auf Beitragsbild festlegen ❹.
4. Wählen Sie im neuen Fenster – der Mediathek – ein Artikelbild aus und bestätigen Sie die Auswahl mit einem Klick auf die Schaltfläche Beitragsbild festlegen.
5. WordPress bringt Sie zurück in den Editor und zeigt jetzt in der rechten Seitenleiste das ausgewählte Artikelbild ❺ an. Speichern, Aktualisieren oder Veröffentlichen Sie die Seite, um die Eingaben zu übernehmen.

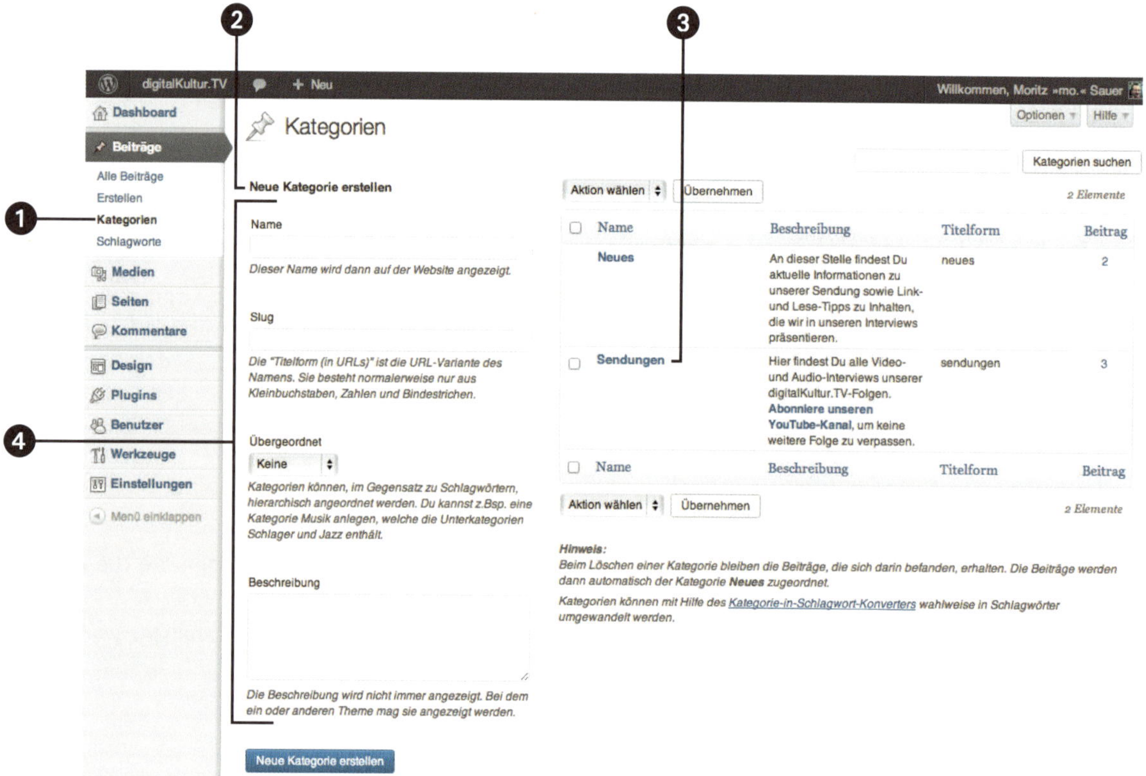

2
3
1
4
digitalKultur.TV
Neu
Willkommen, Moritz »mo.« Sauer
Dashboard
Beiträge
Alle Beiträge
Erstellen
Kategorien
Schlagworte
Medien
Seiten
Kommentare
Design
Plugins
Benutzer
Werkzeuge
Einstellungen
Menü einklappen
Kategorien
Optionen
Hilfe
Kategorien suchen
Neue Kategorie erstellen
Name
Dieser Name wird dann auf der Website angezeigt.
Slug
Die "Titelform (in URLs)" ist die URL-Variante des Namens. Sie besteht normalerweise nur aus Kleinbuchstaben, Zahlen und Bindestrichen.
Übergeordnet
Keine
Kategorien können, im Gegensatz zu Schlagwörtern, hierarchisch angeordnet werden. Du kannst z.Bsp. eine Kategorie Musik anlegen, welche die Unterkategorien Schlager und Jazz enthält.
Beschreibung
Die Beschreibung wird nicht immer angezeigt. Bei dem ein oder anderen Theme mag sie angezeigt werden.
Neue Kategorie erstellen
Aktion wählen
Übernehmen
2 Elemente
Name
Beschreibung
Titelform
Beitrag
Neues
An dieser Stelle findest Du aktuelle Informationen zu unserer Sendung sowie Link- und Lese-Tipps zu Inhalten, die wir in unseren Interviews präsentieren.
neues
2
Sendungen
Hier findest Du alle Video- und Audio-Interviews unserer digitalKultur.TV-Folgen. Abonniere unseren YouTube-Kanal, um keine weitere Folge zu verpassen.
sendungen
3
Name
Beschreibung
Titelform
Beitrag
Aktion wählen
Übernehmen
2 Elemente
Hinweis:
Beim Löschen einer Kategorie bleiben die Beiträge, die sich darin befanden, erhalten. Die Beiträge werden dann automatisch der Kategorie Neues zugeordnet.
Kategorien können mit Hilfe des Kategorie-in-Schlagwort-Konverters wahlweise in Schlagwörter umgewandelt werden.

## Kategorien erstellen, verwalten und beschreiben

Kategorien für Beiträge organisieren Sie über Beiträge → Kategorien ❶. Über die Kategorieverwaltung legen Sie neue Kategorien an, editieren oder löschen vorhandene Kategorien und ordnen sie hierarchisch (WordPress ermöglicht auch Subkategorien). Eine neue Kategorie legen Sie in der Übersichtsseite der Kategorien an ❷. Bei einer bestehenden Kategorie müssen Sie auf den Kategorienamen ❸ klicken, um sie zu bearbeiten. Für jede Kategorie gibt es vier Eingabefelder ❹ zum Feinjustieren:

**Name:** In diesem Feld legen Sie den Kategorienamen fest, den WordPress auf der Website anzeigt.

**Titelform:** Mit Titelform legen Sie die URL-Variante des Kategorienamens fest. Hier können Sie nur Kleinbuchstaben, Zahlen und Bindestriche nutzen. Sonderzeichen wie z. B. ä, ö und ü sind nicht erlaubt und werden von WordPress automatisch in a, o und u verwandelt. Lautet ein Kategoriename beispielsweise »Übung«, benennt WordPress ihn also automatisch in »Ubung« um. Füllen Sie die Titelform mit uebung aus, lautet die URL später *www.ihre-website.de/kategorie/uebung*.

**Übergeordnet:** Um eine Kategorie einer anderen unterzuordnen, wählen Sie die jeweilige Elternkategorie über das Ausklappmenü aus.

**Beschreibung:** Zahlreiche Themes greifen für die Kategorieseiten auf die Kategoriebeschreibung zurück und zeigen diese ganz oben auf der Kategorieseite an. Über die Beschreibung der Kategorie helfen Sie vor allem neuen Besuchern, einen guten Einblick in ihre Inhalte zu gewinnen.

Um eine neue Kategorie anzulegen, klicken Sie abschließend auf Neue Kategorie erstellen.

### Hinweis

Wenn Sie eine Kategorie löschen, bleiben die dieser Kategorie zugeordneten Beiträge erhalten. Diese Beiträge werden einfach in die oberste Kategorie verschoben.

**Video & Audio-Interview** Wenn ihr wissen wollt, was Facebook so alles mit euren Daten anstellt und wie ihr euch vor Missbrauch schützen könnt, bleibt dran. Wir erklären Euch die neue Chronik und wo und wie ihr eure Privatssphäre schützt.

### Leitfaden für den Datenschutz auf Facebook

- Facebook Leitfaden // http://www.digitalkultur.tv/facebook-leitfaden
- Facebook Hilfe // http://www.facebook.com/help/privacy/basic-controls

### Links zur Sendung

- Gulli.com Facebooks Gesichtserkennung erneut in der Kritik
- T3n.de: Facebook: Gesichtserkennung jetzt aktiv, so schaltest du sie ab
- Spiegel.de : Schritt für Schritt: So richten Sie Facebook Chronik ein
- Heise.de: FAQ: Facebook-Chronik
- Heise.de: Gelöschte Bilder auf Facebook jahrelang online
- Bitkom: Internetnutzer verbringen die meiste Zeit in Sozialen Netzwerken

**Mehr Informationen zum Thema Datenschutz »**

1

# Schlagwörter aussuchen und nutzen

Mithilfe von Schlagwörtern und den dazugehörigen Archiven helfen Sie Ihren Besuchern, **ähnliche Inhalte** zu finden, und außerdem treiben Sie dadurch die Aufrufe von weiteren Inhalten auf Ihrer Website bzw. Ihrem Blog in die Höhe. Zwar bieten Kategorien eine ähnliche Möglichkeit, aber in der Regel geht man mit dem Anlegen neuer Kategorien besser vorsichtig um.

Für die **feinere Strukturierung** bieten sich die Schlagwörter an. Ganz nach dem Prinzip »Wer das mag, mag auch das!« können Sie Schlagwörter strategisch nutzen, um Besucher zu ähnlichen Inhalten führen. Ein Beispiel:

Für das digitalKultur.TV-Projekt gibt es derzeit lediglich zwei Kategorien: Neues und Sendungen. Während Sendungen alle Video- und Audiointerviews auflistet, findet man in der Kategorie Neues Informationen, Links und Nachrichten zu unseren Hauptthemen. Entdeckt ein Besucher das Projekt über eine Suchmaschine, weil er nach dem Thema Datenschutz gesucht hat, interessieren ihn sicherlich auch ähnliche Beiträge. Nur wie findet er heraus, ob es noch weitere Beiträge von uns zu diesem Thema gibt?

An dieser Stelle kommen **Schlagwortarchive** ins Spiel. Zum Thema Datenschutz haben wir bereits zwei Sendungen und zahlreiche Linktipps veröffentlicht. Diese Beiträge sind sowohl in der Kategorie Sendungen als auch in der Kategorie Neues zu finden. Da WordPress automatisch für das Schlagwort ein Archiv unter *http://digitalkultur.tv/schlagwort/datenschutz* erstellt, lässt sich dieser Link auch für andere Beiträge zum Thema nutzen, Inhalte werden so gebündelt. Über einen Hinweis im Fließtext oder ober- bzw. unterhalb des Beitrags ❶ verweise ich den Leser darauf, dass es noch mehr Artikel zum Thema Datenschutz gibt.

1

Formatvorlage
Standard
Kurzmitteilung
Bild
Link
Zitat
Statusmitteilung

3

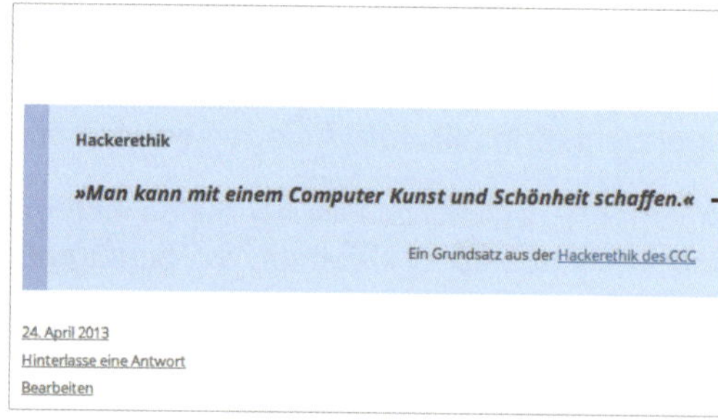
Hackerethik
»Man kann mit einem Computer Kunst und Schönheit schaffen.«
Ein Grundsatz aus der Hackerethik des CCC
24. April 2013
Hinterlasse eine Antwort
Bearbeiten

2

Unser nächster Gast für die vierte Folge von digitalKultur.TV ist Hacker Matthias Ungetüm aka Unnex
In Produktion: Interview mit Matthias Ungetüm aka Unnex
24. April 2013
Hinterlasse eine Antwort
Bearbeiten

4

LINK
Ein Facebook-Fan, wie viel ist er wert?
»Diese Frage brennt vielen Marketingverantwortlichen unter den Nägeln. Spätestens seit Beginn dieses Jahres hört man immer öfter Sätze wie „die Zeit des Ausprobierens auf Facebook ist vorbei" oder „nun muss sich zeigen, dass man mit Facebook Geld verdienen kann". Social Media-Experte Björn Tantau kennt den legitimen Wunsch nach einem Faustwert, aber auch die Schwierigkeit, den Wert tatsächlich zu ermitteln.«
9. April 2013
Hinterlasse eine Antwort
Bearbeiten

# Beitragsformate: Varianten

Je nachdem, welches Theme Sie installiert haben, bietet es Ihnen verschiedene Formatvorlagen für Beiträge an. Mithilfe dieser Formatvorlagen entscheiden Sie für jeden Beitrag, wie dieser aussehen soll. So bietet das Standard-Theme Twenty Twelve neben dem Standardaussehen eines Beitrags noch **fünf weitere Beitragsformate**: Kurzmitteilung, Bild, Link, Zitat und Statusmitteilung. Drei Beispiele sehen Sie auf der linken Seite:

1. Das Bild-Format ❶ hebt Bilder hervor, indem es keinen Beitragstitel anzeigt.
2. Das Kurzmitteilung-Format ❷ verzichtet auf den Beitragstitel und hebt Inhalte auf blauem Grund hervor.
3. Das Link-Format ❸ kennzeichnet Links mit einem rechtsbündigen Link-Verweis und verzichtet auf einen Beitragstitel.

Wenn Sie für einen Beitrag ein anderes Format als das Standardformat wählen wollen, machen Sie das über den Formatvorlage-Kasten ❶ (es kann vorkommen, dass andere Themes diesen Kasten mit Layout oder ähnlichen Begriffen betiteln). Finden Sie den Kasten nicht auf der Bearbeitungsseite, öffnen Sie das Optionenpanel und setzen ein Häkchen bei Formatvorlage.

Wenn Sie den Beitrag jetzt speichern, aktualisieren oder veröffentlichen, können Sie das Ergebnis betrachten.

## Tipp

Gute Themes zeigen Ihnen bereits in der Theme-Dokumentation, wie die verschiedenen Formatvorlagen aussehen. Dann müssen Sie nicht erst alle Formate durchspielen.

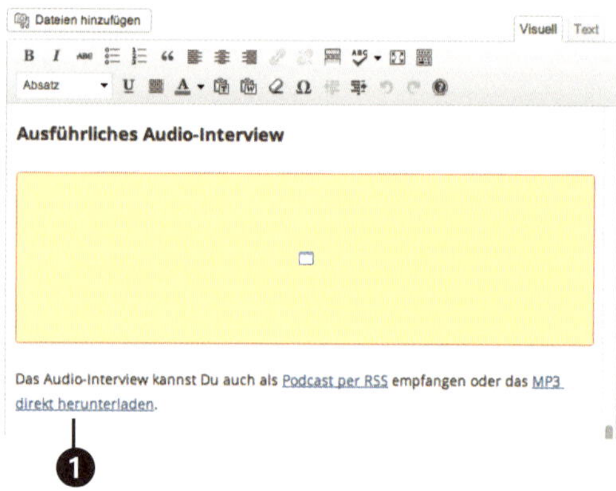
Dateien hinzufügen
Visuell
Text
Absatz
Ausführliches Audio-Interview
Das Audio-Interview kannst Du auch als Podcast per RSS empfangen oder das MP3 direkt herunterladen.
1

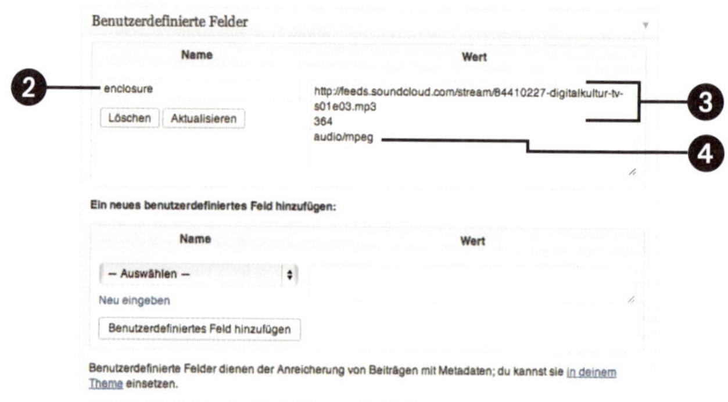
Benutzerdefinierte Felder
Name
Wert
enclosure
Löschen
Aktualisieren
http://feeds.soundcloud.com/stream/84410227-digitalkultur-tv-s01e03.mp3
364
audio/mpeg
2
3
4
Ein neues benutzerdefiniertes Feld hinzufügen:
Name
Wert
— Auswählen —
Neu eingeben
Benutzerdefiniertes Feld hinzufügen
Benutzerdefinierte Felder dienen der Anreicherung von Beiträgen mit Metadaten; du kannst sie in deinem Theme einsetzen.

# Benutzerdefinierte Felder für Mediendateien

Jeder Beitrag und jede Seite kann neben den herkömmlichen Eingabefeldern zusätzliche Inhalte abspeichern. Dafür stehen die **benutzerdefinierten Felder** zur Verfügung. Generell nutzen Ihnen die benutzerdefinierten Felder nur dann, wenn eine Erweiterung oder ein Theme diese Felder anlegt und auf sie zugreift. So speichert z. B. die Erweiterung WordPress SEO zusätzliche Informationen wie Metadaten in den benutzerdefinierten Feldern ab. Und das Plugin PowerPress für Podcaster legt hier zusätzliche Informationen zum MP3 zur Sendung ab.

In einem Fall können Sie sich darauf verlassen, dass WordPress automatisch ein neues benutzerdefiniertes Feld anlegt: wenn Sie eine Mediendatei wie **MP3, MP4 oder ein ähnlich bekanntes Format** direkt in Ihrem Beitrag verlinken ❶.

Im Beispielbeitrag habe ich das Audiointerview als MP3 zum Download verlinkt. Das hat WordPress beim Speichern des Beitrags erkannt und automatisch ein benutzerdefiniertes Feld namens enclosure angelegt ❷. In diesem Feld speichert das System den Link zur verlinkten MP3-Datei ❸ mit der Kennung audio/mpeg ❹ ab. Die Kennung hilft, die Mediendatei als Audiodatei zu identifizieren.

Diese Informationen schreibt WordPress in den RSS-Feed (mehr zu RSS auf Seite Seite 97) und erweitert diesen zu einem Podcast-RSS-Feed, den man z. B. in iTunes und ähnlichen Programmen abonnieren kann. iTunes kann dann für seinen Nutzer automatisch das MP3 über den Link herunterladen und abspielen.

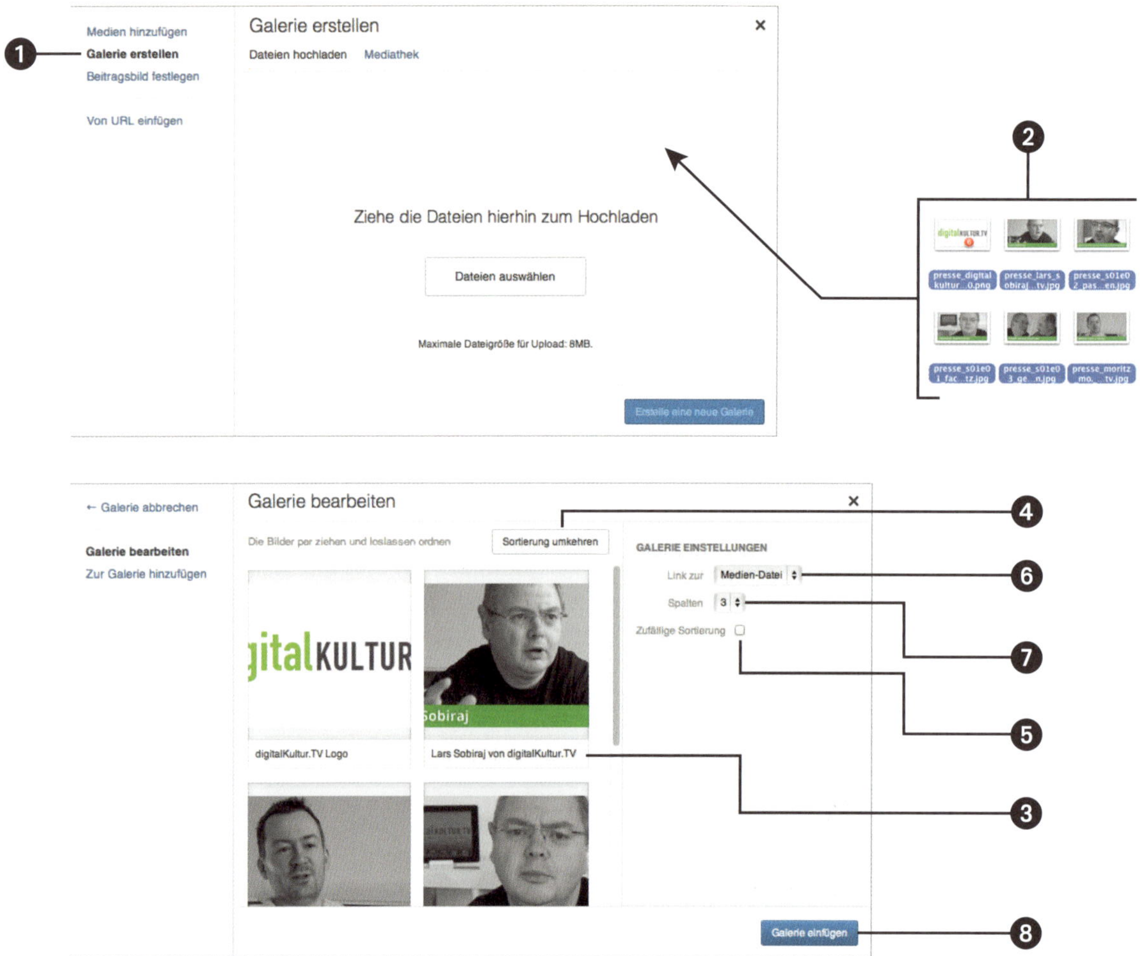

Medien hinzufügen
Galerie erstellen
Beitragsbild festlegen
Von URL einfügen
Galerie erstellen
Dateien hochladen
Mediathek
Ziehe die Dateien hierhin zum Hochladen
Dateien auswählen
Maximale Dateigröße für Upload: 8MB.
Erstelle eine neue Galerie
1
2
← Galerie abbrechen
Galerie bearbeiten
Zur Galerie hinzufügen
Galerie bearbeiten
Die Bilder per ziehen und loslassen ordnen
Sortierung umkehren
GALERIE EINSTELLUNGEN
Link zur
Medien-Datei
Spalten
3
Zufällige Sortierung
digitalKultur.TV Logo
Lars Sobiraj von digitalKultur.TV
Galerie einfügen
3
4
5
6
7
8

# Eine Bildergalerie erstellen

Mit WordPress erstellen Sie schnell und unkompliziert Bildergalerien, die Sie in Ihre Beiträge und Seiten einfügen können. Bevor Sie eine Galerie einfügen, sollten Sie im ersten Schritt die Bilder jedoch vorbereiten, um den Einbau zu beschleunigen und zu erleichtern. Und so fügen Sie eine Galerie in einen Beitrag oder eine Seite ein:

1. Öffnen Sie einen Beitrag oder eine Seite, um die Galerie einzufügen. Wenn Sie einen neuen Beitrag oder eine neue Seite anlegen, vergeben Sie erst mal einen Titel und speichern diesen, bevor Sie die Galerie einfügen.
2. Klicken Sie jetzt auf die Schaltfläche Dateien hinzufügen.
3. Wählen Sie links im eingeblendeten Pop-up-Menü die Option Galerie erstellen ❶.
4. Markieren Sie alle Bilder auf Ihrem Rechner, die Sie in die Bildergalerie aufnehmen möchten, und ziehen Sie sie in das Fenster ❷. Alternativ können Sie die Bilder auf Ihrem Computer über die Schaltfläche Dateien wählen auswählen.
5. Nach dem Upload zeigt WordPress die hochgeladenen Bilder an. Wählen Sie die Bilder mit einem Klick auf das Miniaturbild aus. Um mehrere Bilder auszuwählen, halten Sie auf einem Windows-System die Strg-Taste und auf einem Mac-System die Cmd-Taste fest.
6. Klicken Sie jetzt auf die Schaltfläche Erstelle eine neue Galerie.
7. Auf dem nächsten Bildschirm können Sie die einzelnen Bilder mit einer Beschriftung ❸ versehen, die anschließend in der Galerie als Bildunterschrift angezeigt wird.
8. Verändern Sie die Reihenfolge der Bilder per Drag & Drop, mit einem Klick auf die Schaltfläche Sortierung umkehren ❹ oder indem Sie ein Häkchen bei Zufällige Sortierung ❺ setzen.
9. Legen Sie anschließend über das Ausklappmenü Link zu ❻ fest, ob das Bild direkt oder die dazugehörige Medienseite verlinkt werden soll und wie groß die Anzahl der Spalten ❼ sein soll.
10. Fügen Sie die Galerie in den Beitrag/die Seite ein, indem Sie abschließend auf Galerie einfügen ❽ klicken und den Beitrag aktualisieren.

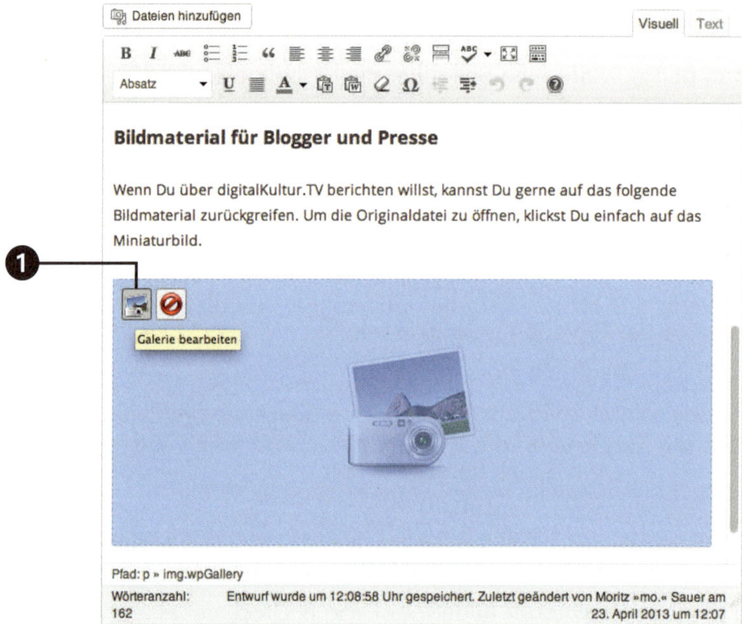
Dateien hinzufügen
Visuell
Text
Absatz
Bildmaterial für Blogger und Presse
Wenn Du über digitalKultur.TV berichten willst, kannst Du gerne auf das folgende Bildmaterial zurückgreifen. Um die Originaldatei zu öffnen, klickst Du einfach auf das Miniaturbild.
1
Galerie bearbeiten
Pfad: p » img.wpGallery
Wörteranzahl: 162
Entwurf wurde um 12:08:58 Uhr gespeichert. Zuletzt geändert von Moritz »mo.« Sauer am 23. April 2013 um 12:07

# Eine existierende Bildergalerie nachträglich bearbeiten

Eingefügte Bildergalerien können Sie nachträglich erweitern und bearbeiten. Um eine Galerie und die Bilder nachträglich zu editieren, gehen Sie wie folgt vor:

1. Öffnen Sie einen Beitrag oder eine Seite mit einer Galerie und stellen Sie sicher, dass Sie den Beitrag/die Seite im visuellen Modus bearbeiten.
2. Klicken Sie auf die Galerie und anschließend auf das erste obere Galeriesymbol ❶, das nach dem Klick erscheint. WordPress öffnet jetzt den Bearbeitungsbildschirm, den Sie bereits von der vorherigen Seite kennen.
3. Um Bilder zu bearbeiten, wählen Sie das Bild mit der Maus aus und editieren anschließend Titel, Beschriftung, alternativen Text und Beschreibung.
4. Sie können Bilder aus der Galerie löschen, indem Sie mit dem Mauszeiger über das jeweilige Bild fahren und auf das eingeblendete X klicken.
5. Über den Link Zur Galerie hinzufügen können Sie der Galerie neue Bilder hinzufügen. Ziehen Sie neue Bilder einfach von Ihrem Rechner in das Fenster oder wählen Sie Dateien hochladen und dann Dateien auswählen, wie Sie es bereits kennen.
6. Aktualisieren Sie Ihre Galerie anschließend über die Schaltfläche Update Galerie.
7. Aktualisieren Sie Ihren Beitrag/Ihre Seite – fertig!

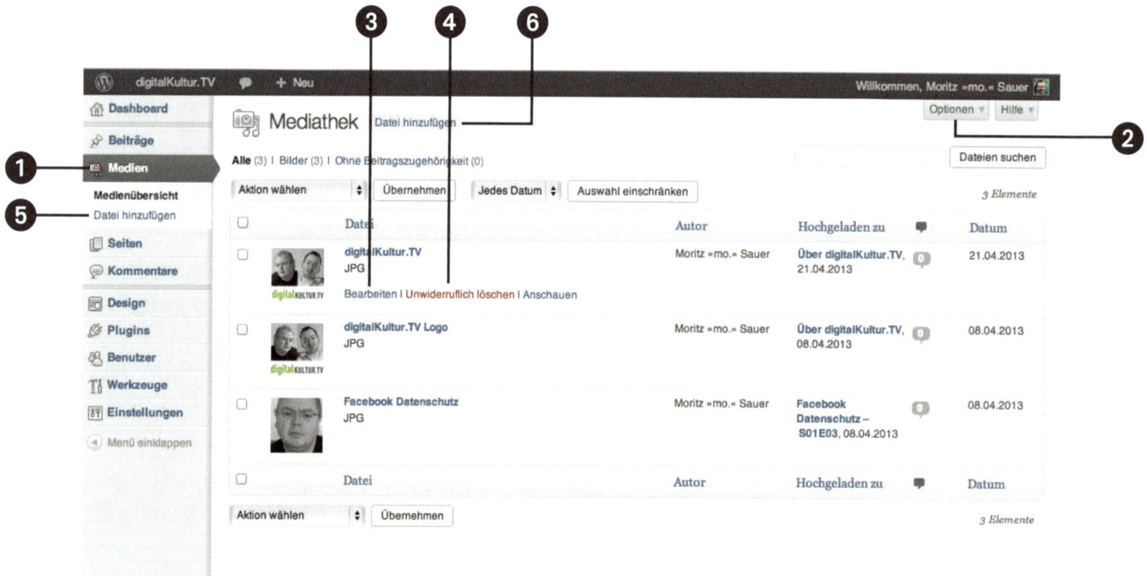
digitalKultur.TV
Neu
Willkommen, Moritz »mo.« Sauer
Dashboard
Beiträge
Medien
Medienübersicht
Datei hinzufügen
Seiten
Kommentare
Design
Plugins
Benutzer
Werkzeuge
Einstellungen
Menü einklappen
Mediathek
Datei hinzufügen
Optionen
Hilfe
Alle (3) | Bilder (3) | Ohne Beitragszugehörigkeit (0)
Dateien suchen
Aktion wählen
Übernehmen
Jedes Datum
Auswahl einschränken
3 Elemente
Datei
Autor
Hochgeladen zu
Datum
digitalKultur.TV
JPG
Bearbeiten | Unwiderruflich löschen | Anschauen
Moritz »mo.« Sauer
Über digitalKultur.TV, 21.04.2013
21.04.2013
digitalKultur.TV Logo
JPG
Moritz »mo.« Sauer
Über digitalKultur.TV, 08.04.2013
08.04.2013
Facebook Datenschutz
JPG
Moritz »mo.« Sauer
Facebook Datenschutz – S01E03, 08.04.2013
08.04.2013
1
2
3
4
5
6

# Mediathek: Bilder und hochgeladene Dateien verwalten

Über die Mediathek verwalten Sie sämtliche Ihrer hochgeladenen Dateien. Neben Bildern können Sie auch Dokumente, Audio- und Videodateien hochladen – mehr zu den Dateiformaten im Hinweis unten. Die **maximale Dateigröße** für Dateien, die in der Mediathek gespeichert werden, beträgt 8 MByte.

Die Mediathek öffnen Sie über den Menüpunkt Medien ❶ in der linken Navigationsleiste.

Zunächst öffnet sich eine Übersichtsseite mit den 20 zuletzt hochgeladenen Dateien. Mehr Dateien pro Seite öffnen Sie, indem Sie das Optionenpanel ❷ aufklappen und den Standardwert von 20 entsprechend erhöhen.

Um Dateien zu bearbeiten und die Zusatzinformationen der jeweiligen Datei zu pflegen, müssen Sie sie öffnen. Fahren Sie dazu über die gewünschte Datei und klicken Sie dann auf den eingeblendeten Bearbeiten-Link ❸. Natürlich können Sie über die Mediathek Dateien auch direkt und Unwiderruflich löschen ❹. Bedenken Sie dabei aber, dass z. B. gelöschte Bilder weiter in Ihren Beiträgen referenziert werden. Der Besucher eines solchen Beitrags sieht dann unschöne Löcher auf der Website, da das Bild nicht mehr auf dem Server vorhanden ist.

Über den Link Datei hinzufügen ❺ laden Sie direkt neue Dateien in die Mediathek hoch. Den Link finden Sie in der linken Navigation und auch direkt neben dem Titel der Medienverwaltung ❻.

**Tipp**

Wenn Sie Dateien in die Mediathek hochladen, sollten diese immer **einen guten Dateinamen** haben. So finden Sie mit der Suche die Datei schnell, selbst wenn sie keine Zusatzinformationen besitzt.

digitalKultur.TV
Neu
Beitrag ansehen
Willkommen, Moritz »mo.« Sauer
Dashboard
Beiträge
Alle Beiträge
Erstellen
Kategorien
Schlagworte
Medien
Seiten
Kommentare
Beitrag bearbeiten
Erstellen
Optionen
Hilfe
Bildbearbeitung von WordPress
Permalink: http://digitalkultur.tv/bildbearbeitung-von-wordpress/
Bearbeiten
Kurzlink anzeigen
Dateien hinzufügen
Visuell
Text
Absatz
Veröffentlichen
Speichern
Vorschau
Status: Entwurf Bearbeiten
Sichtbarkeit: Öffentlich Bearbeiten
Sofort veröffentlichen Bearbeiten
1

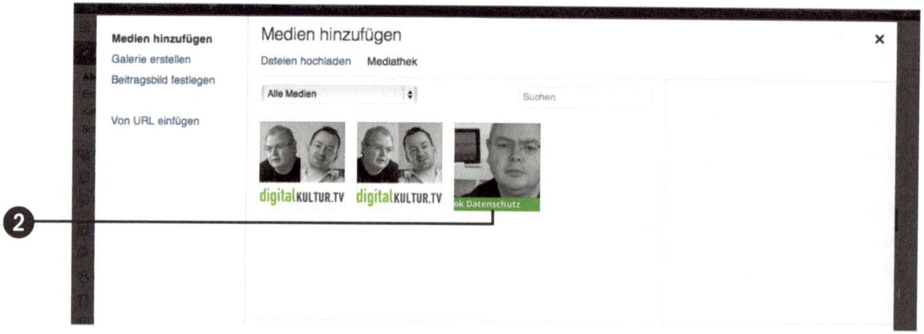
Medien hinzufügen
Galerie erstellen
Beitragsbild festlegen
Von URL einfügen
Medien hinzufügen
Dateien hochladen
Mediathek
Alle Medien
Suchen
digitalKULTUR.TV
digitalKULTUR.TV
ok Datenschutz
2

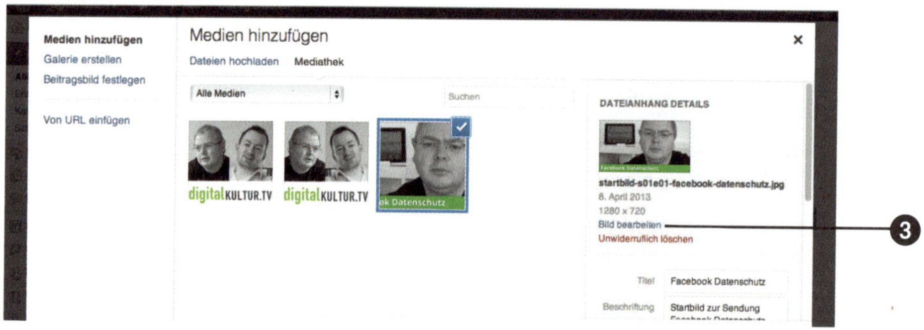
Medien hinzufügen
Galerie erstellen
Beitragsbild festlegen
Von URL einfügen
Medien hinzufügen
Dateien hochladen
Mediathek
Alle Medien
Suchen
digitalKULTUR.TV
digitalKULTUR.TV
ok Datenschutz
DATEIANHANG DETAILS
startbild-s01e01-facebook-datenschutz.jpg
8. April 2013
1280 × 720
Bild bearbeiten
Unwiderruflich löschen
Titel
Facebook Datenschutz
Beschriftung
Startbild zur Sendung
3

# Bilder für die Bildbearbeitung öffnen

Wenn Sie keine Bildbearbeitungssoftware zur Hand haben, ermöglicht WordPress Ihnen auch die rudimentäre Bildbearbeitung. Diese funktioniert erstaunlich gut und hilft Ihnen dabei, Bilder schnell zuzuschneiden, zu drehen oder zu spiegeln. Bildausschnitte können Sie sogar pixelgenau oder in einem harmonischen Seitenverhältnis wie z. B. im 16:9-Format ausschneiden. Sie können Bilder bereits bearbeiten, während Sie einen Beitrag/eine Seite fertigstellen. Und so öffnen Sie ein Bild für die Bearbeitung:

1. Erstellen Sie einen Beitrag und klicken Sie im Editor auf die Schaltfläche Dateien hinzufügen ❶.
2. Laden Sie das zu bearbeitende Bild hoch, indem Sie es von Ihrem Computer ins Fenster ziehen ❷, oder wählen Sie ein hochgeladenes Bild aus.
3. Klicken Sie rechts in der Seitenleiste unter dem Bild auf Bild bearbeiten ❸.

Nach dem dritten Schritt öffnet WordPress ein neues Fenster mit der Bildbearbeitung, wie in der Abbildung auf der nächsten Seite zu sehen ist. Hier können Sie nicht nur das Bild bearbeiten, sondern auch weiter unten Titel, Beschreibung und alternativen Text editieren.

## Hinweis

Bilder können auch über die Mediathek bearbeitet werden. Öffnen Sie dazu den Menüpunkt Medien, wählen Sie ein Bild aus und klicken Sie auf den Titel oder den Bearbeiten-Link. Die Bildbearbeitung öffnen Sie im nächsten Bildschirm über die Schaltfläche Bild bearbeiten direkt unter dem Bild.

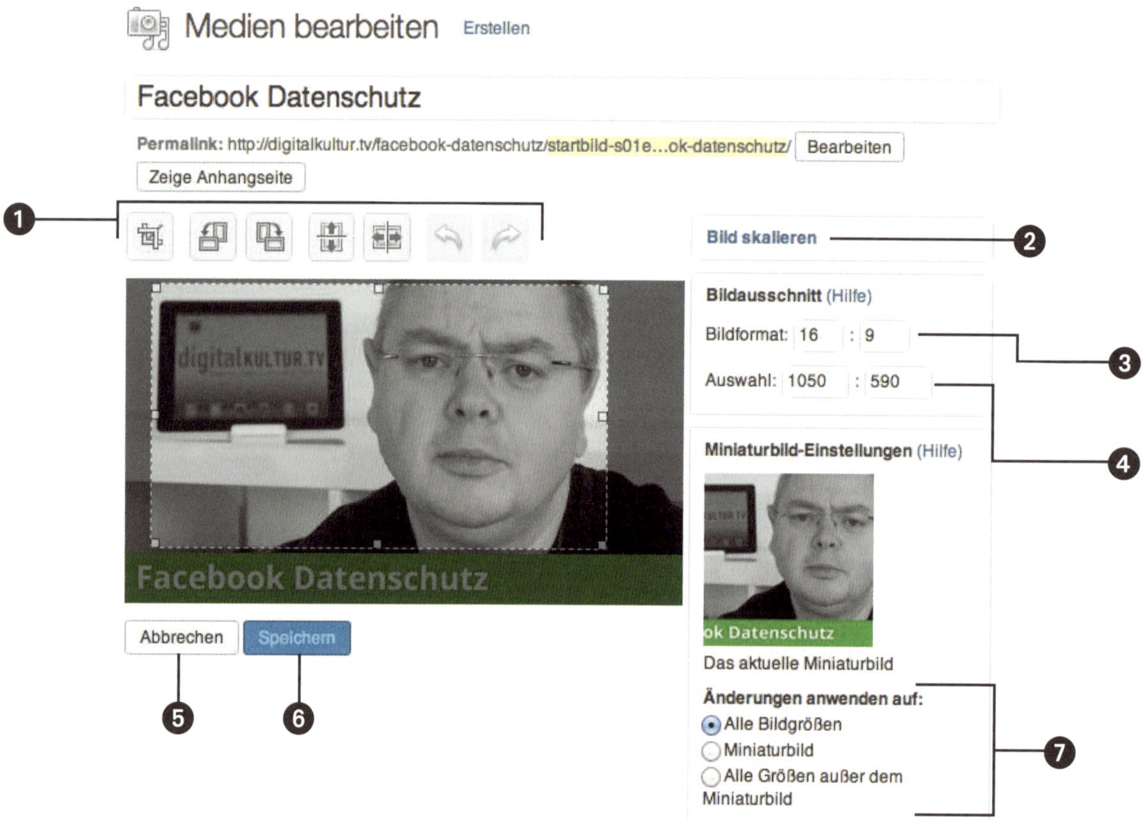

Medien bearbeiten
Erstellen
Facebook Datenschutz
Permalink: http://digitalkultur.tv/facebook-datenschutz/startbild-s01e...ok-datenschutz/
Bearbeiten
Zeige Anhangseite
Bild skalieren
Bildausschnitt (Hilfe)
Bildformat: 16 : 9
Auswahl: 1050 : 590
Miniaturbild-Einstellungen (Hilfe)
Facebook Datenschutz
Abbrechen
Speichern
Das aktuelle Miniaturbild
Änderungen anwenden auf:
Alle Bildgrößen
Miniaturbild
Alle Größen außer dem Miniaturbild
1
2
3
4
5
6
7

# Bilder mit WordPress zuschneiden, drehen und spiegeln

In der Symbolleiste über dem Bild ❶ stehen Ihnen folgende Funktionen in Form von Symbolen zur Verfügung: zuschneiden, entgegen dem bzw. im Uhrzeigersinn drehen sowie vertikal oder horizontal spiegeln. Mit den Pfeilen nach links und rechts widerrufen Sie Arbeitsschritte oder wiederholen diese.

Über den Link Bild skalieren ❷ können Sie direkt die Bildgröße verändern. Klicken Sie auf den Link und geben Sie im sich öffnenden Bereich die Wunschgröße in Pixeln ein. Ein Klick auf die Schaltfläche Skalierung lässt WordPress die Größenänderung starten.

Um einen Bildausschnitt zu wählen, haben Sie mehrere Möglichkeiten. Sie können mit dem Mauszeiger direkt in das Bild klicken und ein Rechteck um den auszuschneidenden Bereich ziehen. Alternativ können Sie ein Seitenverhältnis für den Ausschnitt über Bildformat ❸ angeben oder einen pixelgenauen Auswahlbereich über Auswahl ❹ festlegen. Den Ausschnitt selbst bewegen Sie mittels des Steuerkreuzes innerhalb des Bildbereichs.

Wenn Sie ein Seitenverhältnis oder einen pixelgenauen Auswahlbereich eingeben und den Bereich proportional vergrößern oder verkleinern wollen, müssen Sie zusätzlich die Umschalt-Taste gedrückt halten. Ansonsten gehen die Einstellungen verloren. Sind Sie mit dem Auswahlbereich zufrieden, klicken Sie im letzten Schritt auf das Beschneiden-Symbol, und WordPress schneidet den Bereich aus. Bevor Sie endgültig auf Speichern ❻ klicken, können Sie die Bildbearbeitung jederzeit Abbrechen ❺. Auf welche Bilder die Bearbeitung angewendet werden soll, müssen Sie vor dem Speichern noch bei Änderungen anwenden auf ❼ entscheiden. Ansonsten wendet WordPress die Bearbeitung auf alle Versionen des Bilds an.

## Tipp

Populäre und harmonische Bildformate bzw. Seitenverhältnisse finden Sie unter *www.phlow.de/seitenverhaeltnis*.

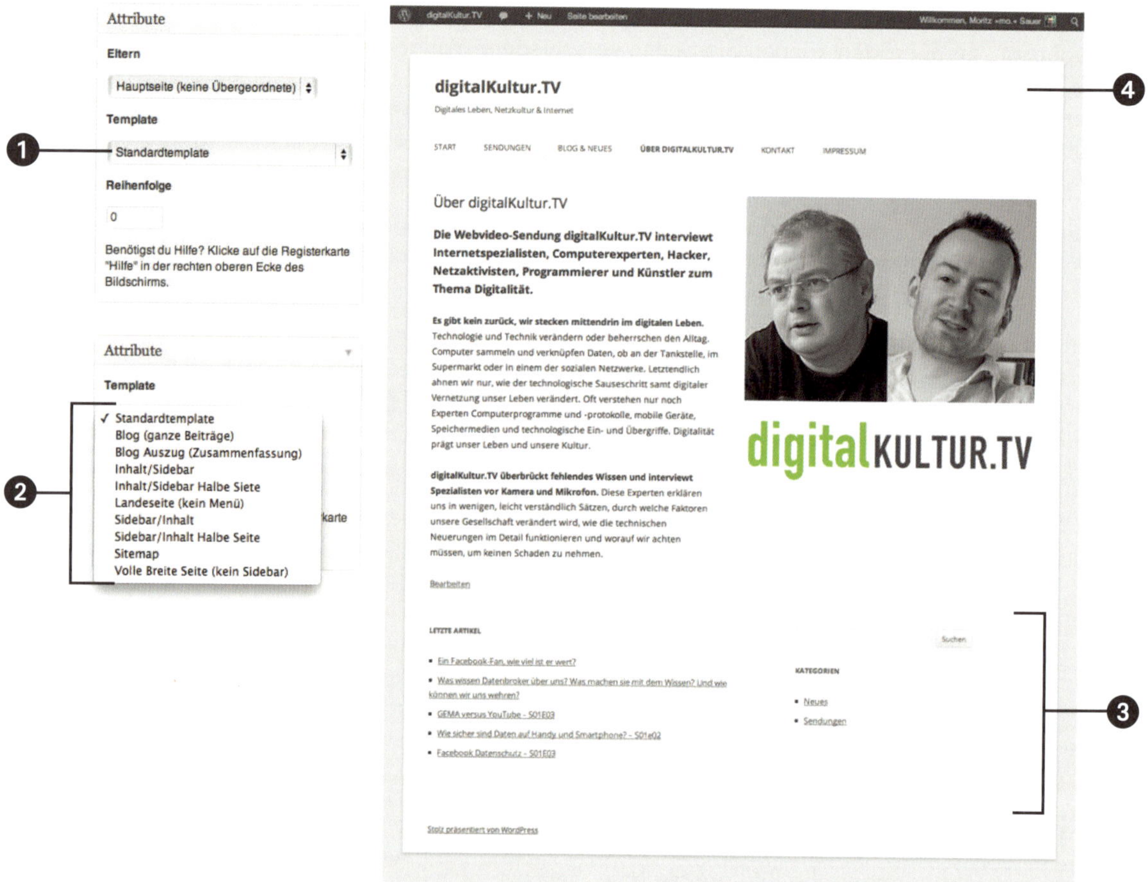

Attribute
Eltern
Hauptseite (keine Übergeordnete)
Template
Standardtemplate
Reihenfolge
0
Benötigst du Hilfe? Klicke auf die Registerkarte "Hilfe" in der rechten oberen Ecke des Bildschirms.
Attribute
Template
✓ Standardtemplate
Blog (ganze Beiträge)
Blog Auszug (Zusammenfassung)
Inhalt/Sidebar
Inhalt/Sidebar Halbe Siete
Landeseite (kein Menü)
Sidebar/Inhalt
Sidebar/Inhalt Halbe Seite
Sitemap
Volle Breite Seite (kein Sidebar)
1
2
3
4
digitalKultur.TV
Neu
Seite bearbeiten
digitalKultur.TV
Digitales Leben, Netzkultur & Internet
START
SENDUNGEN
BLOG & NEUES
ÜBER DIGITALKULTUR.TV
KONTAKT
IMPRESSUM
Über digitalKultur.TV
Die Webvideo-Sendung digitalKultur.TV interviewt Internetspezialisten, Computerexperten, Hacker, Netzaktivisten, Programmierer und Künstler zum Thema Digitalität.
Es gibt kein zurück, wir stecken mittendrin im digitalen Leben. Technologie und Technik verändern oder beherrschen den Alltag. Computer sammeln und verknüpfen Daten, ob an der Tankstelle, im Supermarkt oder in einem der sozialen Netzwerke. Letztendlich ahnen wir nur, wie der technologische Sauseschritt samt digitaler Vernetzung unser Leben verändert. Oft verstehen nur noch Experten Computerprogramme und -protokolle, mobile Geräte, Speichermedien und technologische Ein- und Übergriffe. Digitalität prägt unser Leben und unsere Kultur.
digitalKultur.TV überbrückt fehlendes Wissen und interviewt Spezialisten vor Kamera und Mikrofon. Diese Experten erklären uns in wenigen, leicht verständlich Sätzen, durch welche Faktoren unsere Gesellschaft verändert wird, wie die technischen Neuerungen im Detail funktionieren und worauf wir achten müssen, um keinen Schaden zu nehmen.
digitalKULTUR.TV
Bearbeiten
LETZTE ARTIKEL
Ein Facebook-Fan, wie viel ist er wert?
Was wissen Datenbroker über uns? Was machen sie mit dem Wissen? Und wie können wir uns wehren?
GEMA versus YouTube - S01E03
Wie sicher sind Daten auf Handy und Smartphone? - S01e02
Facebook Datenschutz - S01E03
Suchen
KATEGORIEN
Neues
Sendungen
Stolz präsentiert von WordPress

# Einer Seite ein anderes Template zuweisen

Im Gegensatz zu Beiträgen können Sie Seiten verschiedene Vorlagen, sogenannte Templates, zuweisen ❶. Templates bieten Ihnen oft andersartige Layouts und Funktionen an. Welche Templates Ihnen zur Verfügung stehen, hängt vollkommen vom ausgewählten Gesamtdesign, dem Theme, ab. So bietet das Standard-Theme Twenty Twelve drei verschiedene Templates, während z. B. das Responsive Theme – siehe Seite 231 – mit zehn verschiedenen Vorlagen ausgestattet ist ❷.

Da die Website von digitalKultur.TV auf dem Theme Twenty Twelve basiert, stehen drei verschiedene Templates für eine Seite zur Verfügung:

**Standard Template:** Stellt die Inhalte in der normalen Ansicht dar (links Inhalt, rechts Seitenleiste).

**Startseiten Template:** Eignet sich für die Startseite und stellt den Inhalt links dar, blendet rechts ein Bild ein, das über die Funktion Als Artikelbild speichern ausgewählt wurde, und bietet in der Fußzeile zwei Extrabereiche für Widgets ❸ an (mehr zu Widgets auf Seite 195).

**Volle Breite Seitentemplate:** Blendet die Seitenleiste aus und bietet über die gesamte Breite Platz für die Inhalte.

Um einer Seite ein neues Template zuzuweisen, wählen Sie das jeweilige Template über den Attribute-Kasten aus. Klappen Sie dazu das Menü aus und wählen Sie das gewünschte Template aus. Um die Änderungen zu übernehmen, müssen Sie die Seite noch Aktualisieren. Für die Beschreibungsseite von digitalKultur.TV habe ich das Startseiten Template ❹ aktiviert.

## Tipp

Templates unterscheiden sich in ihrer Funktionalität von Theme zu Theme. Um die Möglichkeiten voll auszuschöpfen, finden Sie oft wertvolle Informationen in den Beschreibungen und Anleitungen zu den Themes.

Titel
Autor
Datum
Kontakt
Moritz »mo.« Sauer
03.04.2013
Veröffentlicht
Über digitalKultur.TV
Moritz »mo.« Sauer
03.04.2013
Veröffentlicht
— Über Moritz »mo.« Sauer
Moritz »mo.« Sauer
vor 28
Minuten
Veröffentlicht
— Über Lars Sobiraj
Lars »Ghandy« Sobiraj
vor 26
Minuten
Veröffentlicht
Titel
Autor
Datum
1
2
3

Attribute
Eltern
Über digitalKultur.TV
Template
Standardtemplate
Reihenfolge
2
Benötigst du Hilfe? Klicke auf die Registerkarte "Hilfe" in der rechten oberen Ecke des Bildschirms.
4
5

# Zusammenhängende Seiten hierarchisieren

Seiten lassen sich nicht wie Beiträge archivieren, dafür kann man sie aber hierarchisieren, um verschachtelte Seitenstrukturen aufzubauen. Eine Seite kann die **Elternseite** sein, die mehrere »Kinder« hat. So stehen z. B. hinter dem digitalKultur.TV-Projekt zwei Personen: Lars Sobiraj und ich. Für jeden von uns habe ich eine eigene Seite ❶ angelegt, auf der wir uns jeweils präsentieren. Die übergeordnete Seite – also die Elternseite – ist die Seite Über digitalKultur.TV ❷. Wie WordPress die Hierarchie auf der Übersichtsseite darstellt, sehen Sie in der Abbildung ❸.

Um Seiten zu hierarchisieren, stehen Ihnen zwei Möglichkeiten zur Verfügung. Entweder Sie öffnen die Seite und wählen über das Ausklappmenü Eltern des Attribute-Kastens die Elternseite ❹, oder Sie nutzen die Quickedit-Funktion in der Seiten-Übersicht und editieren die Parameter dort.

Um die **Reihenfolge der Seiten** innerhalb der Hierarchie zu bestimmen, steht Ihnen im Attribute-Kasten der Unterpunkt Reihenfolge ❺ zur Verfügung. Je größer die Zahl ist, desto weiter wandert die Seite in der Reihenfolge nach hinten. Für digitalKultur.TV habe ich mich für eine alphabetische Reihenfolge entschieden. Meiner Seite gab ich also den Wert 1 und der von Lars Sobiraj den Wert 2, weil Sauer vor Sobiraj kommt.

## Hinweis

Es ist nicht unbedingt wichtig, die Reihenfolge der Seiten festzulegen, denn nicht alle Themes greifen bei der Darstellung auf den Parameter zurück. Hilfreich ist die Strukturierung aber, wenn Sie das benutzerdefinierte Navigationsmenü erstellen – siehe Seite 209.

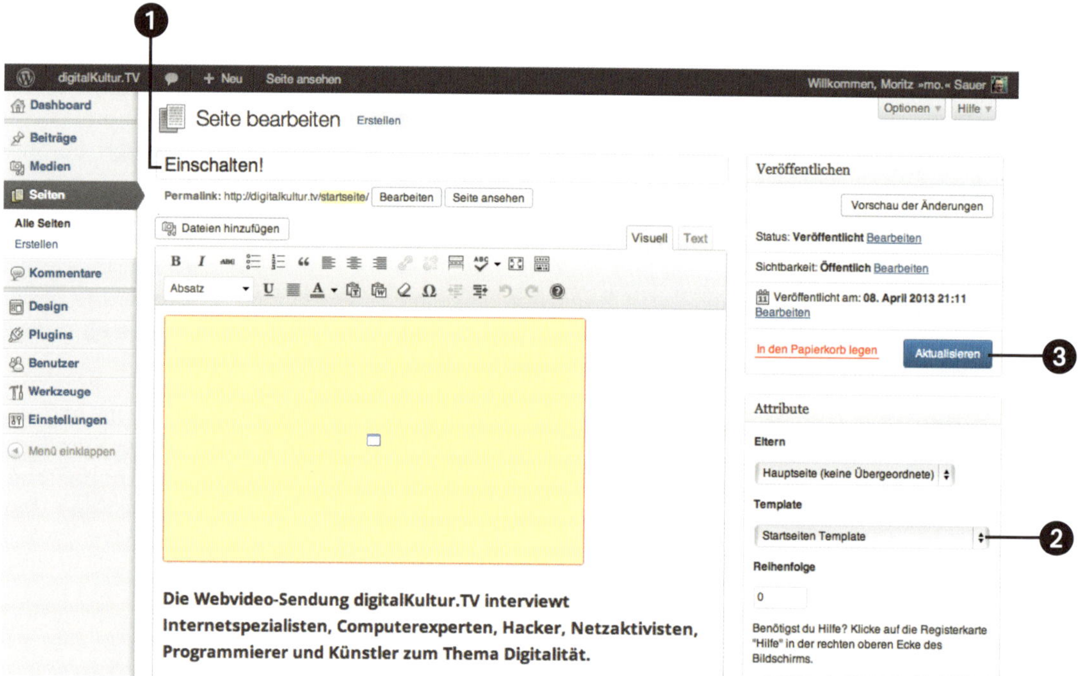
digitalKultur.TV
Neu
Seite ansehen
Willkommen, Moritz »mo.« Sauer
Dashboard
Beiträge
Medien
Seiten
Alle Seiten
Erstellen
Kommentare
Design
Plugins
Benutzer
Werkzeuge
Einstellungen
Menü einklappen
Seite bearbeiten
Erstellen
Optionen
Hilfe
Einschalten!
Permalink: http://digitalkultur.tv/startseite/
Bearbeiten
Seite ansehen
Dateien hinzufügen
Visuell
Text
Absatz
Die Webvideo-Sendung digitalKultur.TV interviewt Internetspezialisten, Computerexperten, Hacker, Netzaktivisten, Programmierer und Künstler zum Thema Digitalität.
Veröffentlichen
Vorschau der Änderungen
Status: Veröffentlicht Bearbeiten
Sichtbarkeit: Öffentlich Bearbeiten
Veröffentlicht am: 08. April 2013 21:11 Bearbeiten
In den Papierkorb legen
Aktualisieren
Attribute
Eltern
Hauptseite (keine Übergeordnete)
Template
Startseiten Template
Reihenfolge
0
Benötigst du Hilfe? Klicke auf die Registerkarte "Hilfe" in der rechten oberen Ecke des Bildschirms.
1
2
3

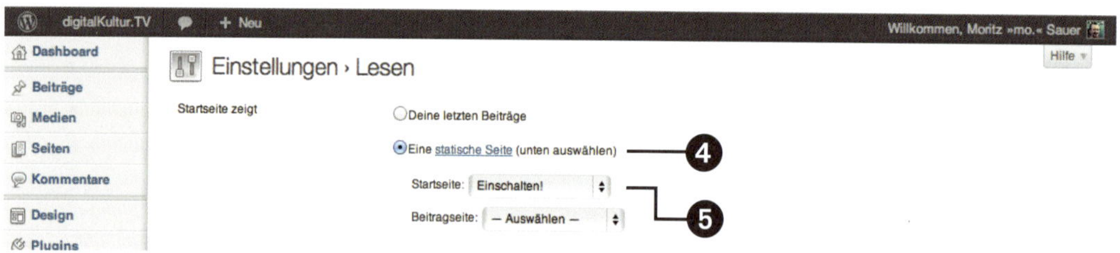
digitalKultur.TV
Neu
Willkommen, Moritz »mo.« Sauer
Dashboard
Beiträge
Medien
Seiten
Kommentare
Design
Plugins
Einstellungen › Lesen
Hilfe
Startseite zeigt
Deine letzten Beiträge
Eine statische Seite (unten auswählen)
Startseite: Einschalten!
Beitragseite: – Auswählen –
4
5

# Verschiedene Startseiten: eine Seite als Startseite einstellen

In den Standardeinstellungen zeigt WordPress die jüngsten Beiträge auf der Startseite an. Diese Einstellungen können Sie ändern, indem Sie für die Startseite eine spezielle statische Seite definieren. So bietet das Theme Twenty Twelve z. B. eine Extraseite an, mit der Sie eine andere Startseite mit einem beschreibenden Text links und einem Bild rechts einstellen können. Zahlreiche Themes, z. B. »Responsive« (siehe Seite 231), bieten für Seiten Templates mit verschiedenen Designs an, um die Startseite anzupassen.

Um anstelle der Standardstartseite eine eigene Seite einzurichten, gehen Sie wie folgt vor:

1. Erstellen Sie eine neue Seite über Seiten → Erstellen.
2. Betiteln Sie die Seite – im Beispiel Einschalten! ❶.
3. Geben Sie Inhalte für die Startseite ein.
4. Wählen Sie das gewünschte Template für die Seite aus – bei Twenty Twelve das Startseiten Template ❷ – und veröffentlichen Sie die Seite ❸.
5. Öffnen Sie das Menü Lesen unter Einstellungen → Lesen.
6. Wählen Sie ganz oben unter Startseite zeigt den zweiten Punkt Eine statische Seite ❹.
7. Wählen Sie die in Schritt 2 angelegte Seite über das Ausklappmenü von Startseite aus ❺.
8. Speichern Sie die neuen Einstellungen mit Änderungen übernehmen ab.

Wenn Sie jetzt die Startseite öffnen, zeigt WordPress die statische Webseite an.

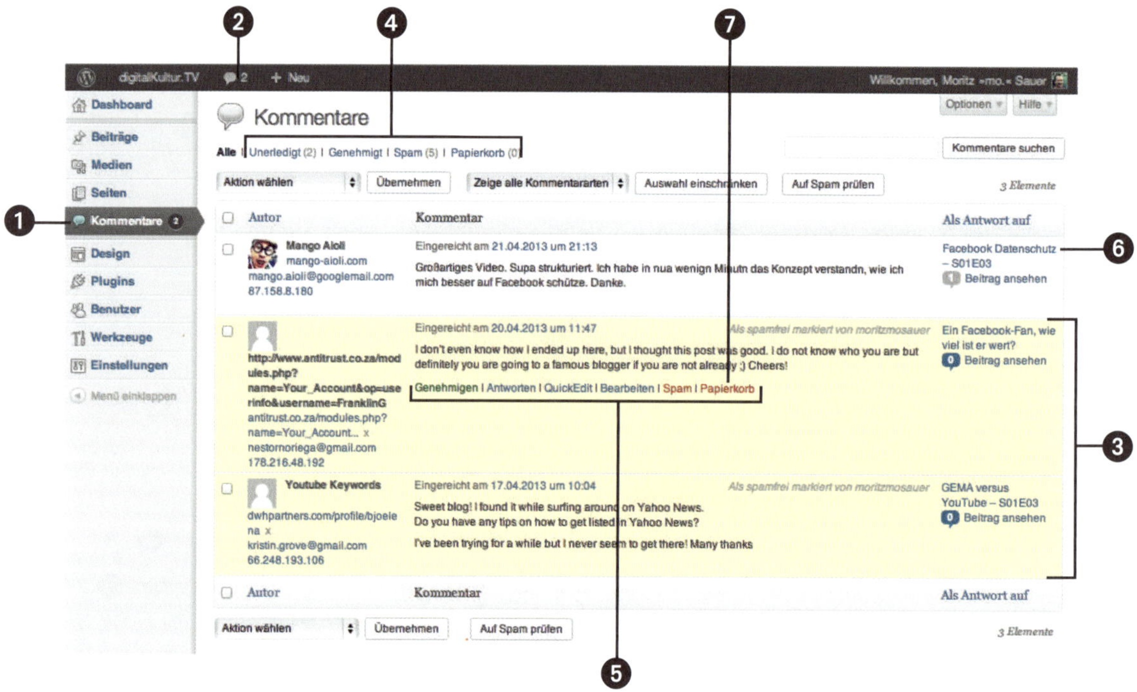
digitalKultur.TV
2
+ Neu
Willkommen, Moritz »mo.« Sauer
Dashboard
Beiträge
Medien
Seiten
Kommentare 2
Design
Plugins
Benutzer
Werkzeuge
Einstellungen
Menü einklappen
Kommentare
Optionen
Hilfe
Alle | Unerledigt (2) | Genehmigt | Spam (5) | Papierkorb (0)
Kommentare suchen
Aktion wählen
Übernehmen
Zeige alle Kommentararten
Auswahl einschränken
Auf Spam prüfen
3 Elemente
Autor
Kommentar
Als Antwort auf
Mango Aioli
mango-aioli.com
mango.aioli@googlemail.com
87.158.8.180
Eingereicht am 21.04.2013 um 21:13
Großartiges Video. Supa strukturiert. Ich habe in nua wenign Minutn das Konzept verstandn, wie ich mich besser auf Facebook schütze. Danke.
Facebook Datenschutz – S01E03
Beitrag ansehen
http://www.antitrust.co.za/modules.php?name=Your_Account&op=userinfo&username=FranklinG
antitrust.co.za/modules.php?name=Your_Account...
nestornoriega@gmail.com
178.216.48.192
Eingereicht am 20.04.2013 um 11:47
Als spamfrei markiert von moritzmosauer
I don't even know how I ended up here, but I thought this post was good. I do not know who you are but definitely you are going to a famous blogger if you are not already ;) Cheers!
Genehmigen | Antworten | QuickEdit | Bearbeiten | Spam | Papierkorb
Ein Facebook-Fan, wie viel ist er wert?
0 Beitrag ansehen
Youtube Keywords
dwhpartners.com/profile/bjoelena
kristin.grove@gmail.com
66.248.193.106
Eingereicht am 17.04.2013 um 10:04
Als spamfrei markiert von moritzmosauer
Sweet blog! I found it while surfing around on Yahoo News.
Do you have any tips on how to get listed in Yahoo News?
I've been trying for a while but I never seem to get there! Many thanks
GEMA versus YouTube – S01E03
0 Beitrag ansehen
Autor
Kommentar
Als Antwort auf
Aktion wählen
Übernehmen
Auf Spam prüfen
3 Elemente
1
2
3
4
5
6
7

# Kommentare verwalten, bearbeiten, löschen

Für die Verwaltung der Kommentare stehen Ihnen zahlreiche Möglichkeiten zur Verfügung. Einerseits bietet WordPress für Kommentare eine Übersichtsseite, wie Sie sie schon für Beiträge und Seiten kennen. Sie finden sie im Backend in der linken Navigation unter Kommentare ❶.

Aber auch die dunkelgraue Adminleiste informiert Sie darüber, ob es neue Kommentare gibt. Dazu blendet WordPress eine Sprechblase mit der Zahl der noch unveröffentlichten Kommentare ein ❷. Eine weitere Möglichkeit, sich über neue Kommentare auf dem Laufenden zu halten, bietet WordPress über die Einstellungen. Unter Einstellungen → Diskussion können Sie bestimmen, ob WordPress Ihnen eine E-Mail-Benachrichtigung bei neuen Kommentaren schicken soll – siehe Seite 99.

Die beste Übersicht behalten Sie aber mit der Kommentarübersichtsseite. Kommentare, die auf eine Moderation warten, hebt das System mit einem hellgelben Hintergrund hervor ❸. Wie viele Kommentare auf eine Moderation warten, in den Spam-Ordner von Erweiterungen eingeordnet wurden oder im Papierkorb liegen, sehen Sie schnell anhand der oberen Links ❹.

Kommentare bearbeitet man, wie man Beiträge und Seiten bearbeitet. Bewegen Sie einfach den Mauszeiger über den jeweiligen Kommentar, und WordPress blendet die Links Genehmigen, Antworten, Quickedit, Bearbeiten, Spam und Papierkorb ein ❺. Mit Genehmigen schalten Sie den jeweiligen Kommentar frei. Den Kommentar zeigt WordPress dann direkt unter dem Beitrag/der Seite an. Um welchen Beitrag/welche Seite es sich handelt, sehen Sie ganz rechts ❻.

Mit Antworten reagieren Sie direkt auf Kommentare und schreiben Ihre Reaktion im Backend. Ihr Kommentar erscheint dann eingerückt auf der Website direkt unter dem beantworteten Kommentar. Quickedit öffnet die Schnellbearbeitung des Kommentars, die Sie die wichtigsten Felder Name, Email, URL und Kommentar editieren lässt. Mit Bearbeiten öffnen Sie die ausführliche Ansicht des jeweiligen Kommentars. Über Spam markieren Sie den Kommentar als solchen und verschieben ihn in den Spam-Ordner. Ein Klick auf Papierkorb ❼ verschiebt den Kommentar in den Papierkorb. Um Kommentare endgültig zu löschen, müssen Sie den Papierkorb öffnen und auf Papierkorb entleeren klicken.

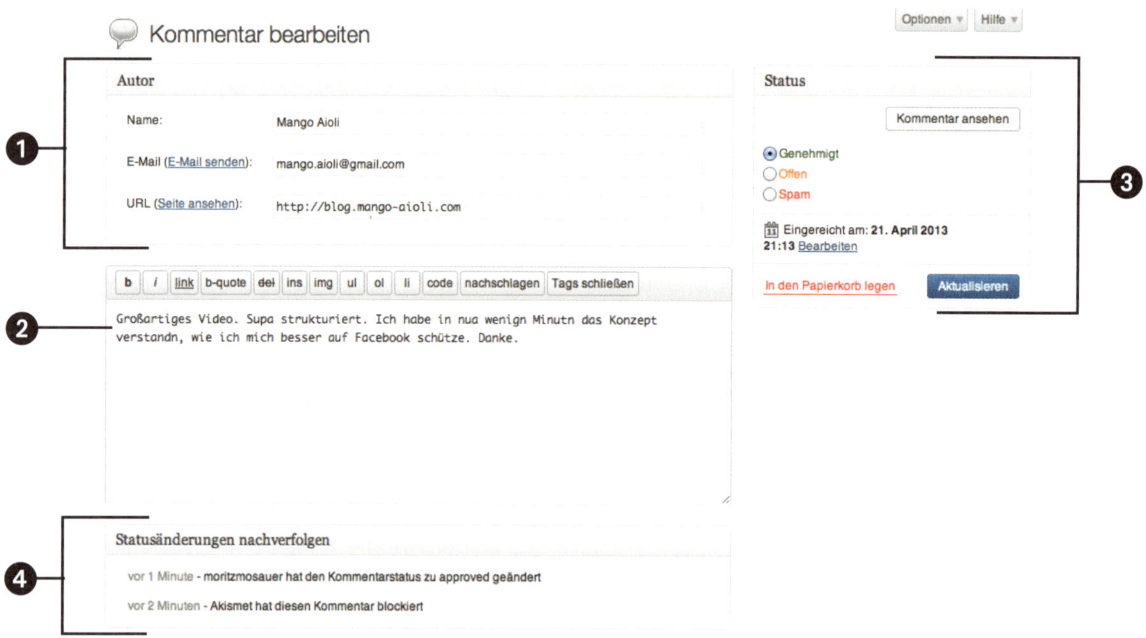
Kommentar bearbeiten
Optionen
Hilfe
Autor
Name:
Mango Aioli
E-Mail (E-Mail senden):
mango.aioli@gmail.com
URL (Seite ansehen):
http://blog.mango-aioli.com
b
i
link
b-quote
del
ins
img
ul
ol
li
code
nachschlagen
Tags schließen
Großartiges Video. Supa strukturiert. Ich habe in nua wenign Minutn das Konzept verstandn, wie ich mich besser auf Facebook schütze. Danke.
Status
Kommentar ansehen
Genehmigt
Offen
Spam
Eingereicht am: 21. April 2013 21:13 Bearbeiten
In den Papierkorb legen
Aktualisieren
Statusänderungen nachverfolgen
vor 1 Minute - moritzmosauer hat den Kommentarstatus zu approved geändert
vor 2 Minuten - Akismet hat diesen Kommentar blockiert
1
2
3
4

# Kommentare moderieren

Kommentare können Sie entweder per Quickedit oder in einer eigenen Ansicht bearbeiten, um z. B. Rechtschreibfehler zu beheben oder Links zu löschen. Um einen Kommentar zu editieren, öffnen Sie zuerst die Übersichtsseite für Kommentare. Wenn Sie jetzt mit der Maus über den zu editierenden Kommentar fahren, können Sie entweder die direkte Bearbeitung per Quickedit wählen oder die separate ausführliche Bearbeitungsseite über den Bearbeiten-Link.

Rufen Sie die ausführliche Bearbeitung auf, sehen Sie einen Bildschirm wie den in der Abbildung links. Hier können Sie die Informationen zum Kommentarautor ❶, wie Name, E-Mail und URL, bearbeiten und gegebenenfalls auch den eigentlichen Kommentar ❷ editieren. Diese Art der Bearbeitung brauchen Sie nur in Ausnahmefällen, wenn z. B. ein Kommentarschreiber einen Kommentar einzig und allein aus dem Grund hinterlässt, seine eigene Website über das URL-Feld zu bewerben. In so einem Fall können Sie den Kommentar bearbeiten und beispielsweise die URL löschen.

Über den Status-Kasten ❸ entscheiden Sie, ob der Kommentar auf der Webseite erscheint (genehmigen), ob Sie ihn noch einmal in die Moderationsschleife verschieben (offen) oder als Spam markieren wollen.

Auch die Abfolge der Statusänderungen ❹ speichert WordPress ab. Der Kasten Statusänderungen nachverfolgen informiert Sie darüber, warum ein Kommentar im Spam-Filter gelandet ist oder welcher Redakteur den Kommentar freigeschaltet hat.

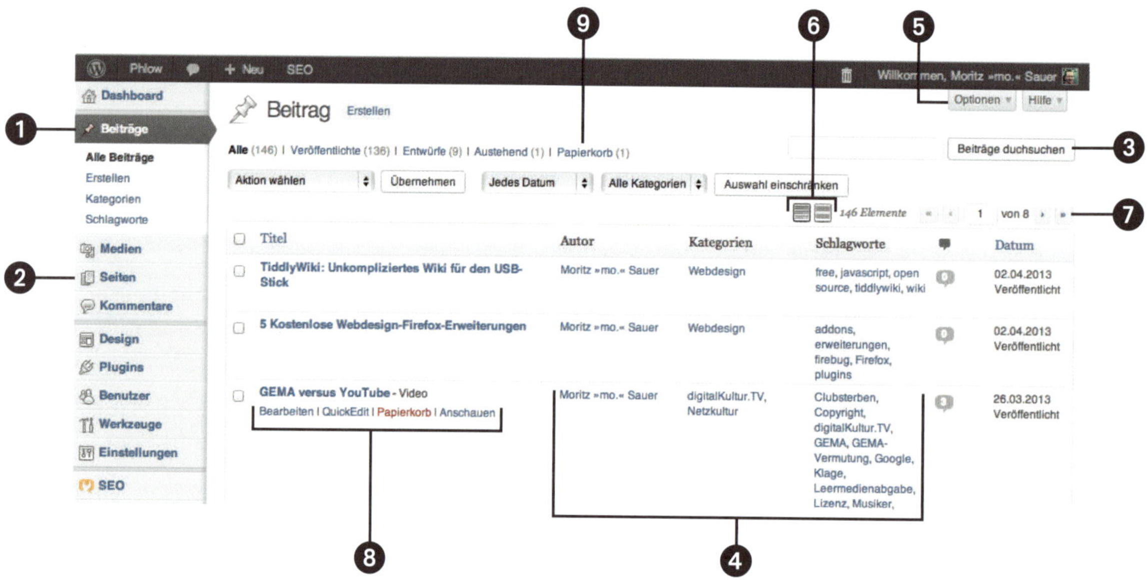
Phlow
+ Neu
SEO
Willkommen, Moritz »mo.« Sauer
Dashboard
Beiträge
Alle Beiträge
Erstellen
Kategorien
Schlagworte
Medien
Seiten
Kommentare
Design
Plugins
Benutzer
Werkzeuge
Einstellungen
SEO
Beitrag Erstellen
Optionen
Hilfe
Alle (146) | Veröffentlichte (136) | Entwürfe (9) | Austehend (1) | Papierkorb (1)
Beiträge duchsuchen
Aktion wählen
Übernehmen
Jedes Datum
Alle Kategorien
Auswahl einschränken
146 Elemente
1
von 8
Titel
Autor
Kategorien
Schlagworte
Datum
TiddlyWiki: Unkompliziertes Wiki für den USB-Stick
Moritz »mo.« Sauer
Webdesign
free, javascript, open source, tiddlywiki, wiki
02.04.2013 Veröffentlicht
5 Kostenlose Webdesign-Firefox-Erweiterungen
Moritz »mo.« Sauer
Webdesign
addons, erweiterungen, firebug, Firefox, plugins
02.04.2013 Veröffentlicht
GEMA versus YouTube - Video
Bearbeiten | QuickEdit | Papierkorb | Anschauen
Moritz »mo.« Sauer
digitalKultur.TV, Netzkultur
Clubsterben, Copyright, digitalKultur.TV, GEMA, GEMA-Vermutung, Google, Klage, Leermedienabgabe, Lizenz, Musiker,
26.03.2013 Veröffentlicht
1
2
3
4
5
6
7
8
9

# Beiträge und Seiten über die Übersicht verwalten

Wenn Ihr Webauftritt wächst, kann es auch für Sie schwierig werden, sich in der zunehmenden Anzahl an Artikeln zurechtzufinden. Sowohl für Ihre Beiträge als auch Ihre Seiten bietet WordPress jeweils eine **Übersichtsseite**. Diese finden Sie über die linke Navigationsleiste unter Beiträge ❶ bzw. Seiten ❷. Über die Übersichtsseiten finden Sie mithilfe der Suche ❸ schnell Inhalte, die Sie editieren wollen. Außerdem erhalten Sie schnell einen Überblick über die Anzahl der veröffentlichten Inhalte sowie der Inhalte, die noch auf Veröffentlichung warten.

Sie können die angezeigten Inhalte sortieren, indem Sie auf den jeweiligen Unterpunkt wie Autor, Kategorie oder Schlagwort ❹ klicken. Kommentare zu einem Beitrag/einer Seite öffnen Sie mit einem Klick auf die Sprechblase.

Standardmäßig zeigt WordPress 20 Beiträge/Seiten pro Seite an. Über das Optionenpanel ❺ ändern Sie die Anzahl der gezeigten Beiträge/Seiten. Dort bestimmen Sie auch, welche Felder – z. B. Titel oder Schlagworte – die Übersicht anzeigt. Soll WordPress zusätzlich zum Titel einen Auszug aus Ihrem Beitrag/Ihrer Seite anzeigen, wählen Sie diese Funktionalität über die zwei Symbole oben rechts direkt über den gelisteten Artikeln ❻. Dort und am Ende der Liste finden Sie auch die Möglichkeit, zu älteren Artikel zurückzublättern ❼.

Wenn Sie mit dem Mauszeiger über einen der gelisteten Beiträge fahren, blendet WordPress vier Links ein: Bearbeiten, Quickedit, Papierkorb und Anschauen ❽. Um einen Artikel zu bearbeiten, klicken Sie auf Bearbeiten oder auf den Titel. Ein Klick auf Quickedit öffnet die Schnelleditierung (dazu mehr auf der folgenden Seite). Ein Klick auf Papierkorb verschiebt Inhalte in den Papierkorb, löscht diese aber noch nicht final. Um Inhalte tatsächlich endgültig zu löschen, müssen Sie erst den Papierkorb ❾ öffnen und dort auf die Schaltfläche Papierkorb entleeren klicken.

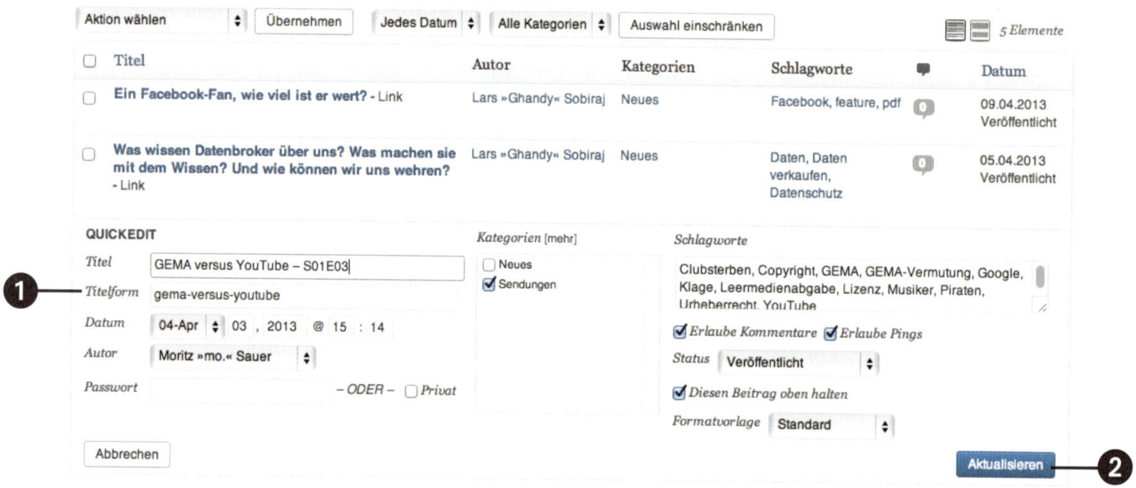
Aktion wählen
Übernehmen
Jedes Datum
Alle Kategorien
Auswahl einschränken
5 Elemente
Titel
Autor
Kategorien
Schlagworte
Datum
Ein Facebook-Fan, wie viel ist er wert? - Link
Lars »Ghandy« Sobiraj
Neues
Facebook, feature, pdf
0
09.04.2013 Veröffentlicht
Was wissen Datenbroker über uns? Was machen sie mit dem Wissen? Und wie können wir uns wehren? - Link
Lars »Ghandy« Sobiraj
Neues
Daten, Daten verkaufen, Datenschutz
0
05.04.2013 Veröffentlicht
QUICKEDIT
Titel
GEMA versus YouTube – S01E03
Titelform
gema-versus-youtube
Datum
04-Apr 03 , 2013 @ 15 : 14
Autor
Moritz »mo.« Sauer
Passwort
– ODER –
Privat
Kategorien [mehr]
Neues
Sendungen
Schlagworte
Clubsterben, Copyright, GEMA, GEMA-Vermutung, Google, Klage, Leermedienabgabe, Lizenz, Musiker, Piraten, Urheberrecht, YouTube
Erlaube Kommentare
Erlaube Pings
Status
Veröffentlicht
Diesen Beitrag oben halten
Formatvorlage
Standard
Abbrechen
Aktualisieren
1
2

# Quickedit: Beiträge und Seiten schnell editieren

Um Kleinigkeiten eines Artikels zu ändern, z. B. Kategorie, Schlagworte oder Kommentare erlauben Ja/Nein, ist es nicht unbedingt nötig, den Beitrag/die Seite zu öffnen. Sie können auch die Quickedit-Funktion nutzen, um einen Beitrag schnell zu editieren. Öffnen Sie im ersten Schritt den Menüpunkt Beiträge. Wenn Sie jetzt mit dem Mauszeiger über die Beiträge fahren, blendet WordPress unter anderem einen Link namens Quickedit ein. Sobald Sie darauf klicken, öffnet sich eine Bearbeitungsfläche, wie Sie sie in der Abbildung links sehen.

Über dieses »Armaturenbrett« ändern Sie schnell die Kategorie, fügen weitere Schlagwörter hinzu oder ändern den Status der Veröffentlichung.

Die einzige Einstellung, die ein wenig irritierend betitelt wurde, ist das Feld Titelform ❶. Über das Titelform-Feld ändern Sie die eigentliche URL, unter der man den Beitrag/die Seite findet.

Sind Sie mit Ihren Änderungen zufrieden, speichern Sie sie mit einem letzten Klick auf Aktualisieren ❷ ab.

Mit Quickedit erhalten Redakteure ein enorm praktisches Mittel, um Artikel schnell zu ergänzen, für die Zukunft zu datieren oder einfach freizuschalten.

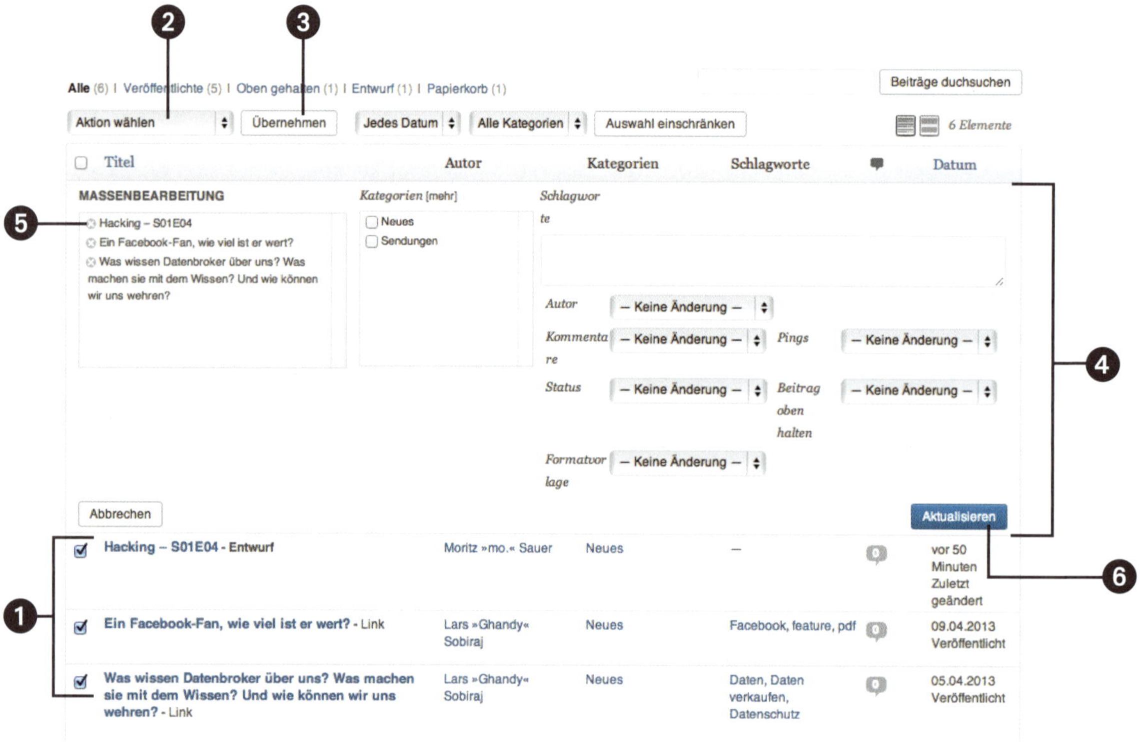
Alle (6) | Veröffentlichte (5) | Oben gehalten (1) | Entwurf (1) | Papierkorb (1)
Beiträge duchsuchen
Aktion wählen
Übernehmen
Jedes Datum
Alle Kategorien
Auswahl einschränken
6 Elemente
Titel
Autor
Kategorien
Schlagworte
Datum
MASSENBEARBEITUNG
Hacking – S01E04
Ein Facebook-Fan, wie viel ist er wert?
Was wissen Datenbroker über uns? Was machen sie mit dem Wissen? Und wie können wir uns wehren?
Kategorien [mehr]
Neues
Sendungen
Schlagworte
Autor
– Keine Änderung –
Kommentare
Pings
Status
Beitrag oben halten
Formatvorlage
Abbrechen
Aktualisieren
Hacking – S01E04 - Entwurf
Moritz »mo.« Sauer
Neues
vor 50 Minuten Zuletzt geändert
Ein Facebook-Fan, wie viel ist er wert? - Link
Lars »Ghandy« Sobiraj
Facebook, feature, pdf
09.04.2013 Veröffentlicht
Was wissen Datenbroker über uns? Was machen sie mit dem Wissen? Und wie können wir uns wehren? - Link
Daten, Daten verkaufen, Datenschutz
05.04.2013 Veröffentlicht
1
2
3
4
5
6

# Massenbearbeitung: Beiträge und Seiten gleichzeitig editieren

Manchmal will man mehrere Beiträge gleichzeitig bearbeiten, z. B. wenn man mehrere Dokumente zeitgleich in den Papierkorb werfen oder ausgewählte Artikel einer weiteren Kategorie hinzufügen möchte. Auch für solche Massenbearbeitungen bietet WordPress zahlreiche Funktionen.

Um mehrere Beiträge oder Seiten gleichzeitig zu editieren, wählen Sie im ersten Schritt die zu ändernden Inhalte aus ❶. Als Nächstes legen Sie über das Ausklappmenü Aktion wählen ❷ fest, ob Sie die Inhalte Bearbeiten oder In den Papierkorb legen wollen. Dann bestätigen Sie Ihre Wahl mit einem Klick auf Übernehmen ❸.

Jetzt klappt WordPress ein »Armaturenbrett« ähnlich wie das von Quickedit aus ❹, über das Sie gleichzeitig Informationen in allen ausgewählten Inhalten editieren können. Wollen Sie nachträglich einen Beitrag/eine Seite aus der Massenbearbeitung entfernen, klicken Sie einfach auf das X vor dem Titel des Beitrags/der Seite ❺.

Die Massenbearbeitung starten und schließen Sie wie immer mit einem Klick auf Aktualisieren ❻ ab.

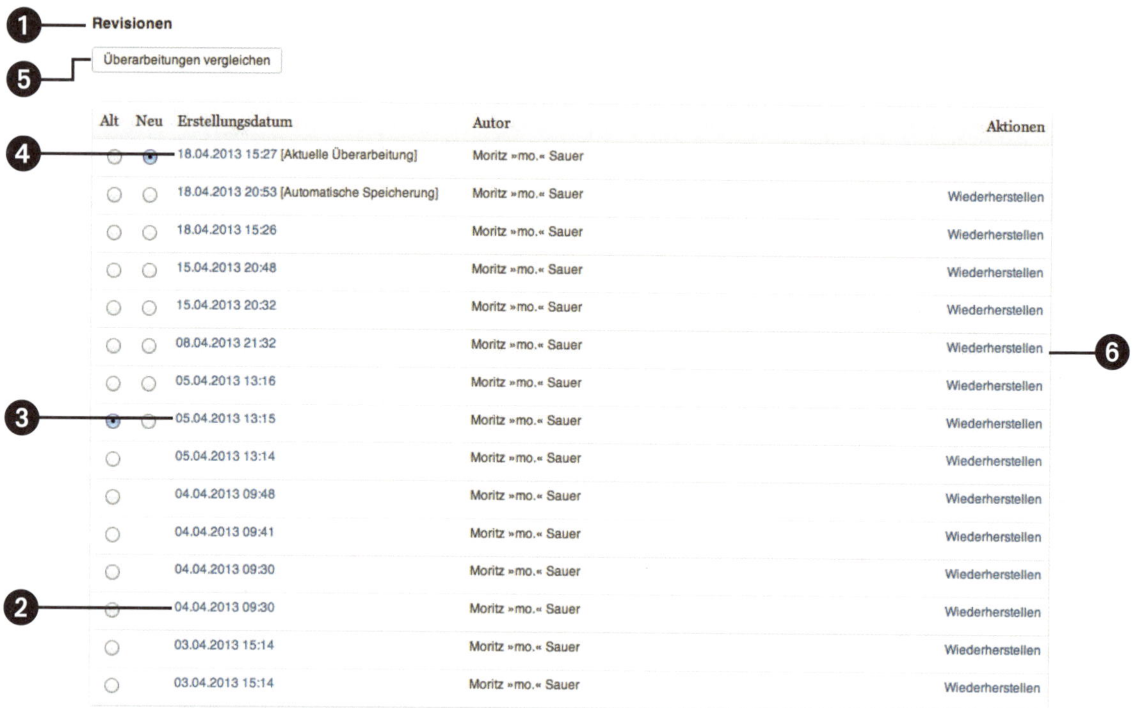
1
Revisionen
5
Überarbeitungen vergleichen
Alt
Neu
Erstellungsdatum
Autor
Aktionen
4
18.04.2013 15:27 [Aktuelle Überarbeitung]
Moritz »mo.« Sauer
18.04.2013 20:53 [Automatische Speicherung]
Moritz »mo.« Sauer
Wiederherstellen
18.04.2013 15:26
Moritz »mo.« Sauer
Wiederherstellen
15.04.2013 20:48
Moritz »mo.« Sauer
Wiederherstellen
15.04.2013 20:32
Moritz »mo.« Sauer
Wiederherstellen
08.04.2013 21:32
Moritz »mo.« Sauer
Wiederherstellen
6
05.04.2013 13:16
Moritz »mo.« Sauer
Wiederherstellen
3
05.04.2013 13:15
Moritz »mo.« Sauer
Wiederherstellen
05.04.2013 13:14
Moritz »mo.« Sauer
Wiederherstellen
04.04.2013 09:48
Moritz »mo.« Sauer
Wiederherstellen
04.04.2013 09:41
Moritz »mo.« Sauer
Wiederherstellen
04.04.2013 09:30
Moritz »mo.« Sauer
Wiederherstellen
2
04.04.2013 09:30
Moritz »mo.« Sauer
Wiederherstellen
03.04.2013 15:14
Moritz »mo.« Sauer
Wiederherstellen
03.04.2013 15:14
Moritz »mo.« Sauer
Wiederherstellen

# Revisionen: Inhalte wiederherstellen

Während Sie Beiträge und Seiten editieren, speichert WordPress automatisch den Zwischenstand alle 60 Sekunden als **automatische Speicherung** ab. Stürzt Ihr Browser unerwartet ab, ist die Wahrscheinlichkeit hoch, dass Sie nicht alle Eingaben verlieren.

WordPress geht sogar noch einen Schritt weiter. Jedes Mal, wenn Sie einen Artikel zwischenspeichern oder aktualisieren, speichert WordPress eine neue Version Ihres Beitrags bzw. Ihrer Seite ab. Diese verschiedenen Versionen von WordPress nennen sich **Revisionen** und können von Ihnen eingesehen und verglichen werden; alte Versionen können Sie sogar wiederherstellen.

Löschen Sie z. B. versehentlich einen Absatz in einem Beitrag, finden Sie diesen sicherlich in den Revisionen wieder. Zugriff auf die Revisionen erhalten Sie über den Editor. Öffnen Sie einen Beitrag/eine Seite und stellen Sie sicher, dass im Optionenpanel ein Häkchen bei Revisionen gesetzt ist. Mehr zum Optionenpanel lesen Sie auf Seite 85.

Scrollen Sie den Bildschirm so weit herunter, bis unterhalb des Editorfensters der Revisionen-Kasten auftaucht. Dieser listet den Zeitpunkt der jeweiligen Speicherung sowie den Namen des Autors auf. Um eine Revision zu öffnen, klicken Sie auf das verlinkte Datum.

Auf dem nächsten Bildschirm zeigt WordPress jetzt die Revision an. Um Revisionen zu vergleichen, scrollen Sie bis ans Ende des Beitrags ❶. Wenn Sie eine weitere Revision anschauen möchten, klicken Sie abermals auf das verlinkte Datum ❷. Wollen Sie zwei Revisionen miteinander vergleichen, wählen Sie sowohl eine alte ❸ als auch eine neuere Version ❹ aus und klicken dann auf die Schaltfläche Überarbeitungen vergleichen ❺. Um eine ältere Revision wiederherzustellen, wählen Sie die jeweilige Revision und klicken anschließend auf Wiederherstellen ❻.

# Kapitel 6 | Die eigene WordPress-Website gestalten

Wenn Sie WordPress für eigene Projekte nutzen möchten, brauchen Sie keinen Programmierer, der ein passendes Design entwickelt oder individuelle Zusatzfunktionalität für Sie programmiert. Denn bereits mit Standard-Themes wie z.B. Twenty Twelve und den WordPress innewohnenden Funktionen passen Sie Ihre WordPress-Website schnell und unkompliziert Ihren Wünschen entsprechend an. Welche Möglichkeiten und Funktionen WordPress Ihnen bietet und wie Sie Ihre Vorstellungen einfach umsetzen, erfahren Sie in diesem Kapitel.

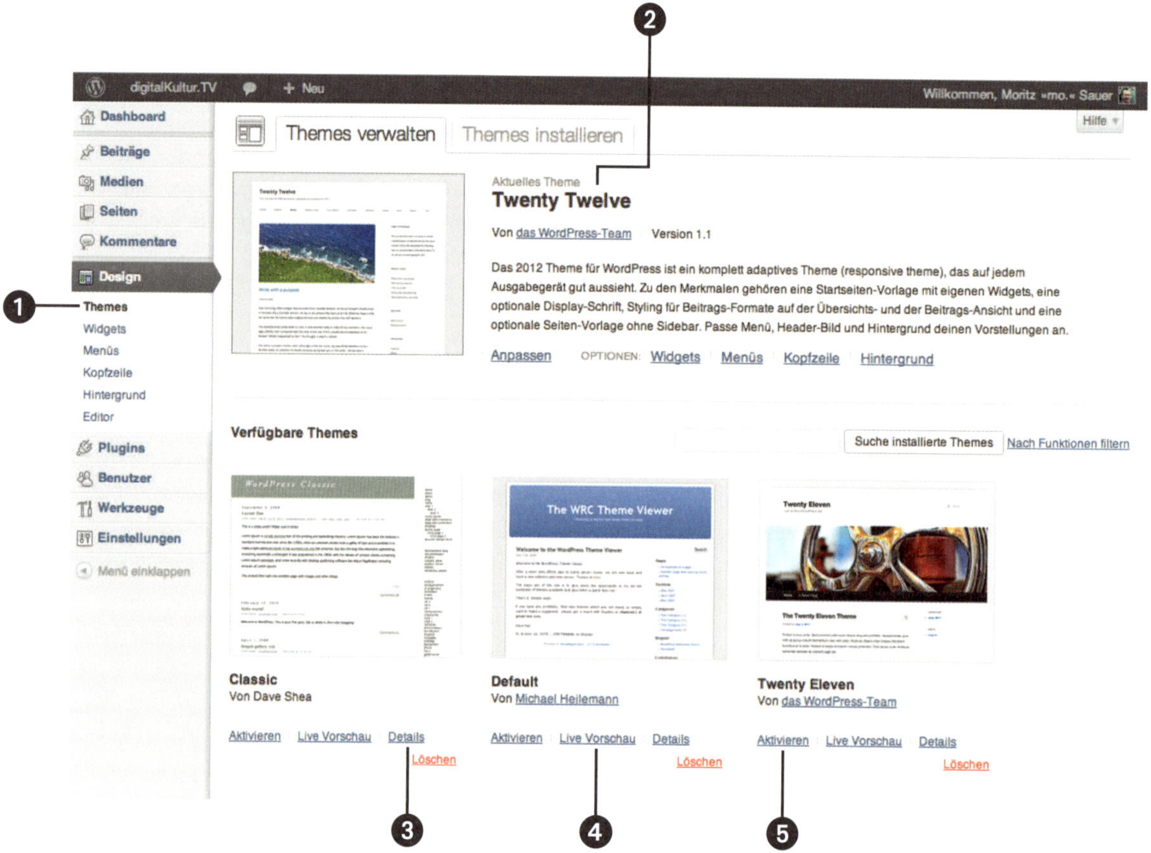

digitalKultur.TV
Neu
Willkommen, Moritz »mo.« Sauer
Dashboard
Beiträge
Medien
Seiten
Kommentare
Design
Themes
Widgets
Menüs
Kopfzeile
Hintergrund
Editor
Plugins
Benutzer
Werkzeuge
Einstellungen
Menü einklappen
Themes verwalten
Themes installieren
Hilfe
Aktuelles Theme
Twenty Twelve
Von das WordPress-Team | Version 1.1
Das 2012 Theme für WordPress ist ein komplett adaptives Theme (responsive theme), das auf jedem Ausgabegerät gut aussieht. Zu den Merkmalen gehören eine Startseiten-Vorlage mit eigenen Widgets, eine optionale Display-Schrift, Styling für Beitrags-Formate auf der Übersichts- und der Beitrags-Ansicht und eine optionale Seiten-Vorlage ohne Sidebar. Passe Menü, Header-Bild und Hintergrund deinen Vorstellungen an.
Anpassen
OPTIONEN: Widgets | Menüs | Kopfzeile | Hintergrund
Verfügbare Themes
Suche installierte Themes
Nach Funktionen filtern
Classic
Von Dave Shea
Aktivieren | Live Vorschau | Details
Löschen
Default
Von Michael Heilemann
Aktivieren | Live Vorschau | Details
Löschen
Twenty Eleven
Von das WordPress-Team
Aktivieren | Live Vorschau | Details
Löschen
1
2
3
4
5

# Themes: Grundlage für Layout und Funktionen

Jedes Blog und jede Website, die mit WordPress umgesetzt wurde, beruht auf einem **Design**, dem sogenannten **Theme**. Das Theme bestimmt das äußere Erscheinungsbild des Webauftritts: Neben Farben, Schrift und Grafiken steuert es auch die Darstellung der Inhalte. So legen Themes z. B. fest, an welcher Stelle ein Navigationsmenü angezeigt wird oder ob die Beiträge auf einer Kategorieseite z. B. nur mit Titel oder mit Titel, Bild und Auszug dargestellt werden.

Welche Themes eine WordPress-Installation anbietet, finden Sie im Backend über das Menü Design → Themes ❶ heraus. Dabei listet WordPress das aktive Theme immer zuerst auf ❷. Um mehr über eines der in der Liste befindlichen Themes zu erfahren, klicken Sie direkt unter dem Vorschaubild auf Details ❸. Möchten Sie sich einen Eindruck von einem Theme verschaffen, können Sie es mit Live Vorschau ❹ direkt ausprobieren und über die eingeblendete Seitenleiste anpassen. Wenn Sie ein neues Theme permanent nutzen wollen, klicken Sie einfach auf Aktivieren ❺, und WordPress zeigt Ihre Website anhand der Vorgaben des ausgewählten Themes an.

Technisch gesehen, ist ein Theme ein **Paket von Dateien**, das sämtliche Grafiken des Themes (Kopfgrafiken, Hintergrundbilder, Icons usw.), Layouteinstellungen und Funktionen umfasst. Jedes Theme hat einen eigenen Ordner auf dem Server. Sie finden die Themes im Ordner Ihrer WordPress-Installation unter *www.ihre-domain.de/wp-content/themes/*.

## Tipp

Im Web warten Tausende von Themes darauf, entdeckt zu werden. Die allererste Website für kostenlose und freie Themes ist *www.wordpress.org/extend/themes/*. Nicht alle gelisteten Themes entsprechen professionellen Standards und bieten eine Dokumentation. Professionelle Themes samt Support – die sogenannten **Premium-Themes** – finden Sie auf Websites wie *www.themeforest.net* oder *www.woothemes.com*. Eine Auswahl edler alternativer Themes finden Sie auch auf meiner Website unter *www.phlow.de/wordpress-themes*.

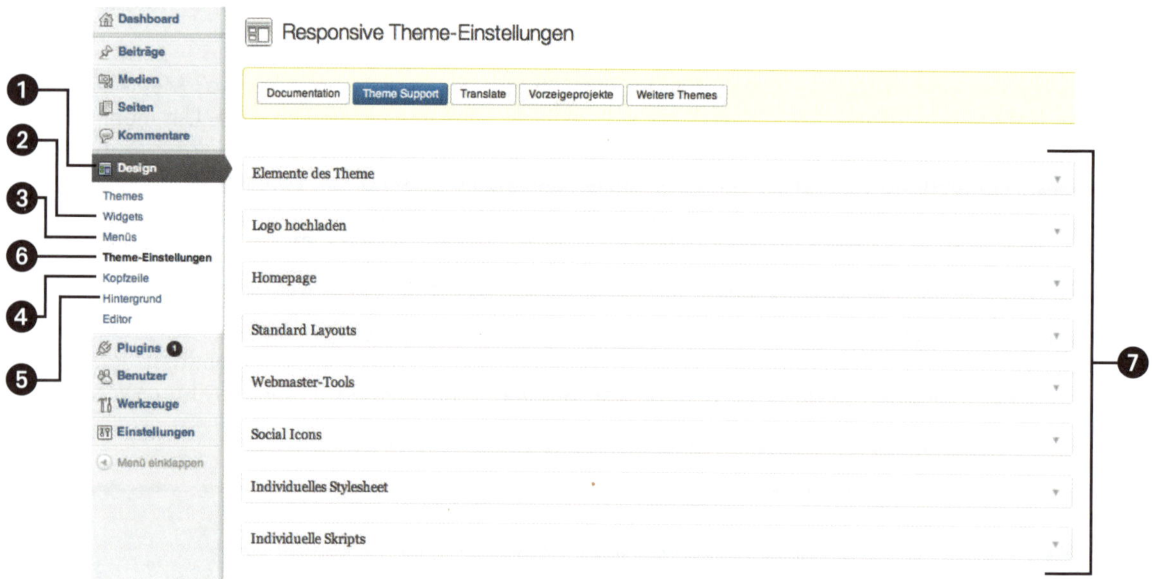
Dashboard
Beiträge
Medien
Seiten
Kommentare
Design
Themes
Widgets
Menüs
Theme-Einstellungen
Kopfzeile
Hintergrund
Editor
Plugins
Benutzer
Werkzeuge
Einstellungen
Menü einklappen
Responsive Theme-Einstellungen
Documentation
Theme Support
Translate
Vorzeigeprojekte
Weitere Themes
Elemente des Theme
Logo hochladen
Homepage
Standard Layouts
Webmaster-Tools
Social Icons
Individuelles Stylesheet
Individuelle Skripts
1
2
3
6
4
5
7

# Funktionen eines Themes

Themes bestehen aus verschiedenen Grundelementen plus einigen Erweiterungen. Die Optionen variieren hierbei von Theme zu Theme. Welche Optionen ein aktiviertes Theme bietet, finden Sie unter dem Menüpunkt Design ❶. In der Abbildung links sind das die Menüpunkte Widgets, Menüs, Theme-Einstellungen, Kopfzeile und Hintergrund. Die Menüpunkte Themes und Editor finden Sie immer über das Design-Menü.

Ein modernes Theme sollte Grundelemente wie Widgets ❷, individuelle Menüs ❸, eine gestaltbare Kopfzeile ❹ und den Upload eines Hintergrundbilds ❺ unterstützen. Diese Bestandteile ermöglichen es, eine Website schnell und unkompliziert den eigenen Wünschen anzupassen.

Darüber hinaus bieten viele Themes noch weitere Funktionen. So können Sie bei vielen neu oder weiterentwickelten Themes die Schriftart(en) mit wenigen Klicks ändern oder eine individuelle Logografik hochladen. Diese Optionen finden Sie oft über einen zusätzlichen Menüpunkt. Das Responsive Theme, das Sie in der Abbildung links sehen und auf Seite 231 näher kennenlernen, betitelt diesen Menüpunkt mit Theme Einstellungen ❻. Die zusätzlichen Möglichkeiten, die das Responsive Theme bietet, sehen Sie rechts ❼.

Zahlreiche Themes erweitern darüber hinaus Templates um neue Seitenformate. Mithilfe dieser Spezial-Templates erstellen Sie z. B. im Nu eine Anfahrtsseite mit großformatig eingebautem Kartenmaterial von Google Maps. Populär sind außerdem Bilderbühnen – auch **Slider** genannt. Sie erlauben Ihnen die Präsentation großformatiger Bilder auf der Startseite, um einzelne Inhalte besonders hervorzuheben. Auch die Standard-Widgets erweitern einige Themes um weitere hilfreiche Module (mehr über Widgets erfahren Sie auf Seite 195).

Wenn Sie sich für ein Theme entscheiden, achten Sie darauf, dass es »responsive« ist, d. h. für mobile Geräte, Tablets und Desktoprechner gleichermaßen optimiert wurde. Auch wenn diese Themes noch nicht an der Tagesordnung sind, haben bereits viele Theme-Programmierer reagiert und bieten Responsive Themes an.

WordPress.org
Search WordPress.org
Showcase Themes Plugins Mobile Support Get Involved About Blog Hosting
Download WordPress
Themes Directory
Username Password Log in (forgot?) or Register
Extend Home
Plugins
Themes
Commercial
More Info
Contact Us
Mobile
Ideas
Kvetch!
Looking for the awesome WordPress themes? Here's the place to find them! Welcome to the Free WordPress Themes directory.
Search below or check out our new filter and tag interface.
1,747 THEMES, 69,484,805 DOWNLOADS, AND COUNTING
Search Themes
Featured Themes
Twenty Twelve
Download
The 2012 theme for WordPress is a fully responsive theme that looks great on any device. Features include a front page template with its own widgets, an optional display font, styling for post formats on both index and single views, and an optional no-sidebar page template. Make it yours with a custom menu, header image, and background.
Esquire
Download
An elegant and bold theme featuring multiple, visually distinct, Post Formats. Designed by Matthew Buchanan and inspired by the art direction of Esquire magazine.
Buttercream
Download
PLEASE NOTE: 1.2 is a major update. Please see readme.txt before updating. Buttercream is a cute cupcake theme in three different color styles. Also supports optional responsive layout, custom menus, widget-ready sidebars and all post formats.
Most Popular »
Twenty Ten Downloaded 18,228 times
Responsive Downloaded 17,923 times
Twenty Eleven Downloaded 17,563 times
Pinboard Downloaded 13,555 times
Custom Community Downloaded 12,119 times
Montezuma Downloaded 10,747 times
Mantra Downloaded 10,191 times
iFeature Downloaded 8,658 times
Spun Downloaded 8,365 times
PageLines Downloaded 8,140 times
Swift Basic Downloaded 7,204 times
Magazine Basic Downloaded 7,101 times
Attitude Downloaded 6,921 times
Esquire Downloaded 6,896 times
Catch Box Downloaded 6,741 times
Newest Themes »
Wordsmith Added April 24
Lightweight Personal Added April 23
impulse Added April 15
Prana Added April 15
Orbit Added April 15

# Das passende Theme für Ihr Projekt finden

Im Web warten Tausende von Themes auf den kostenlosen Download. Diese Themes unterscheiden sich in ihrer Qualität, Aktualität und Funktionalität aber oft frappierend. In diesem Überangebot bieten Ihnen die folgenden Auswahlkriterien Orientierung und helfen Ihnen, die verschiedenen Themes auf Tauglichkeit zu testen und professionelle Themes von Schnellschüssen zu unterscheiden.

**Wofür setze ich das WordPress-Theme ein?** Handelt es sich bei dem Projekt um ein Blog, ein Magazin, eine Veranstaltung oder ein Event, eine Dokumentation oder ein Portfolio?

**Ist das Theme für Suchmaschinen optimiert?** Untersuchen Sie den Quellcode im Browser und überprüfen Sie, ob das Theme die wichtigsten HTML-Tags wie <title>, <h1> und die Meta-Description für jede Seite individuell erstellt. Überprüfen Sie den Quellcode mit dem Validator unter *http://validator.w3.org* auf Fehler.

**Welche Optionen bietet Ihnen das Theme für die individuelle Gestaltung?** Können Sie die Navigation anpassen? Können Sie das Logo schnell ersetzen? Unterstützt das Theme Widgets? Gibt es verschiedene Layouts für Kategorie-, Schlagwort- und Autorenseiten? Können Sie verschiedene Schriftarten auswählen? Können Sie Farben für Links und Ähnliches bestimmen?

**Wollen Sie Geld mit dem Theme verdienen?** Dann achten Sie darauf, dass Platz im Layout für Werbung und Banner eingeplant wurde.

**Ist das Theme auch in Deutsch erhältlich?** Leider können Sie in der Regel erst nach der Installation des Themes überprüfen, ob es auch Deutsch unterstützt. Ob ein Theme übersetzt wurde, kontrollieren Sie am einfachsten, indem Sie den Text des Weiterlesen-Links überprüfen.

**Wenn es sich um ein Premium-Theme handelt, gibt es einen Support?** Erhalten Sie zusätzliche Photoshop-Dateien? Was schreiben andere Nutzer über das Theme und seinen Anbieter?

Weitere wichtige Fragen lauten: Ist das Theme mit der neuesten WordPress-Version kompatibel? Ist es responsive? Gibt es eine Dokumentation? Arbeitet der Programmierer noch an dem Theme (Changelog überprüfen)? Muss ich Erweiterungen installieren, damit das Theme funktioniert?

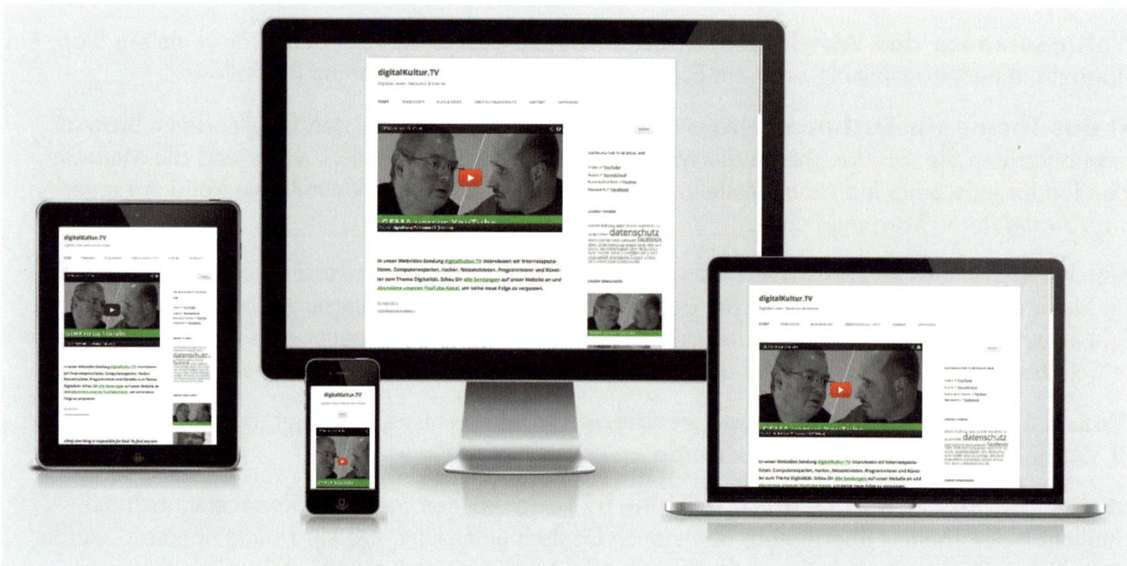
digitalKultur.TV

# Responsive Webdesign: Themes für alle Geräte

**Responsive Webdesign** ist eine moderne Variante des Webdesigns, bei der sich die im Browser aufgerufene Website **automatisch an die Größe des Bildschirms anpasst**. Responsive bedeutet so viel wie »reaktionsfähig«. Richtig gute Responsive Webdesigns adaptieren die Größe des Browserfensters und arrangieren die Elemente samt Inhalten neu. So sieht dieselbe Website auf einem mobilen Gerät wie einem Smartphone anders aus als im Browser eines Desktoprechners.

Wie Sie links sehen, ist das Theme **Twenty Twelve** responsive und passt die Inhalte automatisch an die Fenstergröße an. Der Vorteil liegt auf der Hand: Egal ob jemand Ihre Website gerade mit einem Android-Smartphone oder iPhone, einem Tablet-Computer oder einem Desktoprechner besucht – die Website präsentiert sich optimal.

Eines sollten Sie aber beim Responsive Webdesign bedenken: Die Website muss auf allen Geräten die gleichen Grafiken, Schriften sowie den HTML-Code laden, um angezeigt zu werden. Achten Sie also darauf, dass Ihre Website nicht mit Bildern und Videos überladen ist. Denn mobile Besucher surfen generell langsamer und unter restriktiveren Bedingungen wie z. B. einem bestimmten Datenvolumen.

## Tipp

Mit der Website *http://ami.responsivedesign.is* testen Sie eine Website, ob diese auf Responsive Webdesign basiert. Geben Sie dazu einfach eine URL ein und sehen Sie sich das Ergebnis an. Die einzelnen Geräte können Sie auch verschieben, indem Sie sie mit einem Klick anwählen und neu positionieren.

5
2
digitalKultur.TV
Willkommen, Moritz »mo.« Sauer
Dashboard
Beiträge
Medien
Seiten
Kommentare
Design
Themes
Widgets
Menüs
Kopfzeile
Hintergrund
Editor
Plugins
Themes verwalten
Themes installieren
Hilfe
Suchen | Hochladen | Empfohlen | Neueste | Vor Kurzem aktualisiert
Suche nach Themes per Schlüsselwort.
pinboard
Suchen
3
1
Nach Funktionen filtern
Finde ein Theme basierend auf spezifischen Eigenschaften.
Farben
Schwarz
Blau
Braun
Grau
Grün
Orange
Pink
Violett
Rot
Silber
Hellbraun
Weiss
Gelb
Dunkel
hell
Spalten
4

# Ein neues Theme über das Backend installieren

Um ein neues Theme zu installieren, stehen Ihnen zwei verschiedene Wege zur Verfügung: der Upload per FTP-Programm oder die Installation über das Backend. Der sicherste Weg für die Installation ist der »händische« Upload per FTP-Programm. Denn bei der automatischen Installation von WordPress kann es vorkommen, dass sich WordPress verschluckt und mitten im Installationsprozess stecken bleibt.

Ein anderes häufig auftretendes Phänomen ist, dass einige Webhoster äußerst restriktive Einstellungen für ihre Server vornehmen und verhindern, dass WordPress Dateien selbstständig herunterladen, entpacken und installieren darf. Das dient zwar der Sicherheit, geht aber zulasten Ihres Komforts.

Beginnen wir mit der komfortablen Variante:

## Installation über das Backend

1. Öffnen Sie den Menüpunkt Design → Themes ❶.
2. Klicken Sie auf die Registerkarte Themes installieren ❷.
3. Wählen Sie über die Suche ❸ oder den Filter ❹ das Theme (z. B. Pinboard) und klicken Sie dann auf Jetzt installieren.
4. Oder klicken Sie auf Hochladen ❺, um ein heruntergeladenes ZIP-Paket eines Themes auf Ihrem Rechner auszusuchen und hochzuladen.
5. Klicken Sie auf Aktivieren, nachdem WordPress das Theme automatisch installiert hat. Fertig!

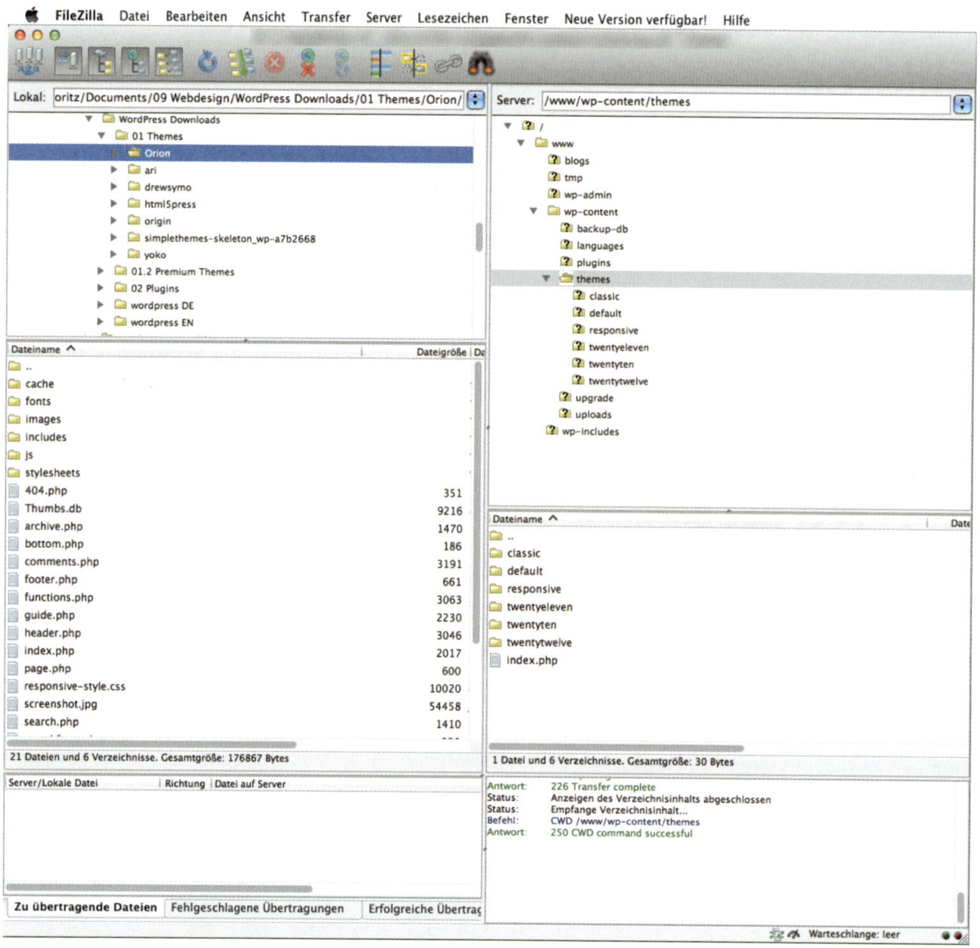
FileZilla Datei Bearbeiten Ansicht Transfer Server Lesezeichen Fenster Neue Version verfügbar! Hilfe
Lokal: oritz/Documents/09 Webdesign/WordPress Downloads/01 Themes/Orion/
Server: /www/wp-content/themes
WordPress Downloads
01 Themes
Orion
ari
drewsymo
html5press
origin
simplethemes-skeleton_wp-a7b2668
yoko
01.2 Premium Themes
02 Plugins
wordpress DE
wordpress EN
www
blogs
tmp
wp-admin
wp-content
backup-db
languages
plugins
themes
classic
default
responsive
twentyeleven
twentyten
twentytwelve
upgrade
uploads
wp-includes
Dateiname
Dateigröße
cache
fonts
images
includes
js
stylesheets
404.php 351
Thumbs.db 9216
archive.php 1470
bottom.php 186
comments.php 3191
footer.php 661
functions.php 3063
guide.php 2230
header.php 3046
index.php 2017
page.php 600
responsive-style.css 10020
screenshot.jpg 54458
search.php 1410
index.php
21 Dateien und 6 Verzeichnisse. Gesamtgröße: 176867 Bytes
1 Datei und 6 Verzeichnisse. Gesamtgröße: 30 Bytes
Server/Lokale Datei
Richtung
Datei auf Server
Antwort: 226 Transfer complete
Status: Anzeigen des Verzeichnisinhalts abgeschlossen
Status: Empfange Verzeichnisinhalt...
Befehl: CWD /www/wp-content/themes
Antwort: 250 CWD command successful
Zu übertragende Dateien
Fehlgeschlagene Übertragungen
Warteschlange: leer

# Ein neues Theme per FTP installieren

Die Installation eines Themes per FTP-Upload ist einfach, wenn Sie mit dem Umgang mit einem FTP-Programm vertraut sind. Diese Art der Installation ist immer die sicherste, weil Sie alles im Blick haben und Ihnen das FTP-Programm genaue Informationen anzeigt, ob sämtliche Daten korrekt übertragen bzw. hochgeladen wurden.

1. Laden Sie das zip-Archiv des Themes herunter (z. B. unter *http://wordpress.org/extend/themes/pinboard*).
2. Entpacken Sie das zip-Archiv auf Ihrem Schreibtisch.
3. Öffnen Sie Ihr FTP-Programm und verbinden Sie sich mit dem Server.
4. Öffnen Sie das WordPress-Verzeichnis und wechseln Sie in das Unterverzeichnis /wp-content/themes/.
5. Laden Sie den gesamten Theme-Ordner in das Verzeichnis /themes hoch (z. B. den Ordner pinboard).
6. Öffnen Sie im WordPress-Backend den Menüpunkt Design → Themes. Hier wird jetzt das hochgeladene Theme mit den bereits hochgeladenen anderen Themes aufgelistet.
7. Aktivieren Sie das Theme – fertig!

## Hinweis

Unter *www.phlow.de/ftp* finden Sie eine Video-Anleitung, die Ihnen zeigt, wie Sie das kostenlose FTP-Programm FileZilla konfigurieren und damit arbeiten.

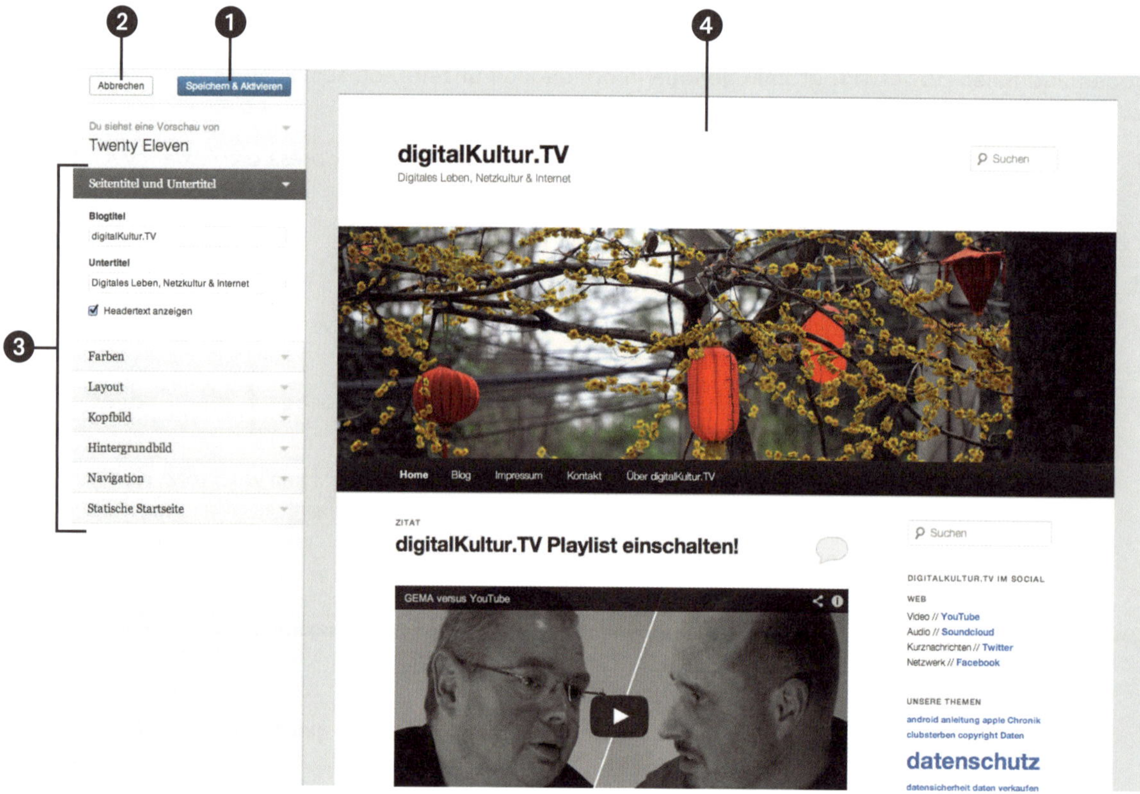

2
1
4
Abbrechen
Speichern & Aktivieren
Du siehst eine Vorschau von
Twenty Eleven
Seitentitel und Untertitel
Blogtitel
digitalKultur.TV
Untertitel
Digitales Leben, Netzkultur & Internet
Headertext anzeigen
3
Farben
Layout
Kopfbild
Hintergrundbild
Navigation
Statische Startseite
digitalKultur.TV
Digitales Leben, Netzkultur & Internet
Suchen
Home
Blog
Impressum
Kontakt
Über digitalKultur.TV
ZITAT
digitalKultur.TV Playlist einschalten!
GEMA versus YouTube
Suchen
DIGITALKULTUR.TV IM SOCIAL WEB
Video // YouTube
Audio // Soundcloud
Kurznachrichten // Twitter
Netzwerk // Facebook
UNSERE THEMEN
android anleitung apple Chronik
clubsterben copyright Daten
datenschutz
datensicherheit daten verkaufen

# Themes direkt in der Vorschau anpassen

Um neue Themes zu testen und gegebenenfalls direkt im Browser anzupassen, bietet WordPress eine großartige Funktion: die **Live Vorschau**. Wenn Sie WordPress selbst installiert haben, finden Sie unter Design → Themes bereits weitere Themes neben dem voreingestellten Standard-Theme. Möchten Sie das aktuelle Theme testen und gestalten, klicken Sie auf Anpassen. Wollen Sie einfach mal ein anderes Theme, z. B. Twenty Eleven, testen, dann klicken Sie auf Live Vorschau.

Wenn Sie die Live Vorschau-Funktion für das Theme Twenty Eleven ausprobieren, können Sie diese Änderungen sehen, die Besucher Ihres Webauftritts jedoch nicht. Sämtliche Änderungen, die Sie jetzt vornehmen, treten erst dann in Kraft, wenn Sie die Schaltfläche Speichern & Aktivieren ❶ anklicken. Dahingegen verwerfen Sie Ihre Einstellungen mit einem Klick auf Abbrechen ❷ und belassen es beim aktuellen Theme.

Welche Einstellungsmöglichkeiten ein Theme Ihnen zur Verfügung stellt, sehen Sie in der linken Seitenleiste ❸. Ein Klick auf den jeweiligen Menüpunkt öffnet die dazugehörigen Einstellungen. So bietet z. B. das Theme Twenty Eleven Einstellungsmöglichkeiten für Seiten & Untertitel, Farben, Layout, das Kopfzeilenbild, ein Hintergrundbild, eine Navigation und die direkte Auswahl einer Seite, um die Standardstartseite zu ersetzen. Änderungen, die Sie über die linke Leiste vornehmen, wirken sich direkt auf die Live Vorschau ❹ rechts aus.

## Hinweis

Nicht alle Themes bieten die Möglichkeit, sämtliche Optionen und Funktionen in der Live Vorschau zu testen. Auskunft darüber gibt die Dokumentation zum Theme. Alternativ können Sie das Theme aktivieren und es anschließend richtig im Live-Betrieb ausprobieren.

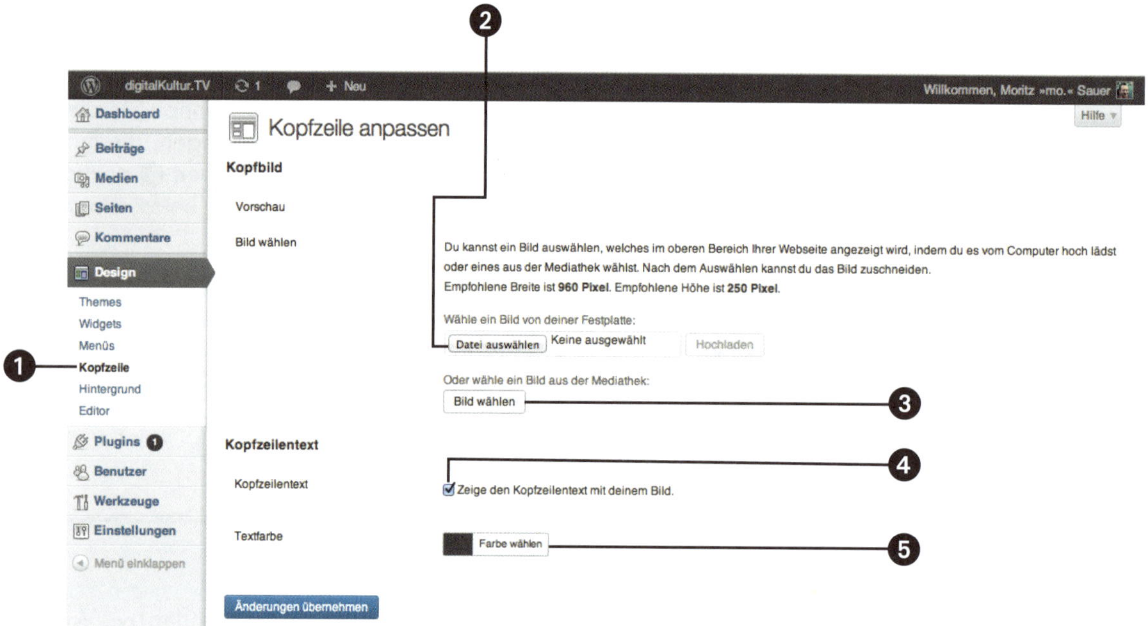
digitalKultur.TV
1
Neu
Willkommen, Moritz »mo.« Sauer
Hilfe
Dashboard
Beiträge
Medien
Seiten
Kommentare
Design
Themes
Widgets
Menüs
Kopfzeile
Hintergrund
Editor
Plugins 1
Benutzer
Werkzeuge
Einstellungen
Menü einklappen
Kopfzeile anpassen
Kopfbild
Vorschau
Bild wählen
Du kannst ein Bild auswählen, welches im oberen Bereich Ihrer Webseite angezeigt wird, indem du es vom Computer hoch lädst oder eines aus der Mediathek wählst. Nach dem Auswählen kannst du das Bild zuschneiden.
Empfohlene Breite ist 960 Pixel. Empfohlene Höhe ist 250 Pixel.
Wähle ein Bild von deiner Festplatte:
Datei auswählen
Keine ausgewählt
Hochladen
Oder wähle ein Bild aus der Mediathek:
Bild wählen
Kopfzeilentext
Kopfzeilentext
Zeige den Kopfzeilentext mit deinem Bild.
Textfarbe
Farbe wählen
Änderungen übernehmen
1
2
3
4
5

# Bilder in die Kopfzeile einfügen

Ein einprägsames Logo oder ein erklärendes Bild im Kopfbereich der Website vermittelt dem Besucher schnell, worum es auf der Website geht. Zahlreiche Themes bieten deshalb einen schnellen und unkomplizierten Weg, über den Menüpunkt Design → Kopfzeile ❶ eine Kopfgrafik hochzuladen und zu aktivieren und/oder einen Kopfzeilentext anzuzeigen. Und das geht so:

1. Um ein Bild als Kopfgrafik festzulegen, müssen Sie entweder
   a. eine Grafik auf Ihrem Computer über den Befehl Datei auswählen ❷ aussuchen und hochladen oder
   b. über die Option Bild wählen ❸ die Grafik in der Mediathek aussuchen.
2. Anschließend können Sie
   a. das Bild Zuschneiden und veröffentlichen oder
   b. alles rückgängig machen mithilfe der Option Zuschneiden abbrechen und das Bild publizieren, wie es ist.
3. Nun müssen Sie noch entscheiden, ob WordPress zusätzlich einen Kopfzeilentext bestehend aus Websitename und Websiteslogan anzeigen soll oder nicht ❹. Falls Sie sich dafür entscheiden, können Sie zusätzlich noch die Farbe des Kopfzeilentexts ❺ bestimmen.

Sagt Ihnen das Bild nicht zu, können Sie entweder einfach ein anderes hochladen bzw. aussuchen, oder Sie löschen es mit einem Klick auf die Schaltfläche Kopfzeilen-Bild entfernen.

## Tipp

Über Bild wählen ❸ können Sie mehrere Kopfgrafiken nacheinander aussuchen. WordPress ermöglicht Ihnen dann, diese Bilder in zufälliger Reihenfolge über den zusätzlich eingeblendeten Menüpunkt Hochgeladene Grafiken auf Ihrer Website anzuzeigen. Wählen Sie dazu Zufällig: Zeige auf jeder Seite ein zufälliges Bild.

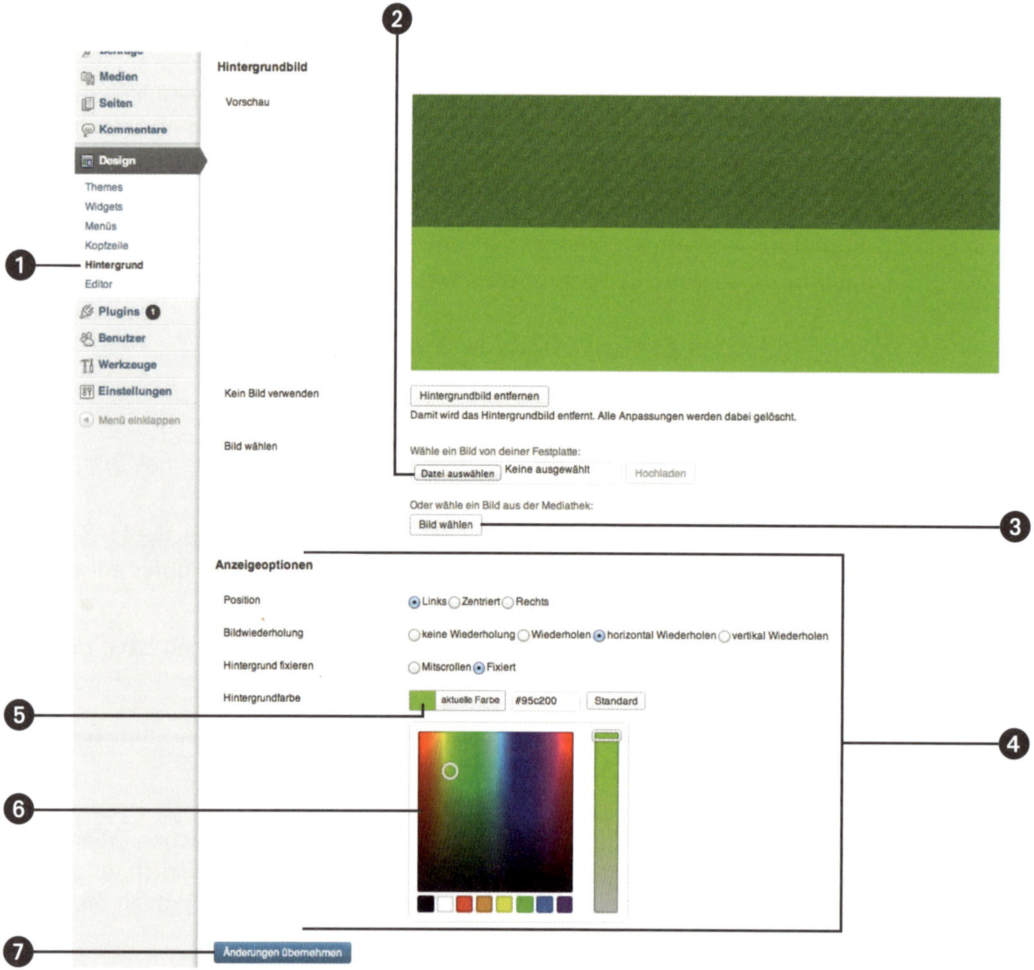
Medien
Seiten
Kommentare
Design
Themes
Widgets
Menüs
Kopfzeile
Hintergrund
Editor
Plugins
Benutzer
Werkzeuge
Einstellungen
Menü einklappen
Hintergrundbild
Vorschau
Kein Bild verwenden
Hintergrundbild entfernen
Damit wird das Hintergrundbild entfernt. Alle Anpassungen werden dabei gelöscht.
Bild wählen
Wähle ein Bild von deiner Festplatte:
Datei auswählen
Keine ausgewählt
Hochladen
Oder wähle ein Bild aus der Mediathek:
Bild wählen
Anzeigeoptionen
Position
Links
Zentriert
Rechts
Bildwiederholung
keine Wiederholung
Wiederholen
horizontal Wiederholen
vertikal Wiederholen
Hintergrund fixieren
Mitscrollen
Fixiert
Hintergrundfarbe
aktuelle Farbe
#95c200
Standard
Änderungen übernehmen
1
2
3
4
5
6
7

# Ein Hintergrundbild für die Website einbinden

Mit einem Hintergrundbild können Sie eine Website maßgeblich gestalten. Ob Sie ein Muster im Hintergrund »kacheln« (es also neben- und übereinander wiederholen), ob Sie ein Hintergrundbild nutzen oder einen Farbverlauf einbauen: Die Möglichkeiten sind vielfältiger, als man zunächst denkt. Die meisten Themes bieten unkomplizierte Wege, ein Hintergrundbild einzubauen. Welche das sind, finden Sie über den Menüpunkt Design → Hintergrund ❶ im Backend heraus.

Um ein Hintergrundbild im Theme Twenty Twelve (und in vielen anderen Themes auch) hochzuladen, gehen Sie wie beim Einsetzen einer Kopfgrafik vor: Entweder Sie laden ein Bild direkt über Datei auswählen ❷ und einen anschließenden Klick auf die Schaltfläche Hochladen hoch, oder Sie halten mit der Schaltfläche Bild wählen ❸ in Ihrer Mediathek nach einem passenden Bild Ausschau.

Interessant wird es bei den Einstellungen der Anzeigeoptionen ❹. Zuerst müssen Sie entscheiden, ob Sie das Hintergrundbild links, rechts oder zentriert positionieren wollen. Wie und ob sich das Bild im Hintergrund wiederholen soll, bestimmen Sie über die Auswahlmöglichkeiten bei Bildwiederholung. Abschließend legen Sie mit Hintergrund fixieren fest, ob das Bild mitscrollt oder ob es fixiert werden soll. Fixieren Sie das Bild im Hintergrund, müssen Sie darauf achten, dass das Hintergrundbild auch groß genug für größere Bildschirme ist.

Wenn Sie lediglich die Hintergrundfläche mit einer Farbe füllen wollen, benötigen Sie kein Hintergrundbild, sondern Sie können sie mit einem Klick auf Farbe wählen ❺ festlegen. WordPress öffnet dann einen Farbwähler ❻, über den Sie entweder direkt einen Farbwert eingeben oder über das Farbfeld eine Farbe aussuchen können. Bestätigen Sie Ihre Wahl mit einem Klick auf Änderungen übernehmen ❼.

## Tipp

Bedenken Sie, dass große Bilder eine Website verlangsamen. Gekachelte Muster oder eine Hintergrundfarbe reduzieren hingegen das zu übertragende Datenvolumen. Mobile Surfer wird das freuen.

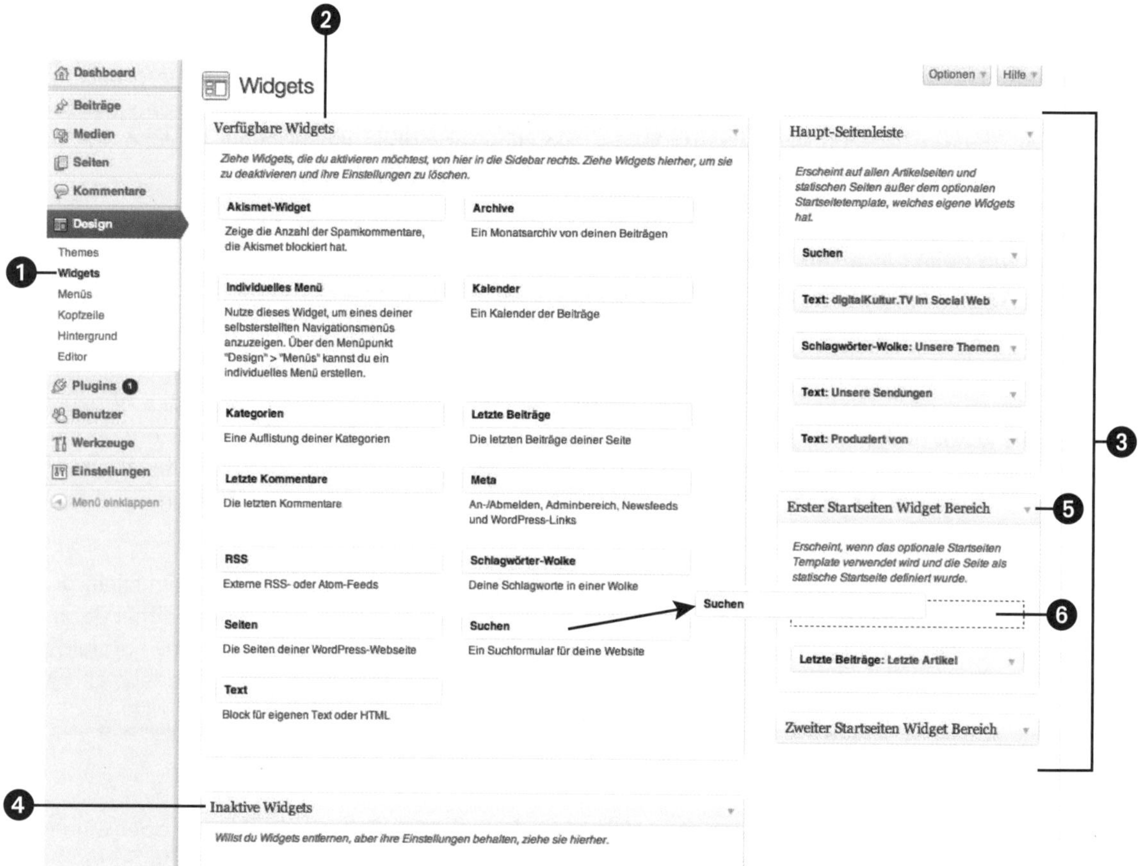
Dashboard
Beiträge
Medien
Seiten
Kommentare
Design
Themes
Widgets
Menüs
Kopfzeile
Hintergrund
Editor
Plugins 1
Benutzer
Werkzeuge
Einstellungen
Menü einklappen
Widgets
Optionen
Hilfe
Verfügbare Widgets
Ziehe Widgets, die du aktivieren möchtest, von hier in die Sidebar rechts. Ziehe Widgets hierher, um sie zu deaktivieren und ihre Einstellungen zu löschen.
Akismet-Widget
Zeige die Anzahl der Spamkommentare, die Akismet blockiert hat.
Archive
Ein Monatsarchiv von deinen Beiträgen
Individuelles Menü
Nutze dieses Widget, um eines deiner selbsterstellten Navigationsmenüs anzuzeigen. Über den Menüpunkt "Design" > "Menüs" kannst du ein individuelles Menü erstellen.
Kalender
Ein Kalender der Beiträge
Kategorien
Eine Auflistung deiner Kategorien
Letzte Beiträge
Die letzten Beiträge deiner Seite
Letzte Kommentare
Die letzten Kommentare
Meta
An-/Abmelden, Adminbereich, Newsfeeds und WordPress-Links
RSS
Externe RSS- oder Atom-Feeds
Schlagwörter-Wolke
Deine Schlagworte in einer Wolke
Seiten
Die Seiten deiner WordPress-Webseite
Suchen
Ein Suchformular für deine Website
Text
Block für eigenen Text oder HTML
Suchen
Haupt-Seitenleiste
Erscheint auf allen Artikelseiten und statischen Seiten außer dem optionalen Startseitetemplate, welches eigene Widgets hat.
Suchen
Text: digitalKultur.TV im Social Web
Schlagwörter-Wolke: Unsere Themen
Text: Unsere Sendungen
Text: Produziert von
Erster Startseiten Widget Bereich
Erscheint, wenn das optionale Startseiten Template verwendet wird und die Seite als statische Startseite definiert wurde.
Letzte Beiträge: Letzte Artikel
Zweiter Startseiten Widget Bereich
Inaktive Widgets
Willst du Widgets entfernen, aber ihre Einstellungen behalten, ziehe sie hierher.
1
2
3
4
5
6

# Widgets: mit Modulen die Website gestalten

WordPress ist unter anderem dank seiner Widgets so beliebt. Mit ihnen ist es möglich, per Drag-and-drop das Aussehen einer WordPress-Website schnell zu verändern. So können Sie z. B. Inhaltselemente wie ein Suchfeld, eine Liste der letzten Beiträge oder die Kategorien per Mausklick dort positionieren, wo Sie es wünschen.

Widgets sind kleine, anpassbare Module, die bestimmte Funktionen bieten und entsprechende visuelle Elemente erzeugen. Je nachdem, welches Theme Sie nutzen, gibt es mehr oder weniger extra dafür vorgesehene Widget-Bereiche, in denen Sie ein Widget oder gleich mehrere platzieren können. Manche Themes erweitern die Standard-Widgets um neue Module. Auch Plugins wie z. B. Jetpack (mehr dazu auf Seite 241) fügen neue Widgets hinzu.

Den Widget-Bereich finden Sie unter Design → Widgets ❶. Dieser teilt sich in drei Hauptbereiche auf:

**Verfügbare Widgets ❷:** Dieser Bereich listet alle zur Verfügung stehenden Widgets inklusive einer Kurzbeschreibung auf.

**Widget-Bereich(e) ❸:** Je nach Theme variiert die Anzahl der Widget-Bereiche. Standardmäßig ist der erste Widget-Bereich aufgeklappt. Um einen anderen Widget-Bereich zu öffnen, klicken Sie einfach auf den kleinen Pfeil nach unten.

**Inaktive Widgets ❹:** In diesem Bereich können Sie bei Bedarf Widgets »parken«. Bereits vorgenommene Einstellungen gehen dadurch nicht verloren.

Um ein Widget einem Widget-Bereich zuzuordnen, müssen Sie diesen erst aufklappen ❺ und anschließend einfach das Widget aus dem Kasten Verfügbare Widgets oder Inaktive Widgets in den Bereich rüberziehen – in der Abbildung ist es das Suchfeld-Widget ❻. Die Reihenfolge der Widgets bestimmen Sie auch per Drag-and-drop.

Die Einstellungsmöglichkeiten klappen Sie über den Pfeil aus, nachdem Sie das Widget in den Widget-Bereich gezogen haben. Jedes Widget hat ein Feld für den Titel, zwei Links für Löschen und Schließen sowie eine Schaltfläche Speichern. Im Folgenden stelle ich Ihnen alle Standard-Widgets vor.

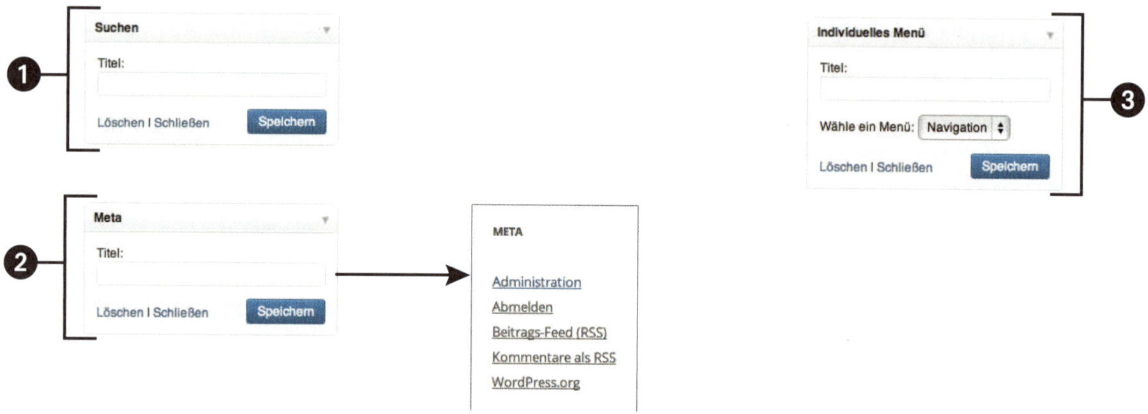
1
Suchen
Titel:
Löschen | Schließen
Speichern
2
Meta
Titel:
Löschen | Schließen
Speichern
META
Administration
Abmelden
Beitrags-Feed (RSS)
Kommentare als RSS
WordPress.org
3
Individuelles Menü
Titel:
Wähle ein Menü:
Navigation
Löschen | Schließen
Speichern

# Widgets für Suche, Login und Menüs

Mit den beiden Widgets Suchen und Individuelles Menü bauen Sie Funktionen in die Website ein, die den Besuchern bei der Orientierung auf Ihrer Website bzw. Ihrem Blogs helfen. Das Meta-Widget baut Links zu Login und RSS-Feeds ein.

**Suchen ❶:** Jeder gute Webauftritt verfügt über eine Suchfunktion, mit der Besucher die Inhalte der Website bzw. des Blogs nach Schlagwörtern durchsuchen können. Mit dem Suchen-Widget fügen Sie ein Modul mit einem Suchfeld samt Suchen-Schaltfläche ein. Platzieren Sie das Suchfeld möglichst weit oben auf der Seite. Um Platz zu sparen, verzichten Sie am besten auf einen Titel, denn die Beschriftung der Suchen-Schaltfläche verdeutlicht auf einen Blick, wozu das Modul dient.

**Meta ❷:** Mit dem Meta-Widget fügen Sie mehrere Links in Ihre WordPress-Website ein. Ein Link führt Sie zum Login-Bildschirm. Das ermöglicht Ihnen, sich von jeder Seite Ihres Webauftritts aus im Backend anzumelden (Seitenbesucher sehen diesen Link nicht). Zwei weitere Links verlinken jeweils Ihren Beitrags-Feed und den Feed für die aktuellen Kommentare. Außerdem baut das Widget noch einen Link auf WordPress.org ein.

**Individuelles Menü ❸:** Mit dem Widget Individuelles Menü bauen Sie ein Navigationsmenü ein, das Sie zuvor über das Menü Design → Menüs erstellt haben. (Wie Sie ein solches Menü erstellen, erfahren Sie auf Seite 209.) Ein solches Menü kann z. B. hilfreich sein, wenn Sie in der Seitenleiste Ihres Blogs eine Art Inhaltsverzeichnis einbauen wollen. Über das Ausklappmenü wählen Sie das Menü aus, das über das Widget angezeigt werden soll.

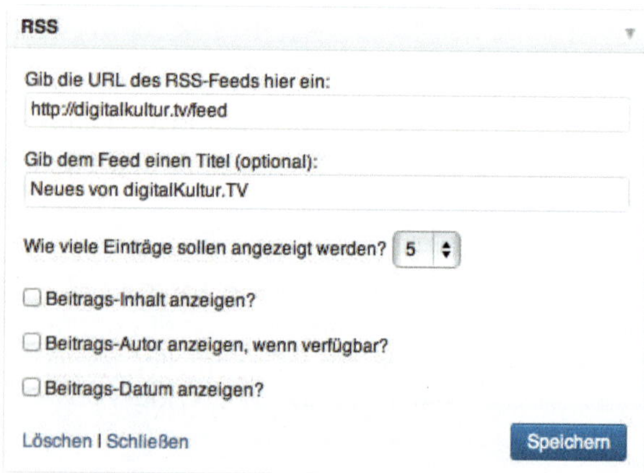
RSS
Gib die URL des RSS-Feeds hier ein:
http://digitalkultur.tv/feed
Gib dem Feed einen Titel (optional):
Neues von digitalKultur.TV
Wie viele Einträge sollen angezeigt werden? 5
Beitrags-Inhalt anzeigen?
Beitrags-Autor anzeigen, wenn verfügbar?
Beitrags-Datum anzeigen?
Löschen | Schließen
Speichern

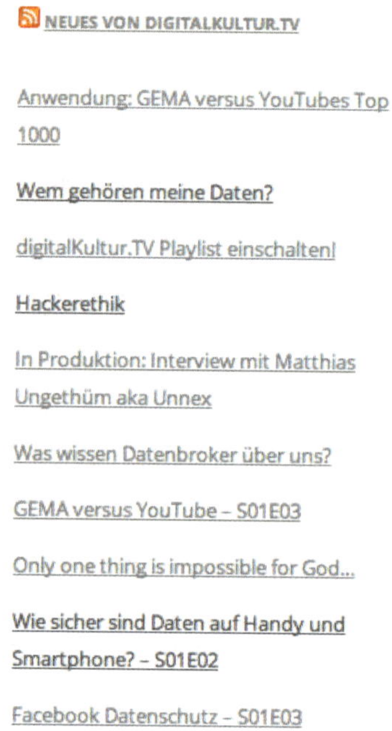
NEUES VON DIGITALKULTUR.TV
Anwendung: GEMA versus YouTubes Top 1000
Wem gehören meine Daten?
digitalKultur.TV Playlist einschalten!
Hackerethik
In Produktion: Interview mit Matthias Ungethüm aka Unnex
Was wissen Datenbroker über uns?
GEMA versus YouTube – S01E03
Only one thing is impossible for God...
Wie sicher sind Daten auf Handy und Smartphone? – S01E02
Facebook Datenschutz – S01E03

# Externe Inhalte über das RSS-Widget einbauen

Wie bereits auf Seite 97 erwähnt, können Sie mithilfe von RSS ganz einfach Inhalte von anderen Websites abonnieren und auf Ihrer Website bzw. Ihrem Blog einblenden. Das ist z. B. hilfreich, um sich mit befreundeten Websites zu verknüpfen und sich gegenseitig zu promoten. Technisch gesehen, sorgt das RSS-Widgets für den Import dieser RSS-Feeds auf Ihre Website. Wenn Sie z. B. digitalKultur.TV promoten wollen, bauen Sie doch versuchsweise mal unseren RSS-Feed über das Widget ein:

1. Ziehen Sie das RSS-Widget in einen Widget-Bereich.
2. Fügen Sie die URL *http://digitalkultur.tv/feed* in das Feld Gib die URL des RSS-Feeds hier ein ein.
3. Betiteln Sie das Widget z. B. mit Neues von digitalKultur.TV.
4. Wählen Sie über das Ausklappmenü die Anzahl der anzuzeigenden Beiträge aus – z. B. fünf.
5. Setzen Sie keine Häkchen in den Feldern darunter.
6. Speichern Sie mit einem Klick auf Sichern ab.
7. Öffnen Sie in einem neuen Fenster Ihre Website und überprüfen Sie das Ergebnis.

In den Standardeinstellungen verlinkt das Widget lediglich die Überschriften der Beiträge des RSS-Feeds. Wenn Sie mehr Inhalte des RSS-Feeds anzeigen lassen möchten, müssen Sie Häkchen bei Beitrags-Inhalt anzeigen?, Beitrags-Autor anzeigen, wenn verfügbar? und Beitrags-Datum anzeigen? setzen.

## Hinweis

Beachten Sie beim Einbau eines RSS-Feeds, dass Sie sich die Inhalte einer anderen Website zu eigen machen. Gegen eine Verlinkung hat in der Regel niemand etwas, aber wenn Sie Inhalte des Beitrags übernehmen, möglicherweise schon.

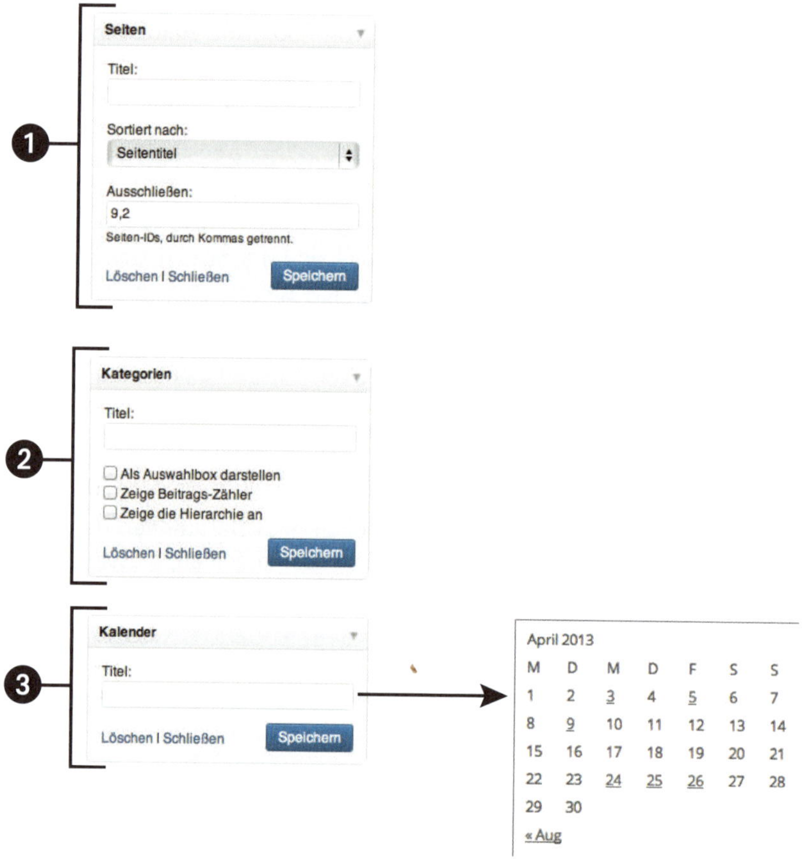
1
Seiten
Titel:
Sortiert nach:
Seitentitel
Ausschließen:
9,2
Seiten-IDs, durch Kommas getrennt.
Löschen | Schließen
Speichern
2
Kategorien
Titel:
Als Auswahlbox darstellen
Zeige Beitrags-Zähler
Zeige die Hierarchie an
Löschen | Schließen
Speichern
3
Kalender
Titel:
Löschen | Schließen
Speichern
April 2013
M D M D F S S
1 2 3 4 5 6 7
8 9 10 11 12 13 14
15 16 17 18 19 20 21
22 23 24 25 26 27 28
29 30
« Aug

# Widgets für die Präsentation von Websiteinhalten (1)

Die folgenden Widgets helfen Ihnen, Inhalte Ihrer Website besonders in Szene zu setzen:

**Seiten ❶:** Mithilfe des Seiten-Widgets listen Sie sämtliche Seiten auf, die Sie bereits veröffentlicht haben. Über das Ausklappmenü Sortiert nach entscheiden Sie, ob die Seiten nach Seitentitel, Reihenfolge der Seiten oder Seiten-ID sortiert werden sollen. Wie Sie die Reihenfolge der Seiten hierarchisieren, erfahren Sie auf Seite 159. Wenn bestimmte Seiten nicht angezeigt werden sollen, tragen Sie einfach die ID-Nummern der Seiten durch Kommata getrennt in das Ausschließen-Feld ein. Die ID einer Seite können Sie ermitteln, indem Sie die Seite im Backend aufrufen und den Link inspizieren. Die ID-Nummer der Seite wird innerhalb des Links angegeben (hier im Beispiel in Fettschrift): *http://digitalkultur.tv/wp-admin/post.php?post=**10**&action=edit*.

**Kategorien ❷:** Dieses Widget zeigt die Kategorien einer Website an. Damit eine Kategorie erscheint, muss mindestens ein Beitrag dieser Kategorie veröffentlicht worden sein. Ob die Kategorien als Links oder über ein Ausklappmenü dargestellt werden, entscheiden Sie über Als Auswahlbox darstellen. Wie viele Beiträge bereits in eine Kategorie einsortiert wurden, können Sie sich anzeigen lassen, indem Sie ein Häkchen bei Zeige Beitrags-Zähler setzen. Sollen Unterkategorien eingerückt unter der Hauptkategorie erscheinen, setzen Sie einfach ein Häkchen bei Zeige die Hierarchie an.

**Kalender ❸:** Das Kalender-Widget fügt Ihrem Webauftritt einen anklickbaren Kalender hinzu. Mit seiner Hilfe können Besucher dann datumsbasiert nach Beiträgen suchen.

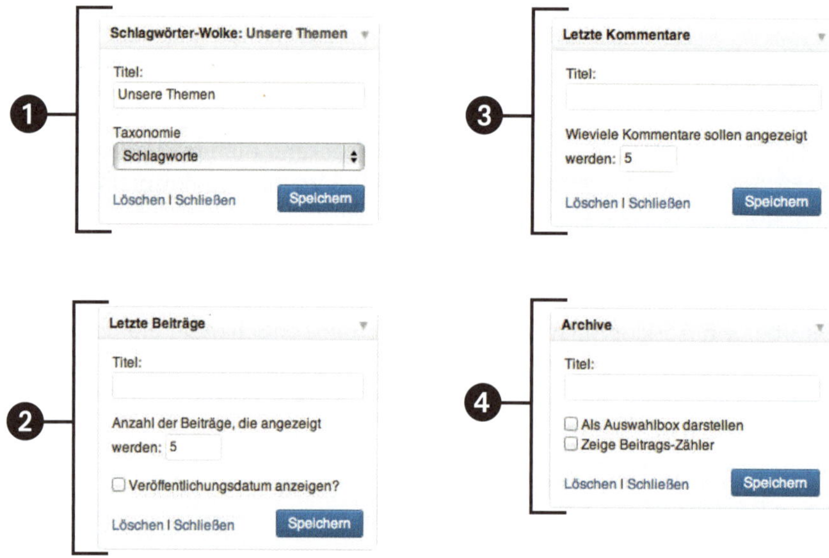
1
Schlagwörter-Wolke: Unsere Themen
Titel:
Unsere Themen
Taxonomie
Schlagworte
Löschen | Schließen
Speichern
3
Letzte Kommentare
Titel:
Wieviele Kommentare sollen angezeigt werden: 5
Löschen | Schließen
Speichern
2
Letzte Beiträge
Titel:
Anzahl der Beiträge, die angezeigt werden: 5
Veröffentlichungsdatum anzeigen?
Löschen | Schließen
Speichern
4
Archive
Titel:
Als Auswahlbox darstellen
Zeige Beitrags-Zähler
Löschen | Schließen
Speichern

# Widgets für die Präsentation von Websiteinhalten (2)

**Schlagwörter-Wolke ❶:** Dieses Widgets zeigt eine »Wolke« aus Schlagwörtern, auch **Tag Cloud** genannt, an, mit denen Sie Ihre Beiträge versehen haben. Je häufiger ein Schlagwort vergeben wurde, desto größer erscheint es auf der Website. Jedes verlinkte Schlagwort führt zur jeweiligen Schlagwortarchivseite. Optional können Sie über das Ausklappmenü auch eine Kategoriewolke anzeigen lassen.

**Letzte Beiträge ❷ und Letzte Kommentare ❸:** Diese beiden Widgets haben die gleiche Aufgabe: Sie sollen die Aktivitäten auf einer Website – vornehmlich auf einem Blog – anzeigen. Neben der optionalen Möglichkeit des Widgets Letzte Beiträge, zusätzlich noch das Veröffentlichungsdatum anzuzeigen, haben beide Widgets nur eine Einstellungsmöglichkeit: Sie können hier die Anzahl der verlinkten Beiträge/Kommentare festlegen.

**Archive ❹:** Über das Archive-Widget baut man Links zu monatsbasierten Archivseiten. Sie können mit Als Auswahlbox darstellen entscheiden, ob die Monate als Links angezeigt werden sollen oder ob der Besucher den Monat über ein Ausklappmenü auswählen kann. Wenn Sie ein Häkchen bei Zeige Beitrags-Zähler setzen, zeigt das Widget zusätzlich noch die Anzahl der Beiträge je Archivseite an.

2
1
3
START
SENDUNGEN
BLOG & NEUES
ÜBER DIGITALKULTUR.TV
KONTAKT
digitalKULTUR.TV
Digitales Leben, Internet & Technik
GEMA versus YouTube
Playlist digitalKultur.TV Season 01 (3 Videos)
Suchen
digitalKultur.TV-Newsletter
E-Mail Adresse
Abonnieren
UNSERE SENDUNGEN
GEMA versus YouTube
Wie sicher sind Daten auf Handy und Smartphone?
In unser Webvideo-Sendung digitalKultur.TV interviewen wir Internetspezialisten, Computerexperten, Hacker, Netzaktivisten, Programmierer und Künstler zum Thema Digitalität. Schau Dir alle
Text
Titel:
<div id="mailchimp_newsletter" style="border-radius: 3px; background: #44a12b; padding: 5px;" >
<form action="http://digitalkultur.us4.list-manage1.com/subscribe/post?u=8bd4d8dd963a33e4ca3ef2f64&id=a38ff6247b" method="post" id="mc-embedded-subscribe-form" name="mc-embedded-subscribe-form" target="_blank">
<label style="color: #fff; for="mce-EMAIL">digitalKultur.TV-Newsletter</label>
<input style="width: 120px;" type="email" value="" name="EMAIL" class="input-text" placeholder="E-Mail Adresse" required="">
<input type="submit" value="Abonnieren" name="subscribe" id="mc-embedded-subscribe">
</form>
</div>
Absätze automatisch hinzufügen
Löschen | Schließen
Speichern
Text: Unsere Sendungen
Titel:
Unsere Sendungen
<a href="http://digitalkultur.tv/gema-versus-youtube"><img src="http://digitalkultur.tv/wp-content/uploads/presse_s01e03_gema_versus_youtube_stephan_benn-300x168.jpg" alt="Sendung GEMA versus YouTube" width="300" height="168" class="size-medium wp-image-193" /></a>
<a href="http://digitalkultur.tv/sicherheit-daten-handy-smartphone"><img src="http://digitalkultur.tv/wp-content/uploads/presse_s01e02_pascal_kurschildgen-300x168.jpg" alt="Sendung Wie sicher sind Daten auf Handy und Smartphone?" width="300" height="168" class="size-medium wp-image-195" /></a>
<a href="http://digitalkultur.tv/facebook-datenschutz"><img src="http://digitalkultur.tv/wp-content/uploads/presse_s01e01_facebook_datenschutz-300x168.jpg" alt="Sendung Facebook Datenschutz" width="300" height="168"
Absätze automatisch hinzufügen
Löschen | Schließen
Speichern
4
5

# Text-Widget: simpel, aber großartig für die Gestaltung

Auf den ersten Blick ist das Text-Widget eher unscheinbar: Wenn man Text in das Eingabefeld eingibt, setzt WordPress den Text über das Widget an der gewünschten Stelle ein. Setzt man zusätzlich ein Häkchen bei Absätze automatisch hinzufügen, trennt das Widget Textblöcke voneinander ab.

Das Spannende an diesem Widget ist aber die Tatsache, dass Sie in das Text-Widget auch HTML-Befehle eingeben können. In der Abbildung links sehen Sie, dass unterhalb des Suche-Widgets ❶ ein Formularfeld für das Abonnement eines Newsletters eingebaut wurde ❷. Den HTML-Code für das Formular habe ich einfach von meinem Newsletter-Service übernommen, ein wenig modifiziert und in das Textfeld ❸ kopiert.

Auch die beiden Bilder ❹ wurden über ein Textfeld ❺ realisiert, denn Sie können mehrmals das gleiche Widget einem Widget-Bereich hinzufügen. Klickt ein Besucher auf eines der Bilder, öffnet sich der dazugehörige Beitrag auf der Website.

Weitere Szenarien für den Einsatz des Text-Widgets finden sich im Einbau von Bannern, und sogar Google Maps und YouTube-Videos können Sie über einen sogenannten **<iframe>** in die Website einbauen. Mehr zur Funktionsweise von iframes erfahren Sie unter *www.j.mp/html_iframe*.

## Tipp

Um einen Link im Text zu platzieren, geben Sie den folgenden HTML-Befehl in das Eingabefeld des Widgets ein: <a href="http://link.de">Linktext</a> (anstelle von »link.de« und »Linktext« müssen Sie Ihren eigenen Link und Ihren Linktext angeben). Ein Bild fügen Sie über den Befehl <img src="http://link.de/bild.jpg"> in das Text-Widget ein. Mehr zu den beiden HTML-Befehlen können Sie unter *www.j.mp/html_link* und *www.j.mp/html_bild* nachlesen.

START
SENDUNGEN
BLOG & NEUES
ÜBER DIGITALKULTUR.TV
KONTAKT
IMPRESSUM
digitalKULTUR.TV
Digitales Leben, Internet & Technik
Facebook Datenschutz – S01E03
1 Antwort
Facebook Datenschutz
Facebook Datenschutz
Video & Audio-Interview Wenn ihr wissen wollt, was Facebook so alles mit euren Daten anstellt und wie ihr euch vor Missbrauch schützen könnt, bleibt dran. Wir erklären Euch die neue Chronik und wo und wie ihr eure Privatssphäre schützt.
Leitfaden für den Datenschutz auf Facebook
• Facebook Leitfaden // http://www.digitalkultur.tv/facebook-leitfaden
• Facebook Hilfe // http://www.facebook.com/help/privacy/basic-controls
Links zur Sendung
• Gulli.com Facebooks Gesichtserkennung erneut in der Kritik
• T3n.de: Facebook: Gesichtserkennung jetzt aktiv, so schaltest du sie ab
• Spiegel.de : Schritt für Schritt: So richten Sie Facebook Chronik ein
• Heise.de: FAQ: Facebook-Chronik
• Heise.de: Gelöschte Bilder auf Facebook jahrelang online
• Bitkom: Internetnutzer verbringen die meiste Zeit in Sozialen Netzwerken
Mehr Informationen zum Thema Datenschutz »
Dieser Beitrag wurde unter Sendungen abgelegt und mit anleitung, Chronik, datenschutz, facebook, Hilfe, privatssphäre, warum Datenschutz verschlagwortet am 16. März 2012 von Moritz »mo.« Sauer. Bearbeiten
Über Moritz »mo.« Sauer
Moritz »mo.« Sauer ist Journalist, Dozent, Buchautor und Webdesigner. Als versierter Spezialist beschäftigt sich der Kölner hauptsächlich mit den Themen Internet, Kommunikation, (Online) Journalismus, Marketing, Musik und Netzkultur. Du findest »mo.« auf Twitter, Facebook und Google+.
Zeige alle Artikel von Moritz »mo.« Sauer →

# Twenty Twelve ohne Seitenleiste

Bis jetzt haben Sie sicher bereits festgestellt, wie variabel eine Website aussehen kann, die auf dem Theme Twenty Twelve basiert. Aber es gibt noch einen »Kniff«, der Ihre Website auf das Wesentliche reduziert: ein **einspaltiges Layout**, wie Sie es in der Abbildung links sehen. Einspaltige Layouts eignen sich vor allem für mobile Endgeräte und natürlich für diejenigen, die auf minimalistische Websites stehen. Denn ein einspaltiges Layout konzentriert die Aufmerksamkeit des Besuchers auf das Wichtigste: die aktuellen Inhalte.

Damit Twenty Twelve einspaltig wird, müssen Sie lediglich sämtliche Widgets aus dem oberen Widget-Bereich Haupt-Seitenleiste ziehen, und schon zentriert das Theme alle Inhalte Ihrer Website. Ausgenommen davon sind Seiten, denen Sie das Startseiten-Template zugewiesen haben.

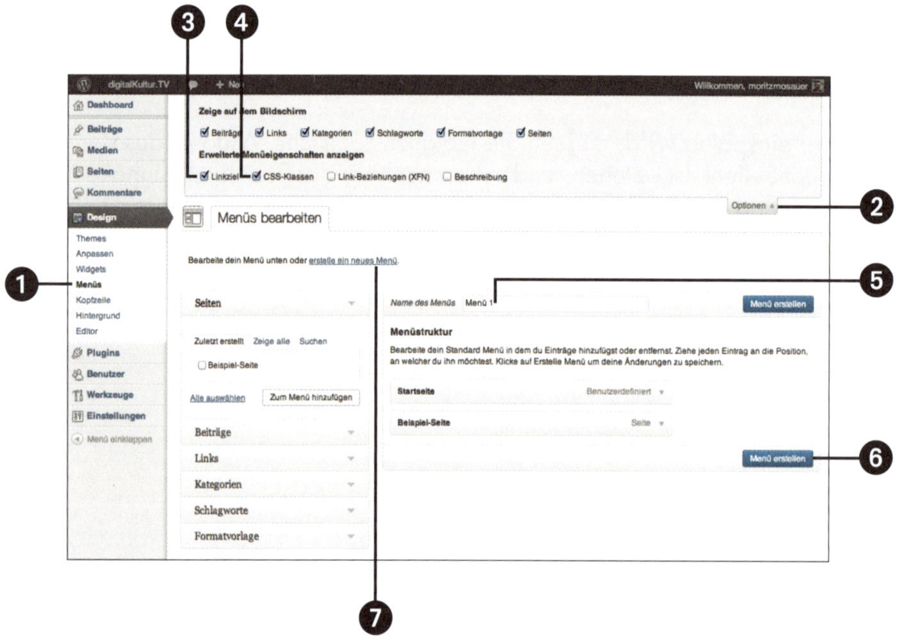

1
2
3
4
5
6
7
digitalKultur.TV
Willkommen, moritzmosauer
Dashboard
Beiträge
Medien
Seiten
Kommentare
Design
Themes
Anpassen
Widgets
Menüs
Kopfzeile
Hintergrund
Editor
Plugins
Benutzer
Werkzeuge
Einstellungen
Menü einklappen
Zeige auf dem Bildschirm
Beiträge
Links
Kategorien
Schlagworte
Formatvorlage
Seiten
Erweiterte Menüeigenschaften anzeigen
Linkziel
CSS-Klassen
Link-Beziehungen (XFN)
Beschreibung
Optionen
Menüs bearbeiten
Bearbeite dein Menü unten oder erstelle ein neues Menü.
Seiten
Zuletzt erstellt
Zeige alle
Suchen
Beispiel-Seite
Alle auswählen
Zum Menü hinzufügen
Beiträge
Links
Kategorien
Schlagworte
Formatvorlage
Name des Menüs
Menü 1
Menü erstellen
Menüstruktur
Bearbeite dein Standard Menü in dem du Einträge hinzufügst oder entfernst. Ziehe jeden Eintrag an die Position, an welcher du ihn möchtest. Klicke auf Erstelle Menü um deine Änderungen zu speichern.
Startseite
Benutzerdefiniert
Beispiel-Seite
Seite
Menü erstellen

# Menü: ein Menü für die Navigation erstellen

Über den Menüpunkt Design → Menüs ❶ erstellen Sie Navigationsmenüs für Ihre Website. Wie viele Navigationsmenüs Sie verwenden können, hängt vom jeweiligen Theme ab. So erlaubt z. B. das Oxygen-Theme (siehe Seite 225) die Positionierung von drei Menüs: einem horizontalen in der Kopfleiste, einem vertikalen in der linken Seitenleiste und einem vertikalen in der Fußzeile. Zahlreiche ältere Themes bieten Ihnen jedoch keinerlei Möglichkeit, ein Menü zu erstellen, was Sie daran erkennen, dass der Menüpunkt Menüs unter Design nicht existiert. Sie können aber ein oder mehrere Menüs auch über das Widget Individuelles Menü in einem der Widget-Bereiche platzieren (siehe dazu Seite 197).

Bevor Sie Ihr erstes Menü anlegen, müssen Sie zuvor noch die Grundsteine für die Navigationspunkte legen. Das bedeutet, dass Sie zuerst sämtliche Beiträge und Seiten anlegen, die in der Navigation auftauchen sollen. Wenn Sie auch Kategorie- und Schlagwortarchivseiten in der Navigation verlinken möchten, müssen Sie diese erst anlegen und mit Inhalten füllen bzw. die Beiträge verschlagworten (siehe dazu Seite 141).

Haben Sie die Beiträge und Seiten auf Ihrer Website veröffentlicht, können diese eingebaut werden. Um sicherzustellen, dass WordPress alle wichtigen Funktionskästen darstellt, müssen Sie diese über das Optionenpanel einblenden ❷. Denn WordPress zeigt nach der Installation nicht alle wichtigen Kästen an, was verwirrend sein kann.

Darum setzen Sie am besten die Häkchen im Optionenpanel, wie Sie es in der Abbildung links sehen. Im Feld Erweiterte Menüeigenschaften anzeigen lohnt sich nur ein Häkchen bei Linkziel ❸ und CSS-Klassen ❹. Die Option Linkziel zeigt für jeden Menüpunkt ein Extrafeld an, das den Link in einem neuen Fenster oder Tab öffnet. Ein Häkchen bei CSS-Klassen zeigt ein Extrafeld an, über das Sie dem Menüpunkt eine CSS-Klasse übergeben können. Diese Option ist nur für Webdesigner interessant, die die Navigation zusätzlich gestalten wollen.

Um ein Navigationsmenü zu erstellen, müssen Sie dem Menü über das Feld Name des Menüs ❺ einen eigenen Namen geben – für digitalKultur.TV lautet das Menü einfach Navigation. Das Menü legen Sie mit einem Klick auf die Schaltfläche Menü speichern ❻ an. Ein weiteres Menü erstellen Sie mit einem Klick auf den Link Neues Menü anlegen ❼.

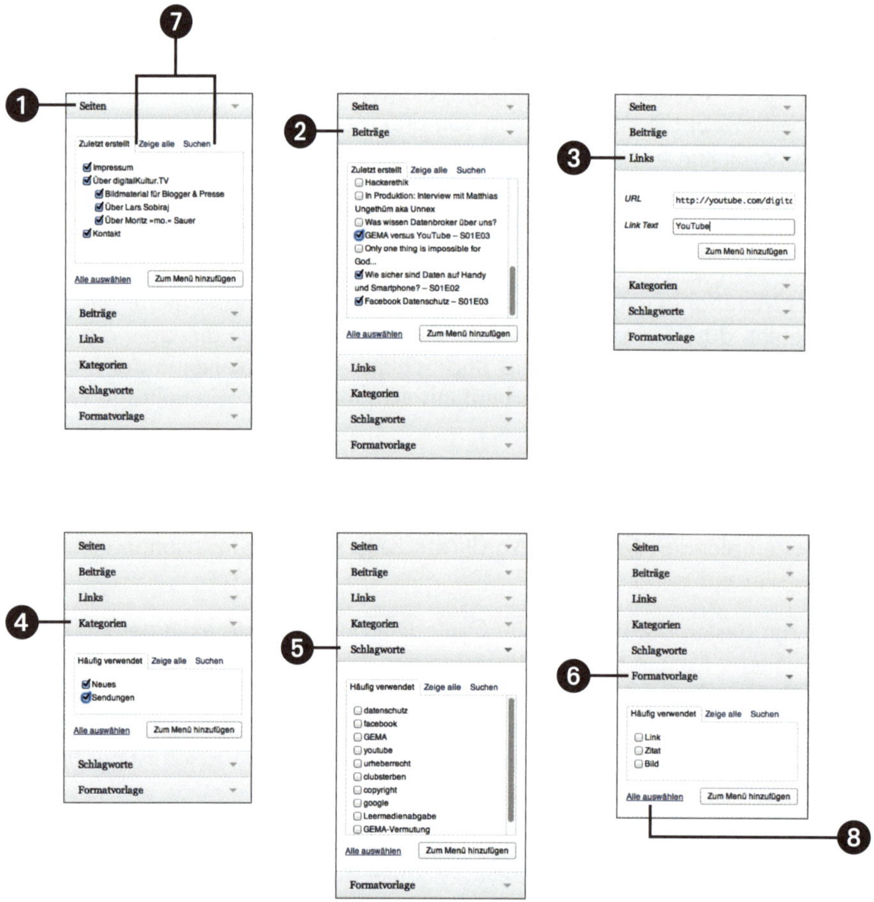
7
1
Seiten
Zuletzt erstellt
Zeige alle
Suchen
Impressum
Über digitalKultur.TV
Bildmaterial für Blogger & Presse
Über Lars Sobiraj
Über Moritz »mo.« Sauer
Kontakt
Alle auswählen
Zum Menü hinzufügen
Beiträge
Links
Kategorien
Schlagworte
Formatvorlage
2
Seiten
Beiträge
Zuletzt erstellt
Zeige alle
Suchen
Hackerethik
In Produktion: Interview mit Matthias Ungethüm aka Unnex
Was wissen Datenbroker über uns?
GEMA versus YouTube – S01E03
Only one thing is impossible for God...
Wie sicher sind Daten auf Handy und Smartphone? – S01E02
Facebook Datenschutz – S01E03
Alle auswählen
Zum Menü hinzufügen
Links
Kategorien
Schlagworte
Formatvorlage
3
Seiten
Beiträge
Links
URL
http://youtube.com/digit
Link Text
YouTube
Zum Menü hinzufügen
Kategorien
Schlagworte
Formatvorlage
4
Seiten
Beiträge
Links
Kategorien
Häufig verwendet
Zeige alle
Suchen
Neues
Sendungen
Alle auswählen
Zum Menü hinzufügen
Schlagworte
Formatvorlage
5
Seiten
Beiträge
Links
Kategorien
Schlagworte
Häufig verwendet
Zeige alle
Suchen
datenschutz
facebook
GEMA
youtube
urheberrecht
clubsterben
copyright
google
Leermedienabgabe
GEMA-Vermutung
Alle auswählen
Zum Menü hinzufügen
Formatvorlage
6
Seiten
Beiträge
Links
Kategorien
Schlagworte
Formatvorlage
Häufig verwendet
Zeige alle
Suchen
Link
Zitat
Bild
Alle auswählen
Zum Menü hinzufügen
8

# Menü: der Navigation Menüpunkte hinzufügen

Um der Navigation neue Elemente hinzuzufügen, müssen Sie erst das jeweilige Modul öffnen und füllen, um den neuen Menüpunkt mit Zum Menü hinzufügen anzulegen. Sie finden ihn dann am Ende der bereits angelegten Menüpunkte. Es stehen Ihnen folgende Elemente zur Verfügung:

**Seiten ❶:** Mittels des Seiten-Moduls fügen Sie Links zu einer oder mehreren Seiten in die Navigation ein. Wenn Sie bereits zahlreiche Seiten angelegt haben, finden Sie ältere Seiten über die Registerkarte Zeige alle oder Suchen ❼. Da für digitalKultur.TV sämtliche Seiten in der Navigation auftauchen sollen, klicke ich zuerst auf den Link Alle auswählen und dann auf Zum Menü hinzufügen.

**Beitrag ❷:** Das Beitrag-Modul funktioniert genau so wie das Seiten-Modul, nur mit dem kleinen Unterschied, dass Sie einen oder mehrere Beiträge und keine Seiten hinzufügen. Für digitalKultur.TV gibt es zu diesem Zeitpunkt drei Sendungen, die als Beiträge angelegt wurden. Bei allen drei habe ich ein Häkchen gesetzt und füge alle drei Menüpunkte gleichzeitig dem Menü hinzu. Denn ich will, dass die Sendungen direkt über die Navigation ausgewählt werden können.

**Links ❸:** Über dieses Modul erstellen Sie einen Menüpunkt, indem Sie eine URL angeben und einen Titel für den Menüpunkt festlegen. Für digitalKultur.TV ist das ein Link auf die externe YouTube-Website unter *http://youtube.com/digitalkulturtv*.

**Kategorien ❹:** Mit diesem Modul fügen Sie Links auf eine oder mehrere Kategorieseiten hinzu. Beachten Sie, dass hier nur Kategorien auftauchen, wenn bereits Beiträge in die Kategorie einsortiert wurden. Für digitalKultur.TV füge ich hier die Kategorien Neues und Sendungen der Navigation hinzu.

**Schlagworte ❺:** Mit dem Schlagwort-Modul fügen Sie Links zu den jeweiligen Schlagwortarchiven hinzu. Für digitalKultur.TV überspringe ich das Modul.

**Formatvorlage ❻:** Mit dem Formatvorlage-Modul können Sie Links auf die Archivseiten für die jeweilige Formatvorlage anlegen. Das ist z. B. dann sinnvoll, wenn das Theme eine Formatvorlage wie z. B. Bild anbietet. Nutzen Sie diese Formatvorlage für eigene Fotos, können Sie schnell eine Archivseite mit sämtlichen Bildern verlinken. Um alle Formatvorlagen anzuzeigen, klicken Sie auf Zeige alle ❽. Klicken Sie abschließend auf Menü speichern, um die Änderungen zu übernehmen.

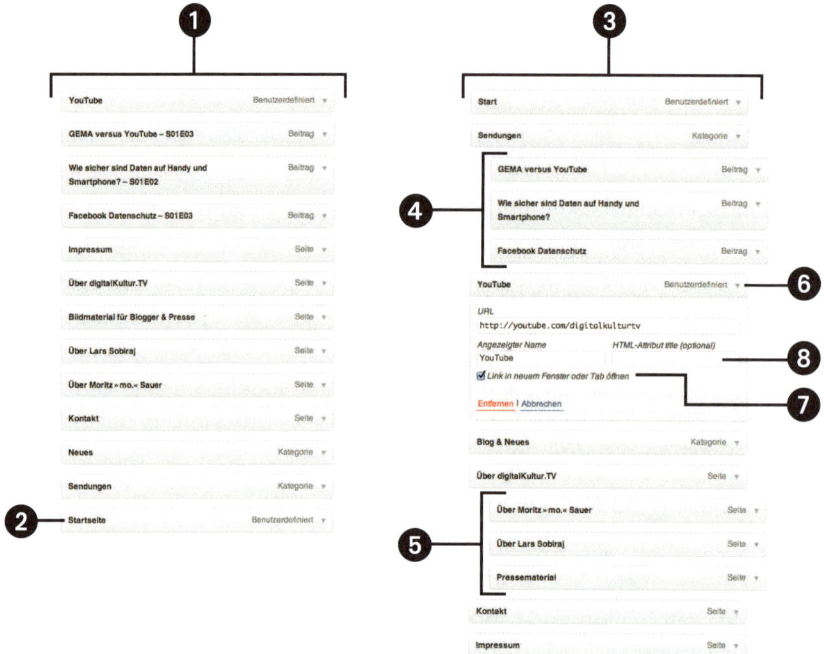
1
YouTube
Benutzerdefiniert
GEMA versus YouTube – S01E03
Beitrag
Wie sicher sind Daten auf Handy und Smartphone? – S01E02
Beitrag
Facebook Datenschutz – S01E03
Beitrag
Impressum
Seite
Über digitalKultur.TV
Seite
Bildmaterial für Blogger & Presse
Seite
Über Lars Sobiraj
Seite
Über Moritz »mo.« Sauer
Seite
Kontakt
Seite
Neues
Kategorie
Sendungen
Kategorie
2
Startseite
Benutzerdefiniert
3
Start
Benutzerdefiniert
Sendungen
Kategorie
4
GEMA versus YouTube
Beitrag
Wie sicher sind Daten auf Handy und Smartphone?
Beitrag
Facebook Datenschutz
Beitrag
YouTube
Benutzerdefiniert
6
URL
http://youtube.com/digitalkulturtv
Angezeigter Name
YouTube
HTML-Attribut title (optional)
8
Link in neuem Fenster oder Tab öffnen
7
Entfernen | Abbrechen
Blog & Neues
Kategorie
Über digitalKultur.TV
Seite
5
Über Moritz »mo.« Sauer
Seite
Über Lars Sobiraj
Seite
Pressematerial
Seite
Kontakt
Seite
Impressum
Seite

# Menü: Navigationspunkte sortieren und in die Website einfügen

In der Abbildung sehen Sie links das Menü, wie ich es auf der vorherigen Seite für digitalKultur.TV erstellt habe ❶. Dazugekommen ist noch ein weiterer Menüpunkt namens Startseite ❷. Rechts sehen Sie die sortierte fertige Navigation mit Menüpunkten, die eingerückt sind ❸. Außerdem habe ich einige Menüpunkte umbenannt, um Platz zu sparen und die Menüpunkte eindeutiger zu machen.

Die Navigationspunkte eines Menüs sortieren Sie ganz leicht, indem Sie mit dem Mauszeiger über den jeweiligen Menüpunkt fahren. Dann verwandelt sich der Mauszeiger in ein Steuerkreuz, und wenn Sie mit der linken Maustaste auf den Menüpunkt klicken und die Taste festhalten, können Sie anschließend den Menüpunkt an die gewünschte Stelle ziehen.

Menüpunkte können Sie nach rechts einrücken, wie Sie es bei Sendungen ❹ und Über digitalKultur.TV ❺ sehen. Dadurch hierarchisieren Sie die Navigation und konstruieren Unterpunkte für einen Menüpunkt. Beim Theme Twenty Twelve (wie bei vielen anderen Themes auch) erstellen Sie so Ausklappmenüs für eine Navigation.

Über den kleinen Pfeil nach unten ❻ klappen Sie die Einstellungsmöglichkeiten für den jeweiligen Menüpunkt aus. Haben Sie im Optionenpanel ein Häkchen bei Linkziel gesetzt, zeigt WordPress die Option Link in neuem Fenster oder Tab öffnen ❼ an. Im Beispiel habe ich für den Link auf die YouTube-Seite ein Häkchen gesetzt, damit sich die YouTube-Seite in einem neuen Fenster bzw. Tab öffnet. Das Feld HTML-Attribut title (optional) ❽ ist wahlweise auszufüllen. Wenn Sie es tun, profitieren vor allem diejenigen Besucher davon, die mit einem Browser für Sehbehinderte oder Blinde surfen und denen das Programm die Links vorliest.

Haben Sie Ihr Menü sortiert, sichern Sie die Einstellungen mit einem abschließenden Klick auf Menü speichern ab.

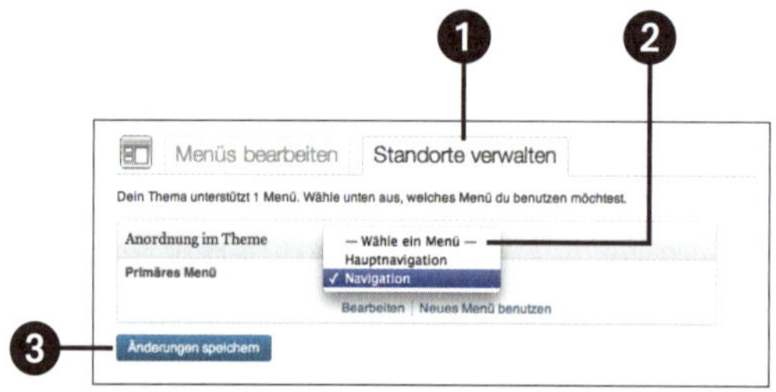
1
2
3
Menüs bearbeiten
Standorte verwalten
Dein Thema unterstützt 1 Menü. Wähle unten aus, welches Menü du benutzen möchtest.
Anordnung im Theme
— Wähle ein Menü —
Hauptnavigation
✓ Navigation
Primäres Menü
Bearbeiten
Neues Menü benutzen
Änderungen speichern

# Menü: das Menü einem Bereich zuordnen

Wenn Sie das Menü fertiggestellt haben, müssen Sie es im letzten Schritt noch der Stelle zuordnen, an der es untergebracht werden soll. Wie bereits erwähnt, kann es auch mehrere Stellen im Theme geben, an denen Sie ein Menü platzieren können. Das Theme Twenty Twelve bietet aber lediglich eine Position an, an der Sie das Menü unterbringen können: **als horizontales Menü in der Kopfleiste**.

Um das Menü einem Bereich zuzuweisen, wählen Sie das Register Anordnung im Theme (Manage Locations) ❶. Wählen Sie im nächsten Schritt das Menü über das Ausklappmenü ❷ aus, das WordPress anzeigen soll. Klicken Sie zum Schluss auf Speichern ❸ und überprüfen Sie das Resultat auf der Website.

## Hinweis

Sie können das Menü auch nachträglich bearbeiten, wenn Sie es bereits einer Stelle zugewiesen haben. WordPress aktualisiert das Menü automatisch mit jeder neuen Änderung.

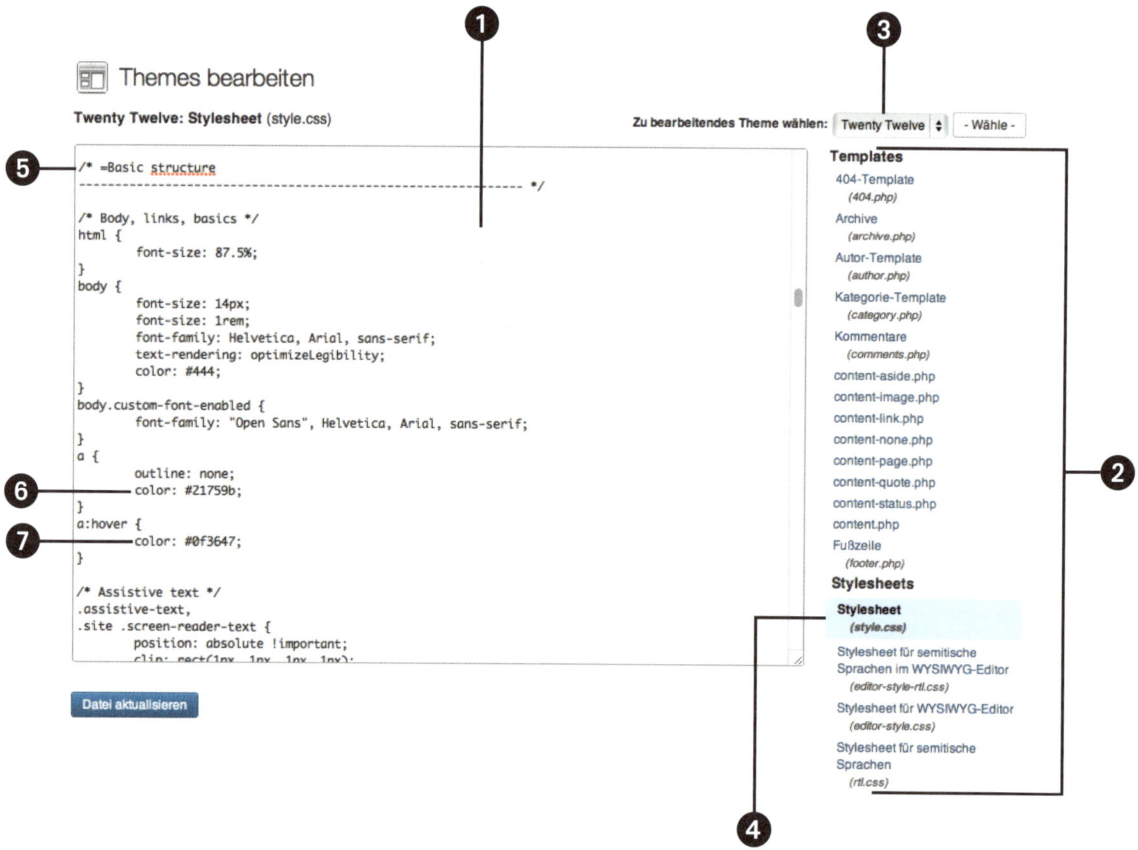
Themes bearbeiten
Twenty Twelve: Stylesheet (style.css)
Zu bearbeitendes Theme wählen: Twenty Twelve - Wähle -
/* =Basic structure
------------------------------------------------------------ */
/* Body, links, basics */
html {
font-size: 87.5%;
}
body {
font-size: 14px;
font-size: 1rem;
font-family: Helvetica, Arial, sans-serif;
text-rendering: optimizeLegibility;
color: #444;
}
body.custom-font-enabled {
font-family: "Open Sans", Helvetica, Arial, sans-serif;
}
a {
outline: none;
color: #21759b;
}
a:hover {
color: #0f3647;
}
/* Assistive text */
.assistive-text,
.site .screen-reader-text {
position: absolute !important;
Datei aktualisieren
Templates
404-Template
(404.php)
Archive
(archive.php)
Autor-Template
(author.php)
Kategorie-Template
(category.php)
Kommentare
(comments.php)
content-aside.php
content-image.php
content-link.php
content-none.php
content-page.php
content-quote.php
content-status.php
content.php
Fußzeile
(footer.php)
Stylesheets
Stylesheet
(style.css)
Stylesheet für semitische Sprachen im WYSIWYG-Editor
(editor-style-rtl.css)
Stylesheet für WYSIWYG-Editor
(editor-style.css)
Stylesheet für semitische Sprachen
(rtl.css)
1
2
3
4
5
6
7

# Der HTML- und CSS-Editor von WordPress

Ein Theme besteht aus mehreren Templates, Grafiken, Stilvorgaben (CSS) und Funktionen. Ein **Template** ist eine Art Schablone, die mit Inhalten aus der Datenbank gefüllt wird. Es bestimmt z. B., an welcher Stelle Titel und Slogan angezeigt werden oder wo Inhalte von Widgets einfließen. Templates können Sie direkt in WordPress mit dem rudimentären Editor für Templates (Design → Editor) editieren.

Der Editor teilt sich in zwei Bereiche auf: das Eingabefeld ❶ und die Seitenleiste ❷. Während Sie über das Eingabefeld den Code bearbeiten können, wählen Sie im Ausklappmenü ❸ ein Theme aus, dessen Templates Sie bearbeiten wollen. Öffnen Sie den Editor zum ersten Mal, wählt WordPress automatisch das bereits aktive Theme für die Bearbeitung aus. Da das Theme Twenty Twelve keine Optionen bietet, mit denen die blaue Linkfarbe geändert werden kann, zeige ich Ihnen im Folgenden, wie Sie die **Farbe der Links im Fließtext** mittels des Editors ändern.

1. Sofern das Theme Twenty Twelve noch nicht ausgewählt ist, wählen Sie es über das Ausklappmenü aus und klicken auf die Schaltfläche Wähle.
2. Suchen Sie in der Seitenleiste weiter unten unter Stylesheets die Datei style.css ❹.
3. Klicken Sie in das Editorfeld und suchen Sie die Zeile Basic structure ❺.
4. Ändern Sie den Parameter color: #21759b; in color: #339933; ❻ und den Parameter color: #0f3647; in color: #99cc33; ❼.
5. Speichern Sie das veränderte Template mit einem Klick auf die Schaltfläche Datei aktualisieren.
6. Herzlichen Glückwunsch, Sie haben jetzt grüne Links, die noch grüner werden, wenn Sie mit der Maus darüberfahren.

## Tipp

Um eigene Farben bzw. Farbwerte zu finden, besuchen Sie mal *www.phlow.de/farben*. Dort finden Sie eine Auswahl an Onlineservices, um Farben und Farbpaletten zu erstellen.

# Kapitel 7 | Eine Auswahl hochwertiger Themes

Die Klasse und Masse kostenloser WordPress-Themes im Web ist atemberaubend. In diesem Kapitel möchte ich Ihnen sieben **kostenlose Themes** vorstellen, die sich jeweils für eine bestimmte Art von Webprojekt eignen. Mit Ausnahme von Touchfolio finden Sie alle Themes unter *www.wordpress.org/themes*. Dort warten außerdem weitere 1.756 Themes darauf, von Ihnen entdeckt zu werden.

Sollten Sie bei der Wahl eines Themes für Ihren eigenen Webauftritt dort nicht fündig werden und Wert auf Support und eine ausführliche Anleitung legen, dann sind **Premium Themes** für Sie die richtige Wahl. Darunter versteht man kostenpflichtige Themes, die in der Regel schon für 10 bis 30 € zu haben sind. Ein Vorzug dieser Themes liegt darin, dass Sie zahlreiche Optionen an die Hand bekommen, um das Design Ihren Bedürfnissen anzupassen. Neben einer editierbaren Photoshop-Datei sind das oftmals zahlreiche Einstellmöglichkeiten, auf die Sie direkt im Backend von WordPress zugreifen können. Viele Premium-Themes sind darüber hinaus suchmaschinenoptimiert.

Anbieter von Premium Themes gibt es viele. Sie werden auf katalogähnlichen Seiten wie *www.themeforest.net*, *www.woothemes.com*, *http://my.studiopress.com/themes/* oder *http://www.elegantthemes.com* gesammelt und vertrieben.

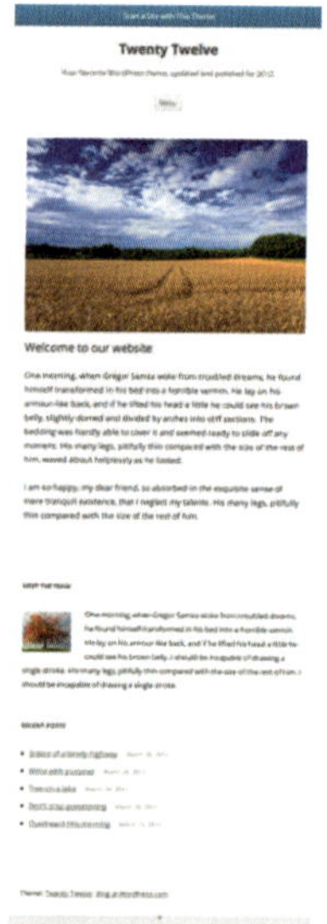
Twenty Twelve
Welcome to our website

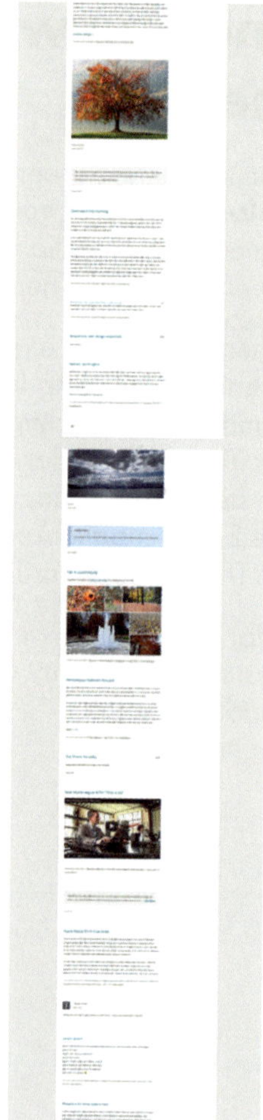

# Twenty Twelve: schlicht, luftig, variabel

Für das Beispielprojekt habe ich mich aus mehreren Gründen für das derzeitige Standard-Theme Twenty Twelve entschieden. Zum einen sieht es auf jedem Bildschirm gut aus. Ob **Desktopcomputer**, **Tablet** oder **Smartphone**, das Webdesign von Twenty Twelve passt sich automatisch an die Größe des Bildschirms an. Dieses sogenannte **Responsive Webdesign** reagiert flexibel auf verschiedene Browserfenstergrößen. So verwandelt sich z. B. die Navigation in ein Drop-down-Menü, wenn das Browserfenster zu schmal wird, und auch die Spaltenbreite passt sich an (siehe Bild 2). Das Verhalten können Sie auf der Demowebsite *http://twentytwelvedemo.wordpress.com* an Ihrem Rechner einfach testen, indem Sie das Fenster langsam verkleinern.

Ein weiteres Plus ist die Möglichkeit, die Startseite in eine Begrüßungsseite bzw. Portfoliowebseite zu verändern. Diese Funktion nutze ich für digitalKultur.TV, um Besuchern das Projekt erst einmal vorzustellen. Wie es mittlerweile bei vielen Themes Standard ist, lassen sich Kopfgrafik sowie Hintergrundbild und -farbe unkompliziert ändern. Dickes Minus ist, dass man die Linkfarbe über die Theme-Optionen nicht ändern kann. Wer es gern puristisch mag, kann Twenty Twelve auch als einspaltiges Theme nutzen. Dazu löscht man einfach die Widgets aus der Seitenleiste (siehe dazu Seite 195).

## Hinweis

Weitere wichtige Fakten: Die Hauptspalte ist entweder maximal 625 Pixel oder in der vollen Breite 960 Pixel breit. Die Seitenleiste hat eine Breite von 250 Pixeln. Das Beitragsbild ist 624 Pixel breit und in der Höhe flexibel. Weitere Informationen zum Theme finden Sie unter *http://theme.wordpress.com/themes/twentytwelve/*.

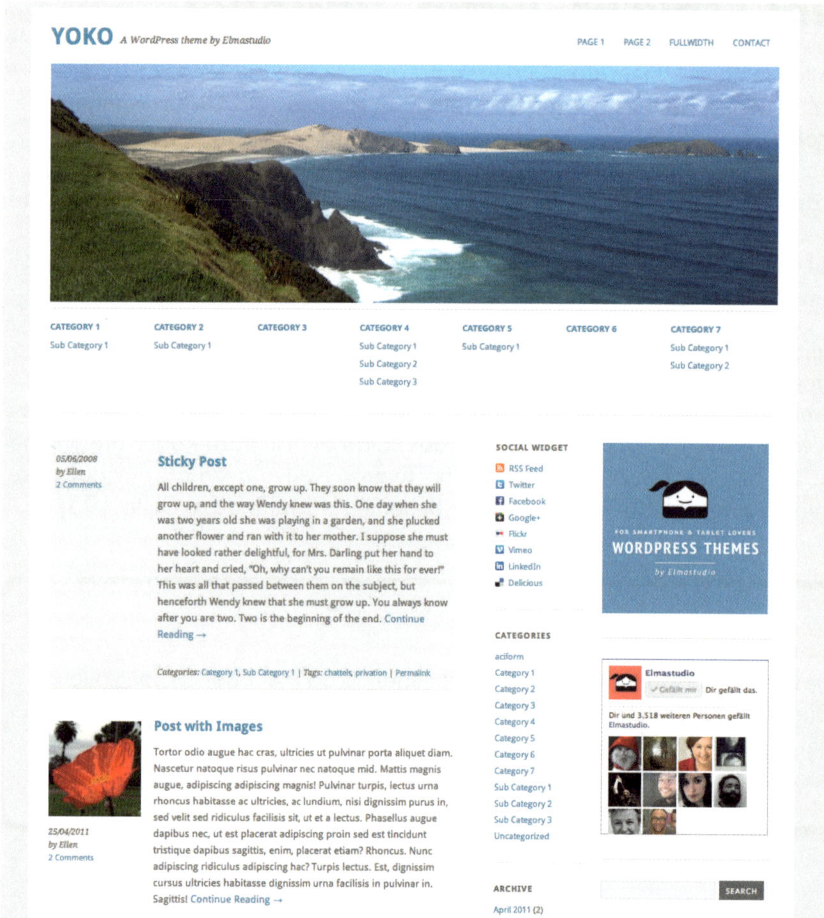
YOKO A WordPress theme by Elmastudio
PAGE 1 PAGE 2 FULLWIDTH CONTACT
CATEGORY 1
Sub Category 1
CATEGORY 2
Sub Category 1
CATEGORY 3
CATEGORY 4
Sub Category 1
Sub Category 2
Sub Category 3
CATEGORY 5
Sub Category 1
CATEGORY 6
CATEGORY 7
Sub Category 1
Sub Category 2
05/06/2008
by Ellen
2 Comments
Sticky Post
All children, except one, grow up. They soon know that they will grow up, and the way Wendy knew was this. One day when she was two years old she was playing in a garden, and she plucked another flower and ran with it to her mother. I suppose she must have looked rather delightful, for Mrs. Darling put her hand to her heart and cried, "Oh, why can't you remain like this for ever!" This was all that passed between them on the subject, but henceforth Wendy knew that she must grow up. You always know after you are two. Two is the beginning of the end. Continue Reading →
Categories: Category 1, Sub Category 1 | Tags: chattels, privation | Permalink
Post with Images
Tortor odio augue hac cras, ultricies ut pulvinar porta aliquet diam. Nascetur natoque risus pulvinar nec natoque mid. Mattis magnis augue, adipiscing adipiscing magnis! Pulvinar turpis, lectus urna rhoncus habitasse ac ultricies, ac lundium, nisi dignissim purus in, sed velit sed ridiculus facilisis sit, ut et a lectus. Phasellus augue dapibus nec, ut est placerat adipiscing proin sed est tincidunt tristique dapibus sagittis, enim, placerat etiam? Rhoncus. Nunc adipiscing ridiculus adipiscing hac? Turpis lectus. Est, dignissim cursus ultricies habitasse dignissim urna facilisis in pulvinar in. Sagittis! Continue Reading →
25/04/2011
by Ellen
2 Comments
SOCIAL WIDGET
RSS Feed
Twitter
Facebook
Google+
Flickr
Vimeo
LinkedIn
Delicious
FOR SMARTPHONE & TABLET LOVERS
WORDPRESS THEMES
by Elmastudio
CATEGORIES
aciform
Category 1
Category 2
Category 3
Category 4
Category 5
Category 6
Category 7
Sub Category 1
Sub Category 2
Sub Category 3
Uncategorized
Elmastudio
Gefällt mir Dir gefällt das.
Dir und 3.518 weiteren Personen gefällt Elmastudio.
ARCHIVE
April 2011 (2)
SEARCH

PAGE 1 PAGE 2 FULLWIDTH CONTACT
YOKO
A WordPress theme by Elmastudio
CATEGORY 1
CATEGORY 2
CATEGORY 3
CATEGORY 4
CATEGORY 5
CATEGORY 6
CATEGORY 7
CATEGORY ARCHIVES: CATEGORY 1
Post with Images
Tortor odio augue hac cras, ultricies ut pulvinar porta aliquet diam. Nascetur natoque risus pulvinar nec natoque mid. Mattis magnis augue, adipiscing adipiscing magnis! Pulvinar turpis, lectus urna rhoncus habitasse ac ultricies, ac lundium, nisi dignissim purus in, sed velit …
Continue reading →
Categories: Category 1 | Tags: Holiday, Images, New Zealand | Permalink
This is a really great link tip using the link post format →
Categories: Category 1, Category 5 | Tags: Link-Tip, Post Formats | Permalink
Sticky Post
All children, except one, grow up. They soon know that they will grow up, and the way Wendy knew was this. One day when she was two years old she was playing in a garden, and she plucked another flower … Continue reading →

# Yoko: elegant & responsive

Yoko ist ein kostenloses Blog-Theme, das sich sehr gut für Blogs und Magazine eignet. Anstelle des typischen zweispaltigen Bloglayouts kommt Yoko mit drei Spalten daher. Zwar ist die mittlere Spalte ein wenig schmal, aber sie bietet für Social Media-Links samt Icons und Kategorien genügend Platz.

Yoko unterscheidet sich von anderen Themes besonders durch das zweite Menü direkt unterhalb der Kopfgrafik. Über dieses Navigationselement kann man hervorragend Besucher leiten und ihnen eine hierarchische Übersicht über die angebotenen Inhalte bieten.

Wie alle Themes der beiden deutschen WordPress-Entwickler Ellen Bauer und Manuel Esposito basiert auch Yoko auf einem Responsive Webdesign. Aber nicht nur das Theme ist in Deutsch, sondern auch die umfangreiche Dokumentation, die einem hilft, das Theme passgenau auf die eigenen Bedürfnisse zuzuschneiden.

| **Vorteile** |
| --- |
| Deutsches Theme |
| Umfangreiche PDF-Dokumentation mit Videoanleitungen |
| Außergewöhnliche Navigationsleiste |

- Download: *http://wordpress.org/extend/themes/yoko*
- Demonstration: *http://yoko.elmastudio.de/*
- Anleitung und Informationen: *http://www.elmastudio.de/wordpress-themes/yoko/*

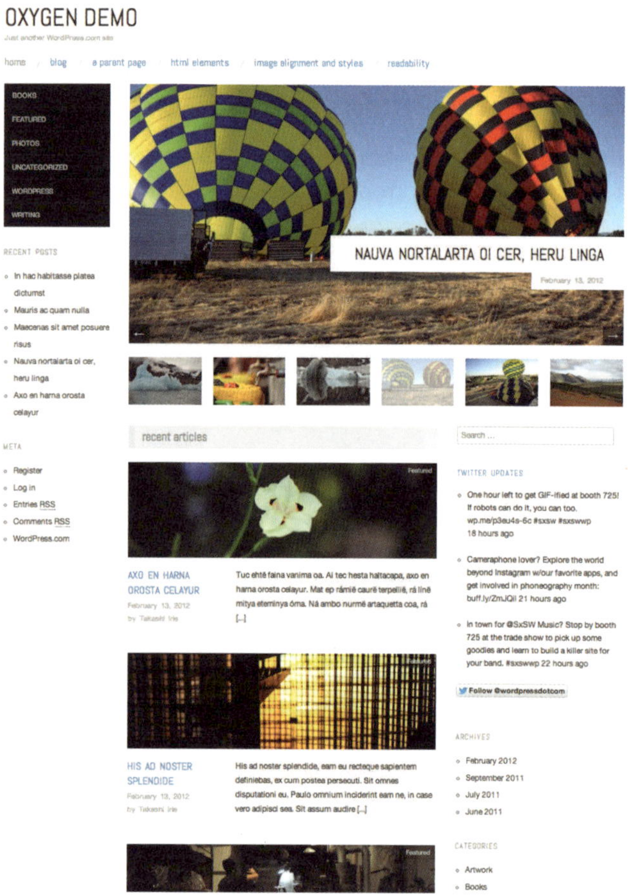
OXYGEN DEMO
Just another WordPress.com site
home / blog / a parent page / html elements / image alignment and styles / readability
BOOKS
FEATURED
PHOTOS
UNCATEGORIZED
WORDPRESS
WRITING
NAUVA NORTALARTA OI CER, HERU LINGA
February 13, 2012
RECENT POSTS
In hac habitasse platea dictumst
Mauris ac quam nulla
Maecenas sit amet posuere risus
Nauva nortalarta oi cer, heru linga
Axo en harna orosta celayur
META
Register
Log in
Entries RSS
Comments RSS
WordPress.com
recent articles
Search ...
Featured
AXO EN HARNA OROSTA CELAYUR
February 13, 2012
by Takashi Irie
Tuc ehtë faina vanima oa. Ai tec hesta haltacapa, axo en harna orosta celayur. Mat ep rámië caurë terpellië, rá linë mitya eteminya óma. Ná ambo nurmë artaquetta coa, rá [...]
TWITTER UPDATES
One hour left to get GIF-ified at booth 725! If robots can do it, you can too. wp.me/p3eu4s-6c #sxsw #sxswwp 18 hours ago
Cameraphone lover? Explore the world beyond Instagram w/our favorite apps, and get involved in phoneography month: buff.ly/ZmJQiI 21 hours ago
In town for @SxSW Music? Stop by booth 725 at the trade show to pick up some goodies and learn to build a killer site for your band. #sxswwp 22 hours ago
Follow @wordpressdotcom
Featured
HIS AD NOSTER SPLENDIDE
February 13, 2012
by Takashi Irie
His ad noster splendide, eam eu recteque sapientem definiebas, ex cum postea persecuti. Sit omnes disputationi eu. Paulo omnium inciderint eam ne, in case vero adipisci sea. Sit assum audire [...]
ARCHIVES
February 2012
September 2011
July 2011
June 2011
Featured
CATEGORIES
Artwork
Books

OXYGEN DEMO
Just another WordPress.com site
Main Menu
NAUVA NORTALARTA OI CER, HERU LINGA
February 13, 2012
recent articles
Featured
AXO EN HARNA OROSTA CELAYUR
February 13, 2012
by Takashi Irie
Tuc ehtë faina vanima oa. Ai tec hesta haltacapa, axo en harna orosta celayur. Mat ep rámië caurë terpellië, rá linë mitya eteminya óma. Ná ambo nurmë artaquetta coa, rá [...]
Featured
HIS AD NOSTER SPLENDIDE
February 13, 2012
by Takashi Irie
His ad noster splendide, eam eu recteque sapientem definiebas, ex cum postea persecuti. Sit omnes disputationi eu. Paulo omnium inciderint eam ne, in case vero adipisci sea. Sit assum audire [...]
Featured
CU VIDE ALBUCIUS EURIPIDIS PRI
February 13, 2012
by Takashi Irie
Ne sit ipsum mellus ponderum, an duo quam saperet deleniti, definitiones mediocritatem in qui. Dicat debitis argumentum ne eam, ad per odio efficiendi definitionem. Quem habeo qui ei, legere vivendum [...]

# Oxygen: für größere Blogs und Webprojekte

Das ebenfalls kostenlose Theme präsentiert sich ausgesprochen luftig und eignet sich besonders für ein Blog oder größere Projekte mit bis zu sieben verschiedenen Widget-Bereichen. Entscheiden Sie sich gegen das traditionelle Blogformat mit einer Startseite, die die Beiträge auflistet, können Sie Ihre Inhalte mithilfe einer Bildbühne edel ins rechte Licht rücken. Dazu bietet Oxygen extra ein sogenanntes **Showcase Page-Template**. Mit diesem Template können Sie maximal sechs Artikel über den Slider (d. h. eine Bildlaufleiste) darstellen. Und so nutzen Sie das Showcase-Template:

1. Heben Sie maximal sechs Artikel als Sticky Post hervor (siehe dazu Seite 135).
2. Erstellen Sie eine neue Seite und wählen Sie als Grundlage für die Seite das Showcase Page-Template.
3. Speichern Sie die Seite mit einem Titel ab.
4. Öffnen Sie Einstellungen → Lesen und wählen Sie die zuvor erstellte Seite aus.

Neben dem Slider können Sie die Startseite außerdem mithilfe der sieben verschiedenen Widget-Bereiche nach Ihren Wünschen gestalten. Dazu unterstützt Oxygen die Menüfunktion und ermöglicht drei benutzerdefinierte Navigationsmenüs.

| Vorteile | Nachteile |
|---|---|
| 13 Schriftarten zur Auswahl | Keine deutsche Version |
| Bildbühne | |
| Sehr flexibel anpassbar | |

- Download: *http://wordpress.org/extend/themes/oxygen*
- Demonstration: *http://oxygendemo.wordpress.com/*
- Anleitung und Informationen: *http://theme.wordpress.com/themes/oxygen/*

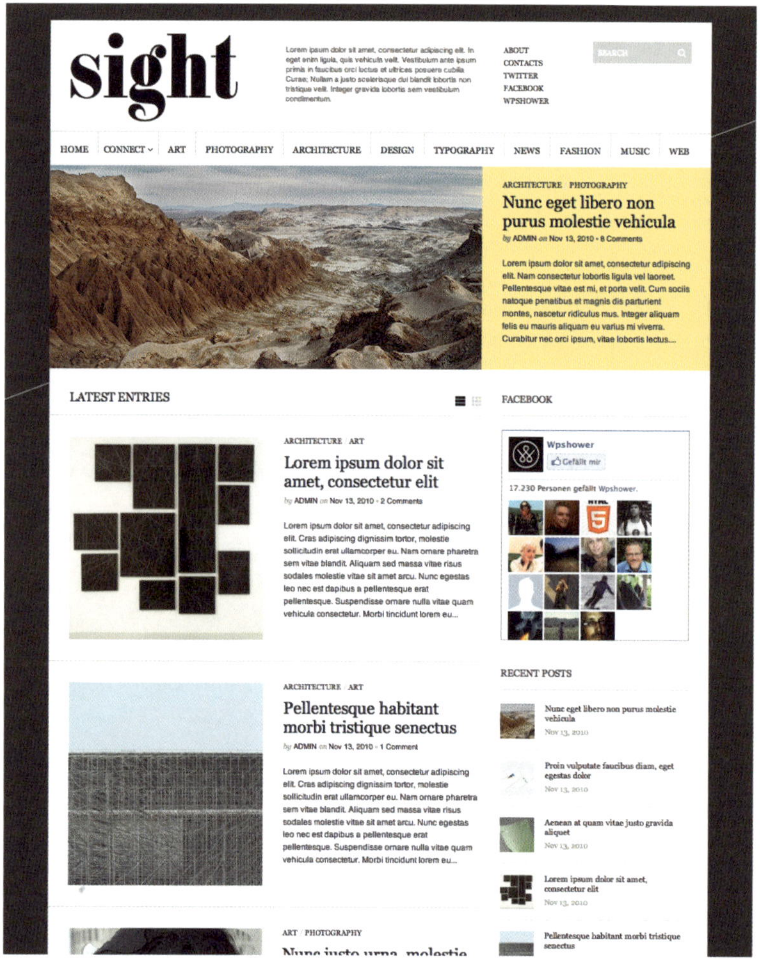
sight
Lorem ipsum dolor sit amet, consectetur adipiscing elit. In eget enim ligula, quis vehicula velit. Vestibulum ante ipsum primis in faucibus orci luctus et ultrices posuere cubilia Curae; Nullam a justo scelerisque dui blandit lobortis non tristique velit. Integer gravida lobortis sem vestibulum condimentum.
ABOUT
CONTACTS
TWITTER
FACEBOOK
WPSHOWER
HOME
CONNECT
ART
PHOTOGRAPHY
ARCHITECTURE
DESIGN
TYPOGRAPHY
NEWS
FASHION
MUSIC
WEB
ARCHITECTURE / PHOTOGRAPHY
Nunc eget libero non purus molestie vehicula
by ADMIN on Nov 13, 2010 • 8 Comments
Lorem ipsum dolor sit amet, consectetur adipiscing elit. Nam consectetur lobortis ligula vel laoreet. Pellentesque vitae est mi, et porta velit. Cum sociis natoque penatibus et magnis dis parturient montes, nascetur ridiculus mus. Integer aliquam felis eu mauris aliquam eu varius mi viverra. Curabitur nec orci ipsum, vitae lobortis lectus....
LATEST ENTRIES
FACEBOOK
Wpshower
Gefällt mir
17.230 Personen gefällt Wpshower.
ARCHITECTURE / ART
Lorem ipsum dolor sit amet, consectetur elit
by ADMIN on Nov 13, 2010 • 2 Comments
Lorem ipsum dolor sit amet, consectetur adipiscing elit. Cras adipiscing dignissim tortor, molestie sollicitudin erat ullamcorper eu. Nam ornare pharetra sem vitae blandit. Aliquam sed massa vitae risus sodales molestie vitae sit amet arcu. Nunc egestas leo nec est dapibus a pellentesque erat pellentesque. Suspendisse ornare nulla vitae quam vehicula consectetur. Morbi tincidunt lorem eu...
RECENT POSTS
ARCHITECTURE / ART
Pellentesque habitant morbi tristique senectus
by ADMIN on Nov 13, 2010 • 1 Comment
Lorem ipsum dolor sit amet, consectetur adipiscing elit. Cras adipiscing dignissim tortor, molestie sollicitudin erat ullamcorper eu. Nam ornare pharetra sem vitae blandit. Aliquam sed massa vitae risus sodales molestie vitae sit amet arcu. Nunc egestas leo nec est dapibus a pellentesque erat pellentesque. Suspendisse ornare nulla vitae quam vehicula consectetur. Morbi tincidunt lorem eu...
Nunc eget libero non purus molestie vehicula
Nov 13, 2010
Proin vulputate faucibus diam, eget egestas dolor
Nov 13, 2010
Aenean at quam vitae justo gravida aliquet
Nov 13, 2010
Lorem ipsum dolor sit amet, consectetur elit
Nov 13, 2010
Pellentesque habitant morbi tristique senectus
ART / PHOTOGRAPHY

# Sight: für Großprojekte und edle Magazine

Das Sight-Theme eignet sich hervorragend, um ein edel aufgemachtes Blog mit vielen Bildern oder ein Magazin zu realisieren. Unkompliziert ändert man das Logo samt Hintergrund und passt anschließend die Seitenleiste an. Das Theme erweitert die Standard-Widgets um zwei zusätzliche Widgets. Die Sight-Widgets helfen dabei, schnell Links zu anderen Social Media-Plattformen einzubauen.

Nutzt man Sight auf WordPress.com, ist es responsive. In der Downloadvariante fehlt diese Funktionalität, was ein wenig ärgerlich ist. Nutzt man jedoch den Slider und baut zahlreiche Bilder ein, lohnt es sich, darüber nachzudenken, ein Extra-Theme für mobile Geräte anzubieten – z. B. mittels des Plugins **WPtouch** (*http://wordpress.org/extend/plugins/wptouch/*).

| Vorteile | Nachteile |
|---|---|
| Logo kann ausgetauscht werden | Keine deutschsprachige Version |
| Theme lädt Inhalte automatisch nach | Kein Responsive Webdesign |
| Bildbühne | |
| Zusätzliche Widgets für Social Media-Anbindung | |
| Zwei verschiedene Ansichten für Index- und Archivseite | |

- Download: *http://wpshower.com/themes/sight/*
- Demonstration: *http://sight.wpshower.com/*
- Anleitung und Informationen: *http://theme.wordpress.com/themes/sight/*
- Videodemonstration: *https://vimeo.com/16974741*

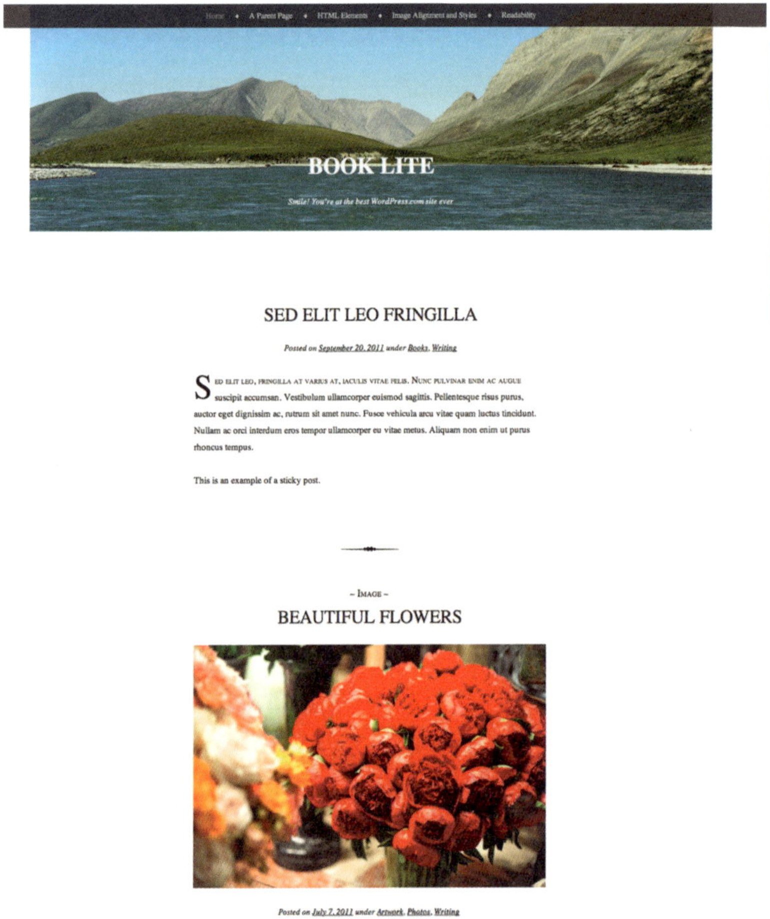
Home • A Parent Page • HTML Elements • Image Alignment and Styles • Readability
BOOK LITE
Smile! You're at the best WordPress.com site ever
SED ELIT LEO FRINGILLA
Posted on September 20, 2011 under Books, Writing
Sed elit leo, fringilla at varius at, iaculis vitae felis. Nunc pulvinar enim ac augue suscipit accumsan. Vestibulum ullamcorper euismod sagittis. Pellentesque risus purus, auctor eget dignissim ac, rutrum sit amet nunc. Fusce vehicula arcu vitae quam luctus tincidunt. Nullam ac orci interdum eros tempor ullamcorper eu vitae metus. Aliquam non enim ut purus rhoncus tempus.
This is an example of a sticky post.
~ Image ~
BEAUTIFUL FLOWERS
Posted on July 7, 2011 under Artwork, Photos, Writing

MENU
BOOK LITE
Smile! You're at the best WordPress.com site ever
SED ELIT LEO FRINGILLA
Posted on September 20, 2011 under Books, Writing
Sed elit leo, fringilla at varius at, iaculis vitae felis. Nunc pulvinar enim ac augue suscipit accumsan. Vestibulum ullamcorper euismod sagittis. Pellentesque risus purus, auctor eget dignissim ac, rutrum sit amet nunc. Fusce vehicula arcu vitae quam luctus tincidunt. Nullam ac orci interdum eros tempor ullamcorper eu vitae metus. Aliquam non enim ut purus rhoncus tempus.
This is an example of a sticky post.
~ Image ~
BEAUTIFUL FLOWERS

# Book Lite: großes Kopfzeilenbild, einspaltig, edle Typografie

Die Designidee hinter Book Lite ist das gute alte Buch. Darum präsentiert sich Book Lite als einspaltiges Theme, das besonders durch seine wunderbare Typografie und das riesige Kopfzeilenbild besticht. Book Lite richtet sich an Autoren, die gern viel schreiben und im Textfluss großformatige Bilder unterbringen möchten. Das Theme basiert auf einem Responsive Webdesign und sieht auf allen Geräten edel aus.

| Vorteile | Nachteile |
|---|---|
| Großformatiges Kopfzeilenbild | Keine deutsche Version |
| Edle Typografie | Wenige Theme-Optionen |

- Download: *http://wordpress.org/extend/themes/book-lite*
- Demonstration: *http://booklitedemo.wordpress.com/*
- Anleitung und Informationen: *http://wordpress.org/extend/themes/book-lite*

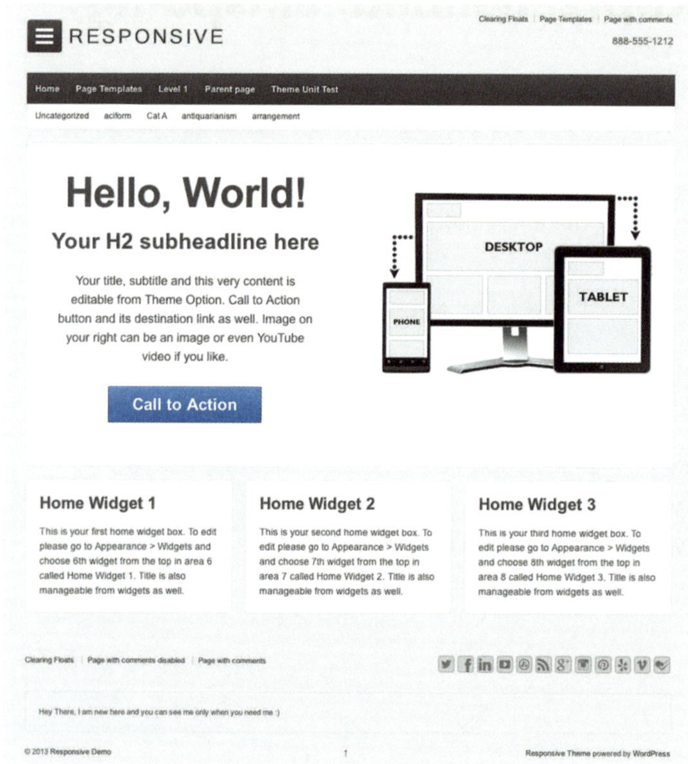
Clearing Floats | Page Templates | Page with comments
RESPONSIVE
888-555-1212
Home Page Templates Level 1 Parent page Theme Unit Test
Uncategorized aciform Cat A antiquarianism arrangement
Hello, World!
Your H2 subheadline here
Your title, subtitle and this very content is editable from Theme Option. Call to Action button and its destination link as well. Image on your right can be an image or even YouTube video if you like.
Call to Action
DESKTOP
TABLET
PHONE
Home Widget 1
This is your first home widget box. To edit please go to Appearance > Widgets and choose 6th widget from the top in area 6 called Home Widget 1. Title is also manageable from widgets as well.
Home Widget 2
This is your second home widget box. To edit please go to Appearance > Widgets and choose 7th widget from the top in area 7 called Home Widget 2. Title is also manageable from widgets as well.
Home Widget 3
This is your third home widget box. To edit please go to Appearance > Widgets and choose 8th widget from the top in area 8 called Home Widget 3. Title is also manageable from widgets as well.
Clearing Floats | Page with comments disabled | Page with comments
Hey There, I am new here and you can see me only when you need me :)
© 2013 Responsive Demo
Responsive Theme powered by WordPress

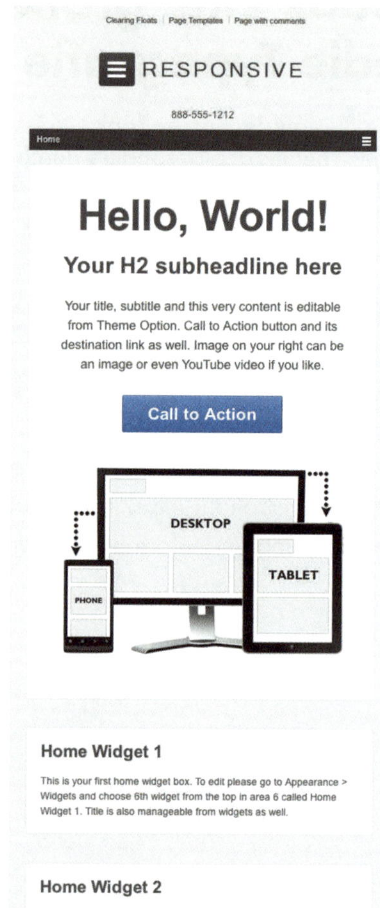
Clearing Floats | Page Templates | Page with comments
RESPONSIVE
888-555-1212
Home
Hello, World!
Your H2 subheadline here
Your title, subtitle and this very content is editable from Theme Option. Call to Action button and its destination link as well. Image on your right can be an image or even YouTube video if you like.
Call to Action
DESKTOP
TABLET
PHONE
Home Widget 1
This is your first home widget box. To edit please go to Appearance > Widgets and choose 6th widget from the top in area 6 called Home Widget 1. Title is also manageable from widgets as well.
Home Widget 2

# Responsive: flexibel und mit zahlreichen Optionen

Das Theme Responsive sieht in allen Browsern gut aus. Das schlicht gestaltete Theme bietet eine große Bandbreite an Möglichkeiten für die Gestaltung. Dazu gehören vier Positionen für Menüs, elf Widget-Bereiche sowie Optionen, um unkompliziert das Logo auszutauschen oder eigene CSS-Style-Vorgaben einzugeben.

Außergewöhnlich sind die Möglichkeiten, die Startseite mit verschiedenen Seitenvorlagen zu gestalten. Sie wollen eine Startseite mit einem Call-to-Action-Button? Kein Problem. Oder soll die Website im klassischen Bloglook daherkommen? Oder als Magazin? Mit insgesamt neun Seitenvorlagen bringt man Schwung in Start- und Unterseiten.

Dank dieser zahlreichen Möglichkeiten eignet sich das Theme Responsive für Portfolios, Firmenwebsites oder ganz »normale« Blogvorhaben.

| Vorteile | Nachteile |
|---|---|
| Deutschsprachig | Linkfarbe lässt sich nicht in den Optionen anpassen |
| Äußerst anpassungsfähig mit zahlreichen Optionen | |
| Neun verschiedene Vorlagen für Seiten | |

- Download: *http://wordpress.org/extend/themes/responsive*
- Demonstration: *http://themeid.com/demo/responsive/*
- Anleitung und Informationen: *http://cyberchimps.com/forum/free/responsive/*

galleries
documentary & reportage
people & faces
musical
blog
who i am
instagram
facebook
twitter
flickr
documentary & reportage

menu

# Touchfolio: ein Blog für Fotografen

Touchfolio ist ein Theme für Fotografen. Großzügig präsentiert man mit Touchfolio seine Bilder, die Besucher auch mithilfe der Pfeiltasten durchblättern können. Fotos organisiert man mit Touchfolio über das Theme-eigene Beitragsformat namens **Gallery**.

Mittels dieser Galeriefunktion lassen sich Fotos thematisch kategorisieren und anschließend in das Navigationsmenü in der Seitenleiste einbauen. Für die Präsentation seines eigenen Fotoportfolios bietet das Theme zwei Varianten. Dazu erstellt man einfach eine Seite und wählt das gewünschte Template aus. Anschließend bestimmt man diese Seite als Startseite unter Einstellungen → Lesen. Das funktioniert genau so wie beim bereits vorgestellten Theme Oxygen.

Aber auch auf ein reguläres Bloglayout muss man mit Touchfolio nicht verzichten. Dadurch mischt man bei Bedarf einfach Bilder mit Artikeln und präsentiert diese auf einer Website.

| Vorteile | Nachteile |
|---|---|
| Navigation über Pfeiltasten möglich | Keine deutschsprachige Version |
| Zwei verschiedene Arten von Portfolioseiten | |
| Responsive Webdesign | |

- Download: *http://dimsemenov.com/themes/touchfolio/*
- Demonstration: *http://dimsemenov.com/themes/touchfolio/demo/*
- Anleitung und Informationen: *http://dimsemenov.com/themes/touchfolio/installation.html*

# Kapitel 8 | WordPress mit Plugins erweitern

Die Beliebtheit von WordPress beruht vor allem darauf, dass es sich flexibel mithilfe sogenannter Plugins um Zusatzfunktionen erweitern lässt. Zum Zeitpunkt der Drucklegung dieses Buchs (Juni 2013) findet man auf *WordPress.org* 24.035 kostenlose Plugins. Ganz gleich, ob Sie einen Podcast mit WordPress realisieren, einen Newsletter verschicken oder WordPress um ein soziales Netzwerk erweitern wollen, das dazu passende Plugin steht auf *WordPress.org* sicherlich für Sie bereit.

Am leichtesten finden Sie WordPress-Plugins unter *www.wordpress.org/plugins/*. Alle Plugins, die in diesem Verzeichnis gelistet werden, wurden vor der Veröffentlichung geprüft. Das ist zwar keine Garantie dafür, dass die hier vorliegenden Plugins vollkommen sicher sind, aber es ist schon einmal ein guter Filter. Außerdem lassen sich alle Plugins des offiziellen Verzeichnisses direkt über das Backend installieren. Natürlich bieten auch externe Anbieter Plugins an. Je nach Funktionsumfang können sie allerdings auch kostenpflichtig sein.

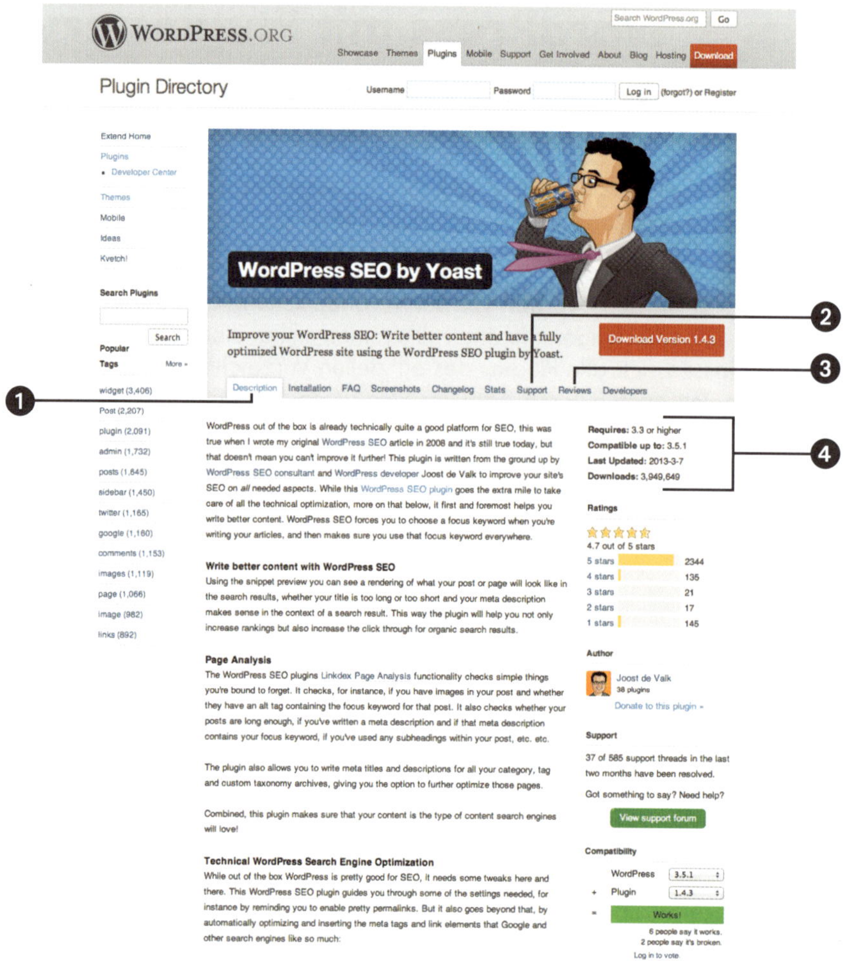
Search WordPress.org
Go
WordPress.org
Showcase Themes Plugins Mobile Support Get Involved About Blog Hosting Download
Plugin Directory
Username Password Log in (forgot?) or Register
Extend Home
Plugins
Developer Center
Themes
Mobile
Ideas
Kvetch!
Search Plugins
Search
Popular Tags More »
widget (3,406)
Post (2,207)
plugin (2,091)
admin (1,732)
posts (1,645)
sidebar (1,450)
twitter (1,165)
google (1,160)
comments (1,153)
images (1,119)
page (1,066)
image (982)
links (892)
WordPress SEO by Yoast
Improve your WordPress SEO: Write better content and have a fully optimized WordPress site using the WordPress SEO plugin by Yoast.
Download Version 1.4.3
Description Installation FAQ Screenshots Changelog Stats Support Reviews Developers
1
2
3
4
WordPress out of the box is already technically quite a good platform for SEO, this was true when I wrote my original WordPress SEO article in 2008 and it's still true today, but that doesn't mean you can't improve it further! This plugin is written from the ground up by WordPress SEO consultant and WordPress developer Joost de Valk to improve your site's SEO on all needed aspects. While this WordPress SEO plugin goes the extra mile to take care of all the technical optimization, more on that below, it first and foremost helps you write better content. WordPress SEO forces you to choose a focus keyword when you're writing your articles, and then makes sure you use that focus keyword everywhere.
Write better content with WordPress SEO
Using the snippet preview you can see a rendering of what your post or page will look like in the search results, whether your title is too long or too short and your meta description makes sense in the context of a search result. This way the plugin will help you not only increase rankings but also increase the click through for organic search results.
Page Analysis
The WordPress SEO plugins Linkdex Page Analysis functionality checks simple things you're bound to forget. It checks, for instance, if you have images in your post and whether they have an alt tag containing the focus keyword for that post. It also checks whether your posts are long enough, if you've written a meta description and if that meta description contains your focus keyword, if you've used any subheadings within your post, etc. etc.
The plugin also allows you to write meta titles and descriptions for all your category, tag and custom taxonomy archives, giving you the option to further optimize those pages.
Combined, this plugin makes sure that your content is the type of content search engines will love!
Technical WordPress Search Engine Optimization
While out of the box WordPress is pretty good for SEO, it needs some tweaks here and there. This WordPress SEO plugin guides you through some of the settings needed, for instance by reminding you to enable pretty permalinks. But it also goes beyond that, by automatically optimizing and inserting the meta tags and link elements that Google and other search engines like so much:
Requires: 3.3 or higher
Compatible up to: 3.5.1
Last Updated: 2013-3-7
Downloads: 3,949,649
Ratings
4.7 out of 5 stars
5 stars 2344
4 stars 135
3 stars 21
2 stars 17
1 stars 145
Author
Joost de Valk
38 plugins
Donate to this plugin »
Support
37 of 585 support threads in the last two months have been resolved.
Got something to say? Need help?
View support forum
Compatibility
WordPress 3.5.1
+ Plugin 1.4.3
= Works!
6 people say it works.
2 people say it's broken.
Log in to vote.

# Auswahlkriterien für Plugins

Bevor Sie ein Plugin installieren, checken Sie es besser erst mal anhand von speziellen Kriterien durch. Das schützt Sie zwar nicht hundertprozentig vor bösen Überraschungen, aber dank einer großen Community werden Spam- oder Hacker-Plugins schnell entdeckt, bloßgestellt und eliminiert. Denn jedes Plugin bekommt im Verzeichnis von *WordPress.org* eine eigene Seite, wie Sie in der Abbildung links sehen. Neben der Plugin-Beschreibung des Autors ❶ sind vor allem die Menüpunkte Support ❷ und Reviews ❸ interessant. Einen schnellen Überblick über Aktualität, Bewertung, Anzahl der Downloads und der letzten »Produktaktualisierung« bekommen Sie in der Seitenleiste ❹.

Mit den folgenden Kriterien unterziehen Sie das Plugin noch vor der Installation einem **Schnellcheck**:

- Wann wurde das Plugin zuletzt aktualisiert?
- Ist es mit Ihrer WordPress-Version kompatibel?
- Wie oft wurde es heruntergeladen? Vergleichen Sie die Anzahl der Downloads bei ähnlichen Plugins.
- Wie bewerten andere Nutzer das Plugin? Verzichten Sie besser auf Plugins mit weniger als vier Sternen.
- Lesen Sie die Beiträge im Supportforum des Plugins. Was berichten Nutzer über das Plugin?

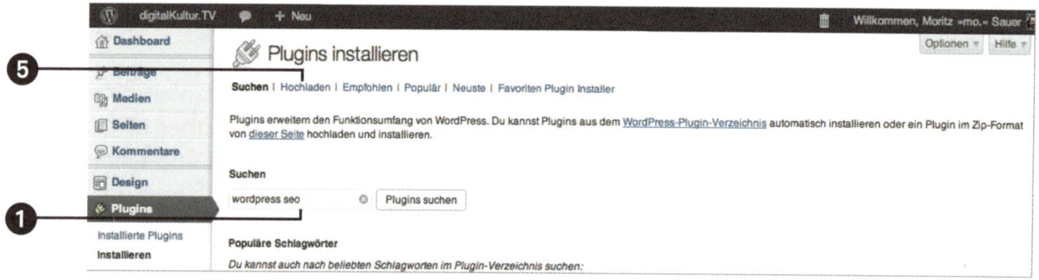
5
1
digitalKultur.TV
+ Neu
Willkommen, Moritz »mo.« Sauer
Dashboard
Beiträge
Medien
Seiten
Kommentare
Design
Plugins
Installierte Plugins
Installieren
Plugins installieren
Optionen
Hilfe
Suchen | Hochladen | Empfohlen | Populär | Neuste | Favoriten Plugin Installer
Plugins erweitern den Funktionsumfang von WordPress. Du kannst Plugins aus dem WordPress-Plugin-Verzeichnis automatisch installieren oder ein Plugin im Zip-Format von dieser Seite hochladen und installieren.
Suchen
wordpress seo
Plugins suchen
Populäre Schlagwörter
Du kannst auch nach beliebten Schlagworten im Plugin-Verzeichnis suchen:

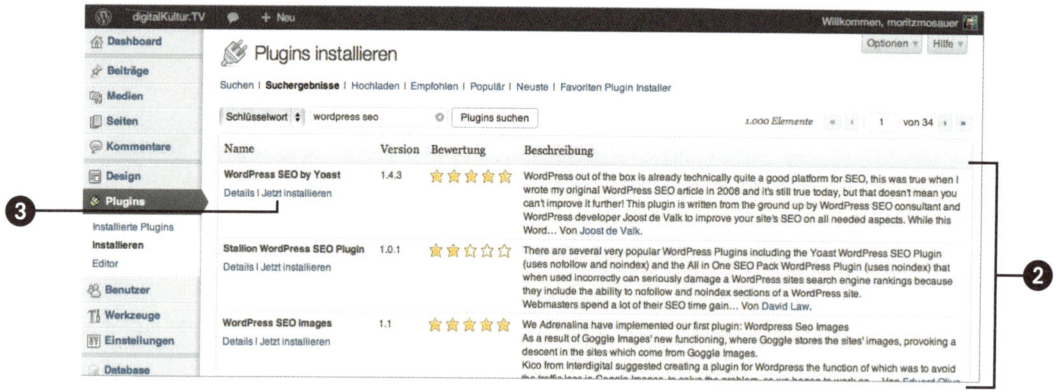
3
2
digitalKultur.TV
+ Neu
Willkommen, moritzmosauer
Dashboard
Beiträge
Medien
Seiten
Kommentare
Design
Plugins
Installierte Plugins
Installieren
Editor
Benutzer
Werkzeuge
Einstellungen
Database
Plugins installieren
Optionen
Hilfe
Suchen | Suchergebnisse | Hochladen | Empfohlen | Populär | Neuste | Favoriten Plugin Installer
Schlüsselwort
wordpress seo
Plugins suchen
1.000 Elemente
1
von 34
Name
Version
Bewertung
Beschreibung
WordPress SEO by Yoast
Details | Jetzt installieren
1.4.3
WordPress out of the box is already technically quite a good platform for SEO, this was true when I wrote my original WordPress SEO article in 2008 and it's still true today, but that doesn't mean you can't improve it further! This plugin is written from the ground up by WordPress SEO consultant and WordPress developer Joost de Valk to improve your site's SEO on all needed aspects. While this Word… Von Joost de Valk.
Stallion WordPress SEO Plugin
Details | Jetzt installieren
1.0.1
There are several very popular WordPress Plugins including the Yoast WordPress SEO Plugin (uses nofollow and noindex) and the All in One SEO Pack WordPress Plugin (uses noindex) that when used incorrectly can seriously damage a WordPress sites search engine rankings because they include the ability to nofollow and noindex sections of a WordPress site. Webmasters spend a lot of their SEO time gain… Von David Law.
WordPress SEO Images
Details | Jetzt installieren
1.1
We Adrenalina have implemented our first plugin: Wordpress Seo Images
As a result of Goggle Images' new functioning, where Goggle stores the sites' images, provoking a descent in the sites which come from Goggle Images.
Kico from Interdigital suggested creating a plugin for Wordpress the function of which was to avoid

4
digitalKultur.TV
+ Neu
Willkommen, moritzmosauer
Dashboard
Beiträge
Medien
Seiten
Kommentare
Design
Plugins
Installiere Plugin: WordPress SEO by Yoast 1.4.3
Runterladen des Installationspakets von http://downloads.wordpress.org/plugin/wordpress-seo.1.4.3.zip…
Entpacken des Pakets…
Das Plugin wird installiert…
Das Plugins WordPress SEO by Yoast 1.4.3 wurde erfolgreich installiert.
Aktiviere dieses Plugin | Zurück zur Plugin-Installation

# Neue Plugins installieren

Es gibt zwei Wege, ein Plugin zu installieren und zu aktualisieren. Entweder Sie nutzen die Funktionalität von WordPress selbst, die aber leider nicht immer bei allen Webhostern funktioniert. Oder Sie gehen den etwas umständlicheren, aber dafür zuverlässigen Weg über den Upload per FTP-Programm. Eine Videoanleitung dazu, wie Sie per FTP Dateien auf einen Server hochladen, finden Sie unter *www.phlow.de/ftp*.

Fangen wir mit dem Upload über WordPress an: Um Plugins mithilfe von WordPress zu installieren, klicken Sie auf den Menüpunkt Plugins und anschließend auf Installieren. Im nächsten Schritt suchen Sie das Plugin im WordPress-Plugin-Verzeichnis. Geben Sie z. B. »WordPress SEO« über die Suchmaske ein ❶, listet Ihnen WordPress anschließend alle Plugins auf, die mit diesen Begriffen verschlagwortet wurden ❷. Nach einem Klick auf Jetzt installieren ❸ lädt WordPress das Plugin aus dem Verzeichnis auf Ihren Server herunter und entpackt es. Mit einem letzten Klick auf Aktiviere dieses Plugin ❹ beginnt das Plugin seine Arbeit.

Möchten Sie ein Plugin installieren, das Sie von einer anderen Website heruntergeladen und auf Ihrem Computer abgelegt haben, können Sie es auch als ZIP-Datei mit WordPress hochladen. Klicken Sie dazu auf den Menüpunkt Hochladen ❺ und im nächsten Schritt auf Datei auswählen. Wählen Sie die ZIP-Datei aus, und WordPress übernimmt den Rest.

Falls Ihr Hoster den Upload via WordPress nicht unterstützt, müssen Sie das Plugin mithilfe eines FTP-Programms wie FileZilla auf den Server hochladen und installieren:

1. Laden Sie das Plugin herunter und entpacken Sie das Archiv auf Ihrem Rechner.
2. Öffnen Sie mit Ihrem FTP-Programm das Verzeichnis Ihrer WordPress-Installation auf dem Server.
3. Laden Sie das Plugin oder den Plugin-Ordner in den Ordner wp-content/plugins/ hoch.
4. Öffnen Sie Ihren Browser und navigieren Sie im WordPress-Backend zum Menü Plugins.
5. Aktivieren Sie das Plugin. Fertig!

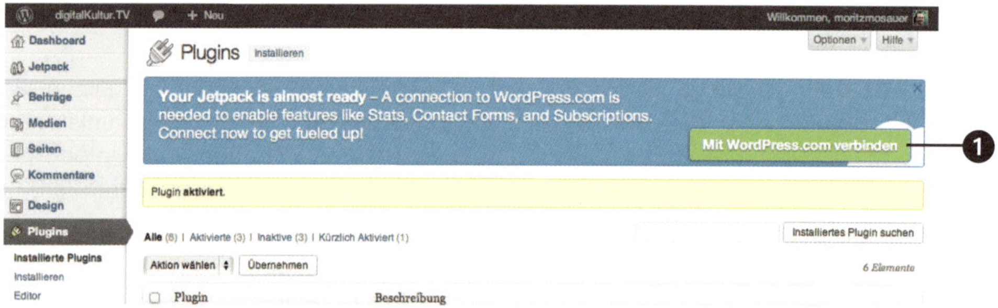
digitalKultur.TV
Neu
Willkommen, moritzmosauer
Dashboard
Jetpack
Beiträge
Medien
Seiten
Kommentare
Design
Plugins
Installierte Plugins
Installieren
Editor
Plugins
Installieren
Optionen
Hilfe
Your Jetpack is almost ready – A connection to WordPress.com is needed to enable features like Stats, Contact Forms, and Subscriptions. Connect now to get fueled up!
Mit WordPress.com verbinden
1
Plugin aktiviert.
Alle (6) | Aktivierte (3) | Inaktive (3) | Kürzlich Aktiviert (1)
Installiertes Plugin suchen
Aktion wählen
Übernehmen
6 Elemente
Plugin
Beschreibung

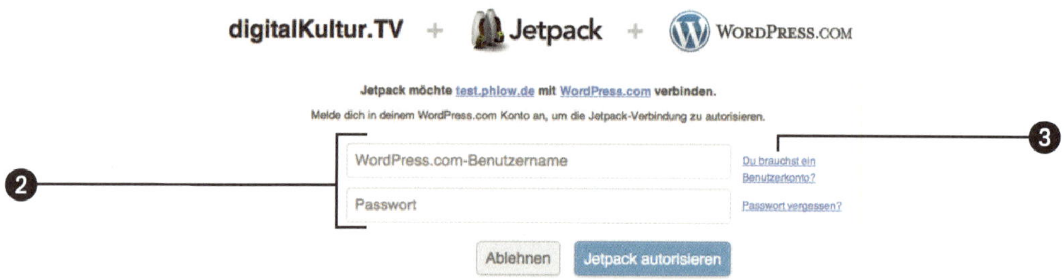
digitalKultur.TV
Jetpack
WordPress.com
Jetpack möchte test.phlow.de mit WordPress.com verbinden.
Melde dich in deinem WordPress.com Konto an, um die Jetpack-Verbindung zu autorisieren.
WordPress.com-Benutzername
Passwort
Du brauchst ein Benutzerkonto?
Passwort vergessen?
Ablehnen
Jetpack autorisieren
2
3

digitalKultur.TV
Neu
Willkommen, moritzmosauer
Hilfe
Dashboard
Jetpack
Jetpack
Statistik
Beiträge
Medien
Seiten
Kommentare
Feedback
Verbunden mit WordPress.com
Jetpack
Alles verbunden und bereit zum Loslegen.
Die Funktionen unten sind nun aktiv. Klicke die 'Info'-Buttons, um entsprechend jede Funktion zu entdecken.
4

# Erweiterung de luxe: das Multi-Plugin Jetpack

Jetpack ist ein sogenanntes Multiplugin, das Ihre WordPress-Website um zahlreiche Funktionen wie z. B. Statistiken, Kontaktformular, Bilderkarussell oder ein Extra-Theme für mobile Geräte ausstattet. Angeboten wird Jetpack von Automattic, der Firma hinter WordPress.

Da Jetpack auf Funktionen von WordPress.com-Servern zurückgreift, benötigen Sie ein eigenes kostenloses **WordPress.com-Benutzerkonto**.

Und so installieren Sie Jetpack:

1. Installieren Sie Jetpack, wie auf Seite 239 beschrieben.
2. Aktivieren Sie das Plugin und klicken Sie auf die eingeblendete Schaltfläche Mit WordPress.com verbinden ❶.
3. Verbinden Sie das Plugin mit WordPress.com ❷, indem Sie Ihren WordPress.com-Benutzernamen und das dazugehörige Passwort eintippen. Besitzen Sie noch kein eigenes WordPress.com-Konto, können Sie sich ein Konto in der deutschsprachigen Version unter *http://de.wordpress.com* erstellen oder auf den Link Du brauchst ein Benutzerkonto? ❸ klicken. Dazu müssen Sie kein neues Blog anlegen.

Haben Sie Ihre WordPress-Installation erfolgreich mit WordPress.com verbunden, wird Ihnen im Backend der neue Menüpunkt Jetpack angezeigt ❹. Über diesen Menüpunkt verwalten Sie alle mit Jetpack gelieferten Plugins und können diese auf Wunsch auch deaktivieren.

## Tipp

Automattic setzt Jetpack auch auf seiner eigenen WordPress.com-Plattform ein und ist allein schon deshalb ein Garant dafür, dass das Plugin sicherlich kontinuierlich weiterentwickelt wird und auftauchende Sicherheitslöcher gestopft werden.

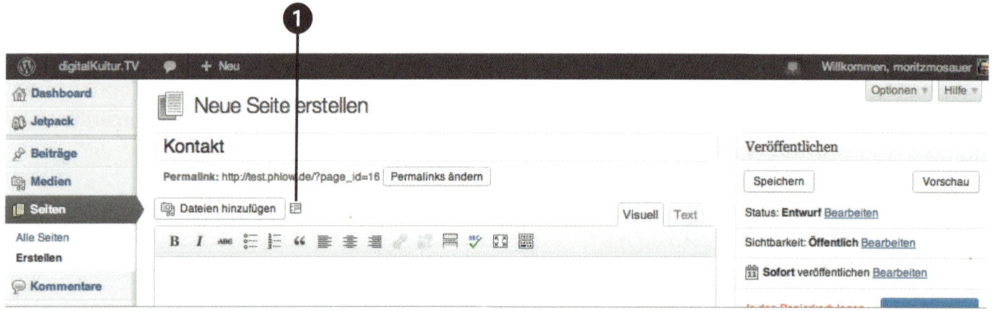
1
digitalKultur.TV
Neu
Willkommen, moritzmosauer
Dashboard
Jetpack
Beiträge
Medien
Seiten
Alle Seiten
Erstellen
Kommentare
Optionen
Hilfe
Neue Seite erstellen
Kontakt
Permalink: http://test.phlow.de/?page_id=16
Permalinks ändern
Dateien hinzufügen
Visuell
Text
Veröffentlichen
Speichern
Vorschau
Status: Entwurf Bearbeiten
Sichtbarkeit: Öffentlich Bearbeiten
Sofort veröffentlichen Bearbeiten

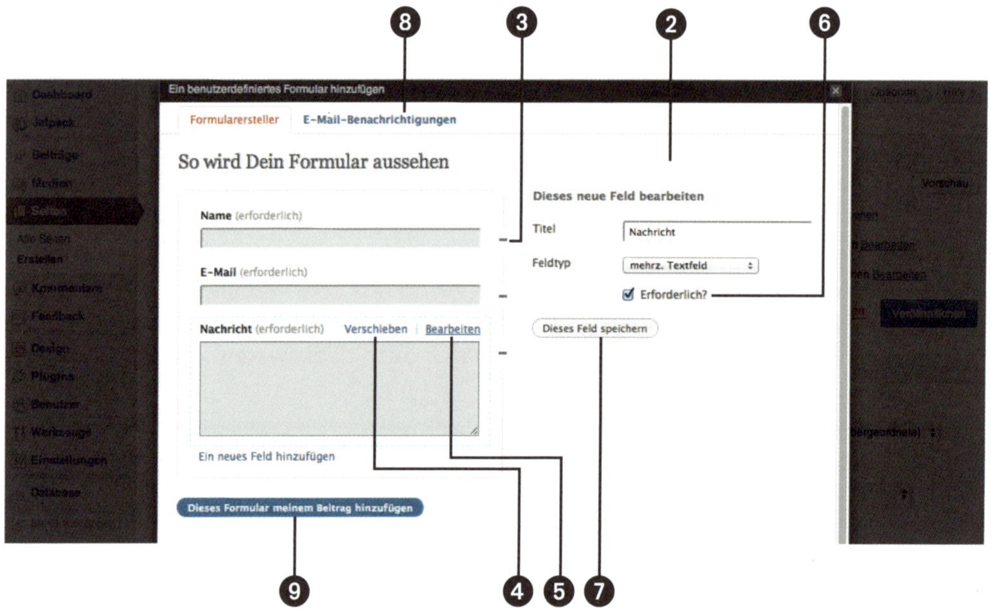
8
3
2
6
Ein benutzerdefiniertes Formular hinzufügen
Formularersteller
E-Mail-Benachrichtigungen
So wird Dein Formular aussehen
Name (erforderlich)
E-Mail (erforderlich)
Nachricht (erforderlich)
Verschieben
Bearbeiten
Ein neues Feld hinzufügen
Dieses neue Feld bearbeiten
Titel
Nachricht
Feldtyp
mehrz. Textfeld
Erforderlich?
Dieses Feld speichern
Dieses Formular meinem Beitrag hinzufügen
9
4
5
7

# Ein Kontaktformular erstellen

Ein Kontaktformular realisieren Sie am einfachsten mithilfe des Multiplugins Jetpack (siehe Seite 241). Um ein Kontaktformular in Ihre Website einzubauen, erstellen Sie zuerst eine Seite und betiteln sie mit Kontakt. Klicken Sie danach auf das Icon für das Kontaktformular ❶. Nun öffnet sich ein Pop-up ❷, in dem vier Eingabefelder vorgegeben sind: Name, Email, Webseite und Kommentar.

Da ein Kontaktformular kein Eingabefeld Webseite benötigt, löschen Sie dieses mit einem Klick auf das Minuszeichen ❸. Um ein Formularfeld zu editieren oder hoch- oder runterzuschieben, bewegen Sie einfach die Maus über das jeweilige Feld. Nun erscheinen zwei Optionen: Verschieben ❹ und Bearbeiten ❺. Bewegen Sie den Mauszeiger über Verschieben, verwandelt sich dieser in ein Steuerkreuz. Halten Sie die linke Maustaste fest und ziehen Sie das Feld an die gewünschte Stelle.

Da man keinen Kommentar, sondern eine Nachricht in ein Kontaktformular schreibt, benennen Sie das Feld in Nachricht um. Bewegen Sie dazu den Mauszeiger über das Feld, klicken Sie auf Bearbeiten und ändern Sie den Titel in den Einstellungen. Soll ein Feld ein Pflichtfeld sein, sollten Sie ein Häkchen bei Erforderlich ❻ setzen. Die neuen Einstellungen übernehmen Sie, indem Sie auf Dieses Feld speichern ❼ klicken. Sollen ausgefüllte Formulare an eine spezielle E-Mail-Adresse geschickt werden, müssen Sie diese auf der Registerkarte E-Mail-Benachrichtigungen ❽ samt einem Betreff eingeben.

Sind Sie mit Ihrem Kontaktformular zufrieden, fügen Sie es in die Seite ein, indem Sie auf Dieses Formular meinem Beitrag hinzufügen ❾ klicken. Anschließend müssen Sie die Seite nur noch veröffentlichen, und das Formular geht online. Testen Sie auf jeden Fall, ob das Formular einwandfrei funktioniert.

Ausgefüllte und abgeschickte Formulare gehen nie verloren, denn Jetpack speichert sie automatisch in WordPress ab. Die ausgefüllten Formulare finden Sie über den neuen Menüpunkt Feedback in der Menüleiste. Selbstverständlich können Sie Kontaktformulare auch in Beiträge einbauen.

## Tipp

Ein alternatives reines Kontaktformular-Plugin ist **Contact Form 7**.

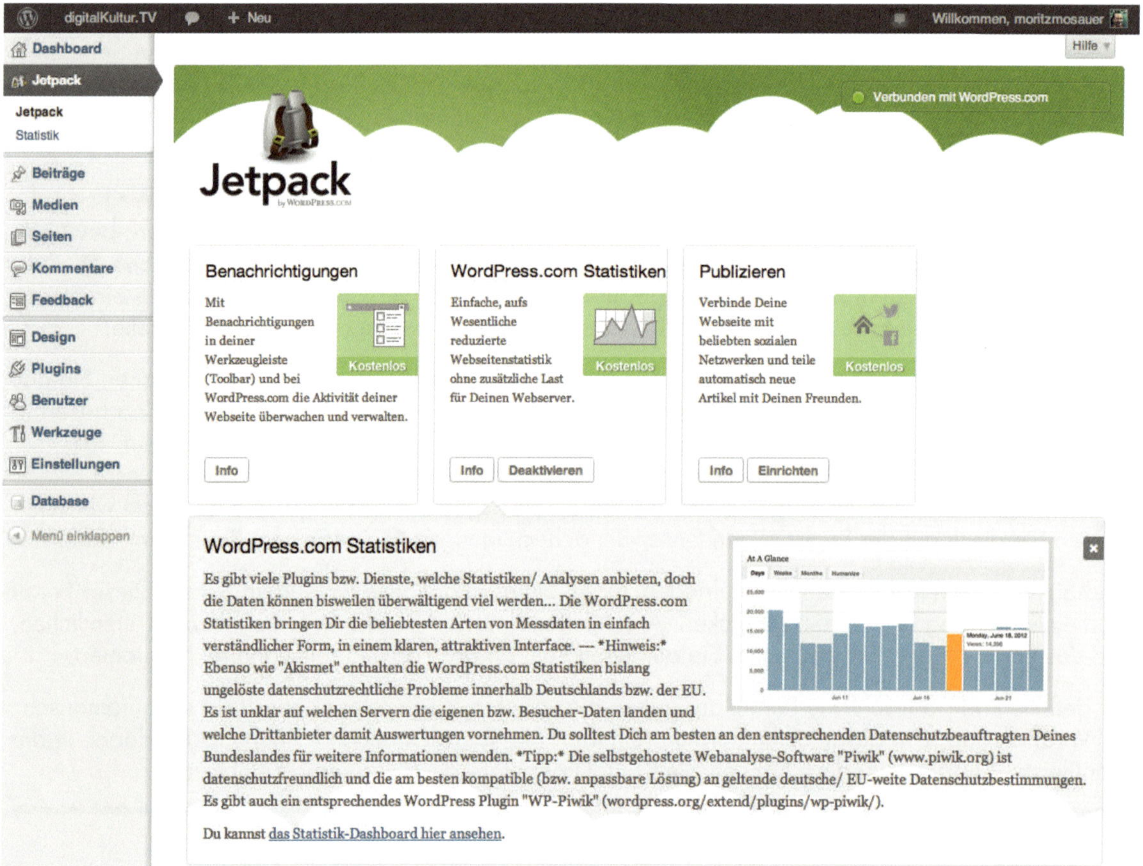
digitalKultur.TV
Neu
Willkommen, moritzmosauer
Hilfe
Dashboard
Jetpack
Jetpack
Statistik
Beiträge
Medien
Seiten
Kommentare
Feedback
Design
Plugins
Benutzer
Werkzeuge
Einstellungen
Database
Menü einklappen
Verbunden mit WordPress.com
Jetpack
Benachrichtigungen
Mit Benachrichtigungen in deiner Werkzeugleiste (Toolbar) und bei WordPress.com die Aktivität deiner Webseite überwachen und verwalten.
Kostenlos
Info
WordPress.com Statistiken
Einfache, aufs Wesentliche reduzierte Webseitenstatistik ohne zusätzliche Last für Deinen Webserver.
Kostenlos
Info
Deaktivieren
Publizieren
Verbinde Deine Webseite mit beliebten sozialen Netzwerken und teile automatisch neue Artikel mit Deinen Freunden.
Kostenlos
Info
Einrichten
WordPress.com Statistiken
Es gibt viele Plugins bzw. Dienste, welche Statistiken/ Analysen anbieten, doch die Daten können bisweilen überwältigend viel werden... Die WordPress.com Statistiken bringen Dir die beliebtesten Arten von Messdaten in einfach verständlicher Form, in einem klaren, attraktiven Interface. — *Hinweis:* Ebenso wie "Akismet" enthalten die WordPress.com Statistiken bislang ungelöste datenschutzrechtliche Probleme innerhalb Deutschlands bzw. der EU. Es ist unklar auf welchen Servern die eigenen bzw. Besucher-Daten landen und welche Drittanbieter damit Auswertungen vornehmen. Du solltest Dich am besten an den entsprechenden Datenschutzbeauftragten Deines Bundeslandes für weitere Informationen wenden. *Tipp:* Die selbstgehostete Webanalyse-Software "Piwik" (www.piwik.org) ist datenschutzfreundlich und die am besten kompatible (bzw. anpassbare Lösung) an geltende deutsche/ EU-weite Datenschutzbestimmungen. Es gibt auch ein entsprechendes WordPress Plugin "WP-Piwik" (wordpress.org/extend/plugins/wp-piwik/).
Du kannst das Statistik-Dashboard hier ansehen.
At A Glance

# Gefährlich: Statistiken mit Jetpack

Wenn Sie Jetpack aktivieren, aktivieren Sie automatisch das integrierte Statistikwerkzeug von WordPress.com. Dieses fängt mit der Aktivierung sofort an, Daten über die Besuche Ihrer Website bzw. Ihres Blogs zu sammeln. Das ist datenschutzrechtlich äußerst problematisch und – wie das Plugin selbst angibt – nach deutschen sowie EU-Richtlinien ein ungelöstes Problem. Denn die Besucherdaten werden an externe Server geschickt. Wie und ob die Informationen vor dem Zugriff Dritter geschützt werden, darüber schweigt sich Automattic aus.

Darum kann es unter Umständen zu einer **Abmahnung** kommen. Dieser kommen Sie zuvor, indem Sie das Plugin deaktivieren. Öffnen Sie dazu im Backend den Menüpunkt Jetpack und klicken Sie im Kasten WordPress.com Statistiken auf Info. Jetpack blendet jetzt eine bis dato versteckte Deaktivieren-Schaltfläche ein. Klicken Sie auf die Schaltfläche, um die Statistiken-Funktion abzuschalten.

Sollten Sie sich entschließen, die WordPress.com-Statistiken dennoch zu nutzen, konfigurieren Sie das Plugin über einen Klick auf Einrichten. Die jeweiligen Konfigurationspunkte sind dank der deutschen Übersetzung selbsterklärend.

Entscheiden Sie sich gegen die Statistiken von Jetpack, möchten aber trotzdem auf Statistiken nicht verzichten, empfiehlt sich der Einsatz von **Google Analytics** (*www.google.com/analytics*). Achten Sie darauf, dass Sie die IP-Adressen anonymisieren und einen Datenschutzhinweis auf Ihrer Website unterbringen. Oder Sie nutzen die datenschutzfreundliche Webanalysesoftware **Piwik** (*www.piwik.org*). Diese müssen Sie aber auf Ihrem Server zusätzlich installieren. Ein passendes WordPress-Piwik-Plugin gibt es natürlich auch: *wordpress.org/extend/plugins/wp-piwik/*.

- Google Analytics-Anleitungen: *www.google.de/intl/de_ALL/analytics/support/index.html*
- Mehr Informationen zur Verwendung von Google Analytics: *www.j.mp/datenschutz_analytics*
- Mehr Informationen zu Piwik: *http://de.piwik.org/*

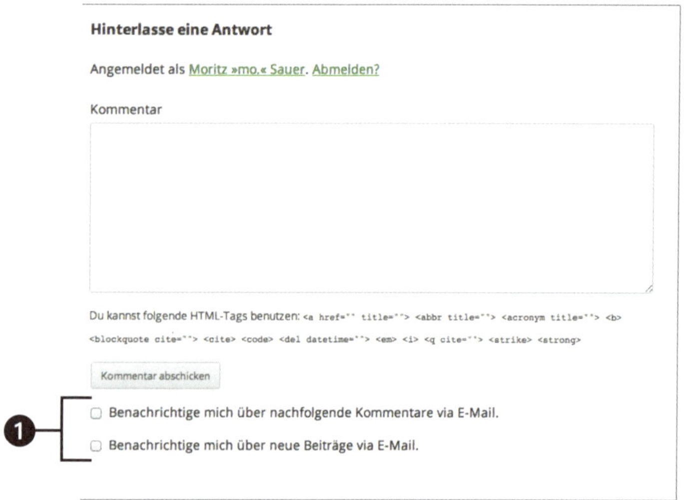
Hinterlasse eine Antwort
Angemeldet als Moritz »mo.« Sauer. Abmelden?
Kommentar
Du kannst folgende HTML-Tags benutzen: <a href="" title=""> <abbr title=""> <acronym title=""> <b> <blockquote cite=""> <cite> <code> <del datetime=""> <em> <i> <q cite=""> <strike> <strong>
Kommentar abschicken
Benachrichtige mich über nachfolgende Kommentare via E-Mail.
Benachrichtige mich über neue Beiträge via E-Mail.
1

Jetpack: Blog-Abonnements
Widget-Titel:
Blog via E-Mail abonnieren
Optionaler Text, der Deinen Lesern angezeigt wird:
Gib Deine E-Mail-Adresse an, um diesen Blog zu abonnieren und Benachrichtigungen über neue
Abonnieren-Button:
Abonnieren
Gesamtzahl aller Abonnenten anzeigen? (0 Abonnenten)
Löschen | Schließen
Speichern
2

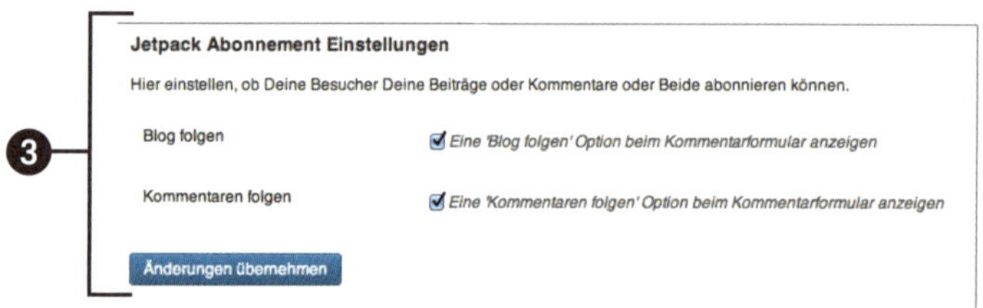
Jetpack Abonnement Einstellungen
Hier einstellen, ob Deine Besucher Deine Beiträge oder Kommentare oder Beide abonnieren können.
Blog folgen
Eine 'Blog folgen' Option beim Kommentarformular anzeigen
Kommentaren folgen
Eine 'Kommentaren folgen' Option beim Kommentarformular anzeigen
Änderungen übernehmen
3

# Abonnements für Beiträge und Kommentare mit Jetpack

Das Abonnement-Modul von Jetpack bietet Ihnen eine gute Möglichkeit, Ihren Besuchern eine Art **Newsletter** zu schicken. Wenn ein Besucher über neue Beiträge oder Kommentare per E-Mail informiert werden möchte, kann er einfach seine E-Mail-Adresse hinterlassen. Das Abonnement-Modul sorgt dann dafür, dass – je nach Art des Abonnements – neue Beiträge und/oder Kommentare an ihn verschickt werden. Mit diesem Service binden Sie Besucher längerfristig an Ihre Website und geben Kommentarschreibern die Chance, bei der von ihnen kommentierten Diskussion am Ball zu bleiben. Denn dank des Abonnements können sie die Diskussion weiter mitverfolgen und auf Reaktionen zu Ihren Kommentaren wiederum antworten.

Die Abonnement-Funktion zeigt das Modul auf zweierlei Weisen an: direkt unterhalb jedes Kommentarformulars ❶ und in Form eines Widgets ❷. Das Widget finden Sie wie gewohnt unter Design → Widgets.

Die Einstellungen für die Abonnement-Optionen unter dem Kommentarformular finden Sie unter Einstellungen → Diskussion ganz unten auf der Webseite ❸. Setzen Sie ein Häkchen bei Blog folgen und/oder Kommentaren folgen, um die Abonnements zu erlauben und anzeigen zu lassen.

## Tipp

Wenn Sie Jetpack nicht verwenden wollen, bietet Ihnen das **Plugin Subscribe To Comments Reloaded** die gleiche Funktionalität. Sie finden es unter *www.wordpress.org/extend/plugins/subscribe-to-comments-reloaded/*.

1
A·kis·met
(a-kiz-mit) n. Possibly the best way in the world to protect you from web spam.
Akismet filters out your comment and track-back spam for you, so you can focus on more important things.
Get a WordPress key
AND SAY GOODBYE TO COMMENT SPAM
74,520,634,844
Spams zapped to date
60,647,877 today alone
Get Akismet for software other than WordPress
Sign in and manage your account
Put your spam fighting on auto-pilot
Set it and forget it: Akismet is getting smarter while you sleep.
Free for personal use, a bargain for your business
We're not trying to make a killing, but we still need to pay our bills.
"Akismet is the best automated spam killer that actually gets better as it learns."
- Vinny Carpenter
Conquer spam, and give your SEO a boost
Keep spammers from bringing down your site's PageRank.
API for us nerds, with libraries in many languages
Save yourself time with dozens of pre-built libraries and plugins.
"Before Akismet I was spending more time deleting spam than creating content."
- Sarah King
How it Works Plugins & Libraries About Blog Pricing & Sign Up
AN AUTOMATTIC MEDLEY
Terms Privacy Support Partners Login
WordPress.com VaultPress Akismet Polldaddy

# Kommentar-Spam mit Akismet bekämpfen

Über kurz oder lang werden Sie die unliebsame Bekanntschaft mit Kommentar-Spam machen. Spammer missbrauchen die Kommentarfunktion von Blogs häufig und versuchen, dort Links und Werbung zu platzieren. Kommentar-Spam beugen Sie mit zwei Plugins vor: Akismet und Antispam Bee.

Akismet ist bereits bei einer Neuinstallation von WordPress mit dabei, aber nicht aktiviert. Das Plugin wacht wirksam über Kommentare, die per Kommentarfunktion oder Trackback an Ihr WordPress geschickt werden. Für den privaten Gebrauch ist Akismet kostenlos, solange Sie nicht mehr als 500 Dollar mit Ihrer Website im Monat verdienen. Um es zu nutzen, benötigen Sie einen sogenannten **API-Key**. Den erhalten Sie so:

1. Öffnen Sie *www.akismet.com* in Ihrem Browser.
2. Klicken Sie auf Get a WordPress Key ❶.
3. Wählen Sie den Personal Plan für 0 $ bis 120 $ im Jahr.
4. Legen Sie sich ein WordPress.com-Konto an oder nutzen Sie ein bereits existierendes.
5. Erlauben Sie Akismet, sich mit Ihrem neuen WordPress.com-Konto zu verbinden.
6. Tragen Sie im nächsten Bildschirm Ihren Namen ein, ziehen Sie den Schieberegler nach links, bis 0.00 $ pro Jahr erscheint, und klicken Sie auf Continue.
7. Jetzt schickt Ihnen Akismet automatisch den API-Key an die eingegebene E-Mail-Adresse.
8. Öffnen Sie Ihr WordPress-Backend und aktivieren Sie Akismet unter Plugins.
9. Klicken Sie in der erscheinenden Meldung auf deinen Akismet-API-Schlüssel eintragen.
10. Kopieren Sie den per E-Mail erhaltenen API-Key in das Eingabefeld und klicken Sie abschließend auf Einstellungen aktualisieren.

Ab jetzt überwacht Akismet die Kommentare und untersucht neue Kommentare auf Spam. Einziger Nachteil ist die Tatsache, dass Sie einen externen Service nutzen, der auf einem anderen Server liegt. Ob und wie Akismet die von Ihnen übertragenen Daten speichert, dazu schweigt Automattic.

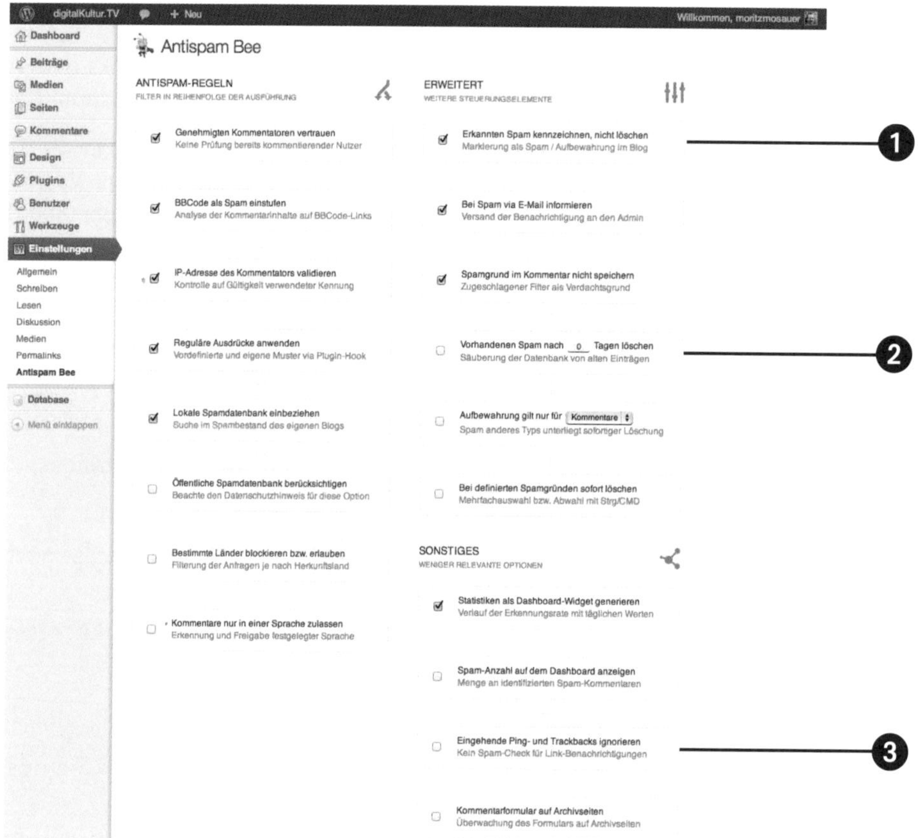
digitalKultur.TV
Neu
Willkommen, moritzmosauer
Dashboard
Beiträge
Medien
Seiten
Kommentare
Design
Plugins
Benutzer
Werkzeuge
Einstellungen
Allgemein
Schreiben
Lesen
Diskussion
Medien
Permalinks
Antispam Bee
Database
Menü einklappen
Antispam Bee
ANTISPAM-REGELN
FILTER IN REIHENFOLGE DER AUSFÜHRUNG
Genehmigten Kommentatoren vertrauen
Keine Prüfung bereits kommentierender Nutzer
BBCode als Spam einstufen
Analyse der Kommentarinhalte auf BBCode-Links
IP-Adresse des Kommentators validieren
Kontrolle auf Gültigkeit verwendeter Kennung
Reguläre Ausdrücke anwenden
Vordefinierte und eigene Muster via Plugin-Hook
Lokale Spamdatenbank einbeziehen
Suche im Spambestand des eigenen Blogs
Öffentliche Spamdatenbank berücksichtigen
Beachte den Datenschutzhinweis für diese Option
Bestimmte Länder blockieren bzw. erlauben
Filterung der Anfragen je nach Herkunftsland
Kommentare nur in einer Sprache zulassen
Erkennung und Freigabe festgelegter Sprache
ERWEITERT
WEITERE STEUERUNGSELEMENTE
Erkannten Spam kennzeichnen, nicht löschen
Markierung als Spam / Aufbewahrung im Blog
Bei Spam via E-Mail informieren
Versand der Benachrichtigung an den Admin
Spamgrund im Kommentar nicht speichern
Zugeschlagener Filter als Verdachtsgrund
Vorhandenen Spam nach 0 Tagen löschen
Säuberung der Datenbank von alten Einträgen
Aufbewahrung gilt nur für Kommentare
Spam anderes Typs unterliegt sofortiger Löschung
Bei definierten Spamgründen sofort löschen
Mehrfachauswahl bzw. Abwahl mit Strg/CMD
SONSTIGES
WENIGER RELEVANTE OPTIONEN
Statistiken als Dashboard-Widget generieren
Verlauf der Erkennungsrate mit täglichen Werten
Spam-Anzahl auf dem Dashboard anzeigen
Menge an identifizierten Spam-Kommentaren
Eingehende Ping- und Trackbacks ignorieren
Kein Spam-Check für Link-Benachrichtigungen
Kommentarformular auf Archivseiten
Überwachung des Formulars auf Archivseiten
1
2
3

# Kommentar-Spam mit Antispam Bee bekämpfen

Wenn Sie zu denjenigen gehören, die Datenschutz großschreiben und denen die Kommunikation Ihrer WordPress-Installation mit einem anderen Server unheimlich ist, greifen Sie lieber auf *www.antispambee.de* zurück, um Kommentar-Spam zu bekämpfen. Das deutsche Plugin ist kostenlos, klein, muss nicht registriert werden und kommuniziert mit keinem Server. Obendrein belastet es nicht Ihre Datenbank bzw. Ihre Performance. Außerdem arbeitet Antispam Bee auch mit Akismet im Gespann einwandfrei zusammen. Über die Funktionsweise schweigen sich die Programmierer aus und erklären nur, dass sie das Originalkommentarfeld durch ihr eigenes ersetzen.

Nach der einfachen Installation über einen Klick unter Plugins gestaltet sich auch die Konfiguration simpel: Sie entscheiden mit einem Klick, ob Spam direkt gelöscht oder nur markiert werden soll ❶, nach wie viel Tagen Spam ❷ automatisch gelöscht wird und ob die Biene auch über Trackbacks und Pingbacks ❸ wachen darf.

Eine ausführliche deutsche Dokumentation finden Sie unter *www.playground.ebiene.de/antispam-bee-wordpress-plugin/#function*. Darin dokumentiert der Autor des Plugins, Sergej Müller, jede Option einzeln. Entscheiden Sie sich für den Einsatz von Antispam Bee, sollten Sie nach Inbetriebnahme noch kontrollieren, ob Ihr Kommentarformular einwandfrei funktioniert.

## Tipp

Nutzen Sie das WordPress-Plugin Jetpack Comments oder Disqus, funktioniert Antispam Bee nicht, da das Plugin auf externe per <iframe> eingebaute Inhalte keinen Zugriff hat. Besondere AJAX-getriebene Kommentarformulare unterstützt das Plugin nicht.

digitalKultur.TV
+ Neu
Willkommen, moritzmosauer
Dashboard
Beiträge
Medien
Seiten
Plugins
Installieren
Optionen
Hilfe
Your backup folder MIGHT be visible to the public
To correct this issue, move the .htaccess file from wp-content/plugins/wp-dbmanager to /is/htdocs/wp10978418_1EZCSK7R84/test/wp-content/backup-db
1

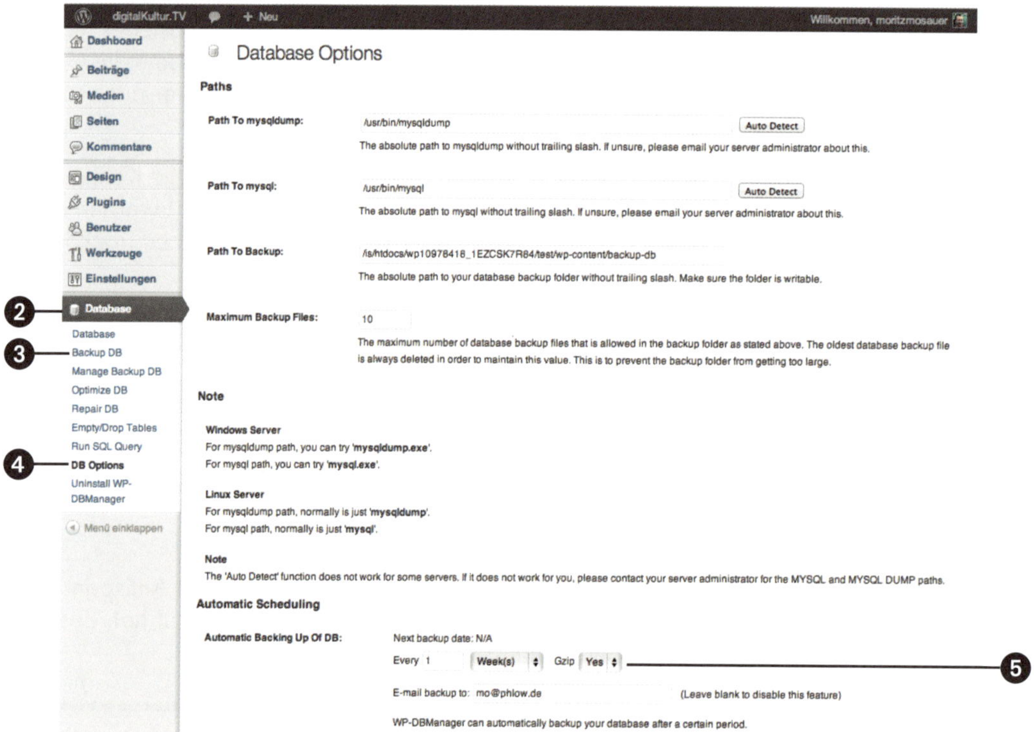
digitalKultur.TV
+ Neu
Willkommen, moritzmosauer
Dashboard
Beiträge
Medien
Seiten
Kommentare
Design
Plugins
Benutzer
Werkzeuge
Einstellungen
Database
Database
Backup DB
Manage Backup DB
Optimize DB
Repair DB
Empty/Drop Tables
Run SQL Query
DB Options
Uninstall WP-DBManager
Menü einklappen
2
3
4
Database Options
Paths
Path To mysqldump:
/usr/bin/mysqldump
Auto Detect
The absolute path to mysqldump without trailing slash. If unsure, please email your server administrator about this.
Path To mysql:
/usr/bin/mysql
Auto Detect
The absolute path to mysql without trailing slash. If unsure, please email your server administrator about this.
Path To Backup:
/is/htdocs/wp10978418_1EZCSK7R84/test/wp-content/backup-db
The absolute path to your database backup folder without trailing slash. Make sure the folder is writable.
Maximum Backup Files:
10
The maximum number of database backup files that is allowed in the backup folder as stated above. The oldest database backup file is always deleted in order to maintain this value. This is to prevent the backup folder from getting too large.
Note
Windows Server
For mysqldump path, you can try 'mysqldump.exe'.
For mysql path, you can try 'mysql.exe'.
Linux Server
For mysqldump path, normally is just 'mysqldump'.
For mysql path, normally is just 'mysql'.
Note
The 'Auto Detect' function does not work for some servers. If it does not work for you, please contact your server administrator for the MYSQL and MYSQL DUMP paths.
Automatic Scheduling
Automatic Backing Up Of DB:
Next backup date: N/A
Every 1 Week(s) Gzip Yes
5
E-mail backup to: mo@phlow.de
(Leave blank to disable this feature)
WP-DBManager can automatically backup your database after a certain period.

# Die Datenbank automatisch sichern

Auch ein Server kann mal Schluckauf haben, abstürzen und Daten versehentlich zerstören. Oder ein Programmierer liefert ein fehlerhaftes Plugin aus. Egal wann es passiert: Der Verlust von Daten ist sehr schmerzlich. Darum sichern Sie Ihre WordPress-Installation und die Datenbank am besten kontinuierlich. Dabei kann Ihnen das Plugin WP-DBManager (*http://wordpress.org/extend/plugins/wp-dbmanager/*) behilflich sein. Es arbeitet im Hintergrund und verschickt automatisch eine Sicherungskopie an die E-Mail-Adresse, die Sie über den Plugin-Menüpunkt Manage Backup DB eingeben. Neben manuellen Backups können Sie auf Wunsch auch die Datenbank reparieren und optimieren.

Nachdem Sie den WP-DBManager installiert und aktiviert haben, erscheint im Backend eine Warnmeldung ❶. Diese fordert Sie auf, das Backup-Verzeichnis für die Datenbank vor neugierigen Blicken zu schützen. Das geht ganz einfach:

1. Öffnen Sie dazu ein FTP-Programm.
2. Erstellen Sie im Verzeichnis wp-content/plugins/ ein neues Verzeichnis namens backup-db.
3. Verschieben Sie die Datei htaccess.txt aus dem Plugin-Verzeichnis wp-content/plugins/wp-dbmanager in das Verzeichnis wp-content/backup-db.
4. Ändern Sie den Dateinamen von htaccess.txt in .htaccess.
5. Laden Sie erneut die Plugin-Übersichtsseite im WordPress-Backend. Die Meldung sollte nun verschwunden sein.

Haben Sie das Plugin erfolgreich installiert, sehen Sie in der rechten Seitenleiste unter Einstellungen ein neues Icon samt Menüpunkt Database ❷. Klicken Sie auf den Menüpunkt Backup DB ❸ und überprüfen Sie, ob Ihnen das Plugin eine Fehlermeldung auswirft. Wenn ja, finden Sie Hilfe im Supportforum zum Plugin, um das Problem zu beheben.

Wählen Sie nun den Unterpunkt DB Options ❹ und ändern Sie die Einstellungen bei Bedarf. Um Platz in Ihrem E-Mail-Konto zu sparen, können Sie die Datenbank komprimieren lassen, bevor diese verschickt wird. Aktivieren Sie die GZIP-Kompression über das Ausklappmenü ❺.

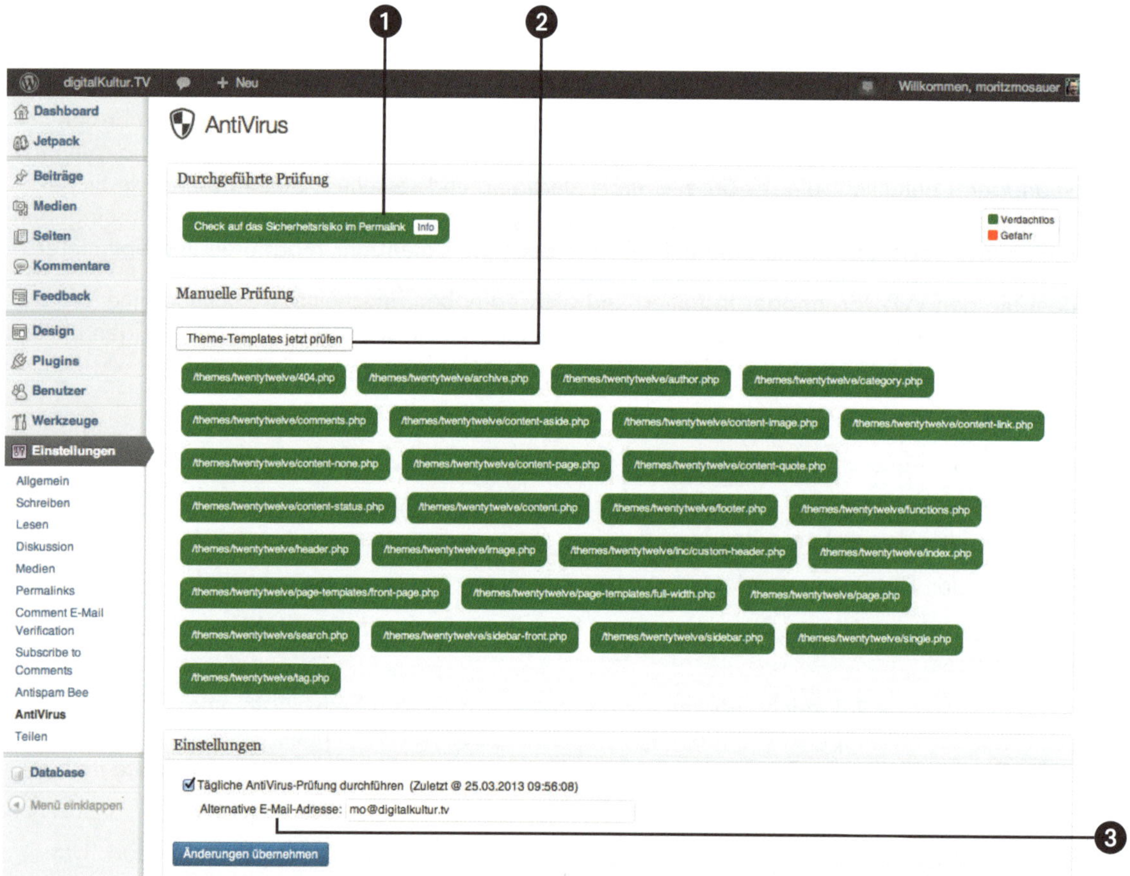

1
2
digitalKultur.TV
Neu
Willkommen, moritzmosauer
Dashboard
Jetpack
Beiträge
Medien
Seiten
Kommentare
Feedback
Design
Plugins
Benutzer
Werkzeuge
Einstellungen
Allgemein
Schreiben
Lesen
Diskussion
Medien
Permalinks
Comment E-Mail Verification
Subscribe to Comments
Antispam Bee
AntiVirus
Teilen
Database
Menü einklappen
AntiVirus
Durchgeführte Prüfung
Check auf das Sicherheitsrisiko im Permalink
Info
Verdachtlos
Gefahr
Manuelle Prüfung
Theme-Templates jetzt prüfen
/themes/twentytwelve/404.php
/themes/twentytwelve/archive.php
/themes/twentytwelve/author.php
/themes/twentytwelve/category.php
/themes/twentytwelve/comments.php
/themes/twentytwelve/content-aside.php
/themes/twentytwelve/content-image.php
/themes/twentytwelve/content-link.php
/themes/twentytwelve/content-none.php
/themes/twentytwelve/content-page.php
/themes/twentytwelve/content-quote.php
/themes/twentytwelve/content-status.php
/themes/twentytwelve/content.php
/themes/twentytwelve/footer.php
/themes/twentytwelve/functions.php
/themes/twentytwelve/header.php
/themes/twentytwelve/image.php
/themes/twentytwelve/inc/custom-header.php
/themes/twentytwelve/index.php
/themes/twentytwelve/page-templates/front-page.php
/themes/twentytwelve/page-templates/full-width.php
/themes/twentytwelve/page.php
/themes/twentytwelve/search.php
/themes/twentytwelve/sidebar-front.php
/themes/twentytwelve/sidebar.php
/themes/twentytwelve/single.php
/themes/twentytwelve/tag.php
Einstellungen
Tägliche AntiVirus-Prüfung durchführen (Zuletzt @ 25.03.2013 09:56:08)
Alternative E-Mail-Adresse: mo@digitalkultur.tv
Änderungen übernehmen
3

# AntiVirus: WordPress vor Angriffen schützen

WordPress gehört zu den am weitesten verbreiteten Redaktionssystemen für Websites und Blogs. Eine Folge der Beliebtheit sind die zunehmenden Attacken auf WordPress-Systeme von Spammern und Hackern. Diese Attacken zielen darauf ab, ungewollte Links auf Ihrer Website oder in Ihrem Blog unterzubringen oder Ihren Webauftritt gleich in eine Phishing-Site umzufunktionieren.

Der beste **Schutz gegen solche Angriffe** ist eine stets aktuelle WordPress-Version, bei der alle bekannten Sicherheitslöcher gestopft sind (wie Sie Ihr System aktuell halten und eine neue WordPress-Version installieren, erfahren Sie auf Seite 275). Das zweite Einfallstor für Hacker sind Plugins und Themes. Überprüfen Sie darum, wie auf Seite 237 beschrieben, ob das von Ihnen ausgewählte Plugin aktuell und einwandfrei ist.

Möchten Sie noch ein Quäntchen mehr Sicherheit, empfehle ich Ihnen das Plugin AntiVirus (*http://wordpress.org/extend/plugins/antivirus/*) von Sergej Müller. AntiVirus überprüft die Permalink-Struktur ❶ auf mysteriöse Links und unterzieht Ihr Theme einer kritischen Prüfung ❷. Außerdem führt es auf Wunsch eine tägliche Antivirenprüfung durch und informiert Sie per E-Mail über das Ergebnis ❸. Nach der Installation finden Sie das Plugin unter Einstellungen → AntiVirus. Eine ausführliche deutsche Beschreibung über das Plugin finden Sie unter der URL *http://playground.ebiene.de/antivirus-wordpress-plugin/*.

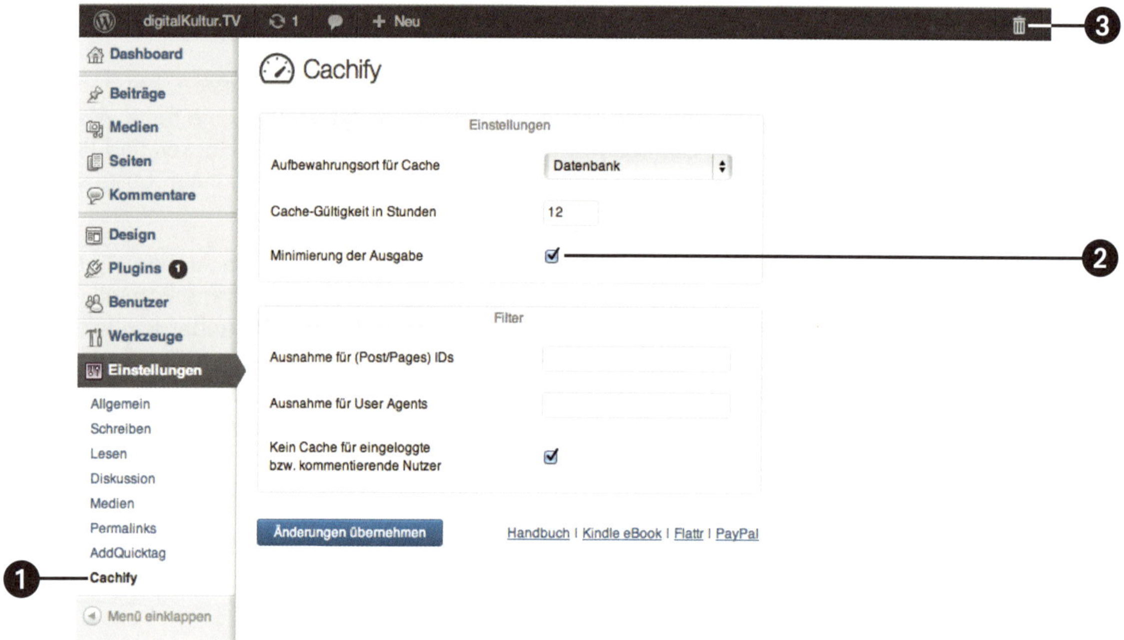
digitalKultur.TV
1
Neu
Dashboard
Beiträge
Medien
Seiten
Kommentare
Design
Plugins 1
Benutzer
Werkzeuge
Einstellungen
Allgemein
Schreiben
Lesen
Diskussion
Medien
Permalinks
AddQuicktag
Cachify
Menü einklappen
Cachify
Einstellungen
Aufbewahrungsort für Cache
Datenbank
Cache-Gültigkeit in Stunden
12
Minimierung der Ausgabe
Filter
Ausnahme für (Post/Pages) IDs
Ausnahme für User Agents
Kein Cache für eingeloggte bzw. kommentierende Nutzer
Änderungen übernehmen
Handbuch | Kindle eBook | Flattr | PayPal
1
2
3

# Ihre Website bzw. Ihr Blog beschleunigen und optimieren

WordPress baut Webseiten und Blogs dynamisch zusammen, was bedeutet, dass bei jeder URL-Anfrage an den Server WordPress Daten aus der Datenbank herausholt, um anschließend mithilfe des Themes bzw. Templates die Webseite für den Besucher zusammenzubauen. In der Regel arbeitet der Server eine solche Anfrage in dem Bruchteil einer Sekunde ab. Wachsen aber die Anfragen an den Server, gerät er ins Schwitzen, und im schlimmsten Fall ist die Website nicht mehr erreichbar.

Um die Anfragen an Server und Datenbankserver zu reduzieren, bietet sich der Einsatz eines sogenannten **Caching-Plugins** an. Es speichert, grob gesagt, bereits eine Kopie der jeweiligen Webseite ab und liefert diese prompt aus, ohne dass die Datenbank mehrere Abfragen abarbeiten muss. Das beschleunigt die Ausgabe der Website und schont die Server-CPU.

Das bekannteste Caching-Plugin für WordPress nennt sich W3 Total Cache und ist unter *www.wordpress.org/extend/plugins/w3-total-cache/* zu finden. Für die Bedienung und seine Einstellungsmöglichkeiten benötigt man jedoch zahlreiche Kenntnisse und Erfahrungen im Umgang mit Servern und Kenntnisse in Webtechnologien.

Einfacher gestaltet sich das Plugin Cachify (*http://wordpress.org/extend/plugins/cachify/*). Es ist kompakt und übersichtlich, steigert die Performance und ist in deutscher Sprache erhältlich (auch die Dokumentation). Nach der herkömmlichen Installation finden Sie die übersichtlichen Einstellungsmöglichkeiten unter Einstellungen → Cachify ❶. Unmittelbar nachdem Sie das Plugin aktiviert haben, beginnt es mit der Arbeit. Die Einstellungen können so belassen. Interessant ist vielleicht noch der Menüpunkt Minimierung der Ausgabe ❷. Die »Minimierung« löscht sämtliche überflüssigen Zeichen im übermittelten HTML-Dokument und reduziert die Dateigröße einer Webseite. Dadurch verkürzen sich die Ladezeiten.

Um den Cache einmal vollkommen zu leeren, klicken Sie in der grauen Adminleiste einfach rechts auf den kleinen Mülleimer ❸. Weitere Informationen zur Arbeitsweise und den jeweiligen Funktionen lesen Sie in der Dokumentation unter *http://playground.ebiene.de/cachify-wordpress-cache/*.

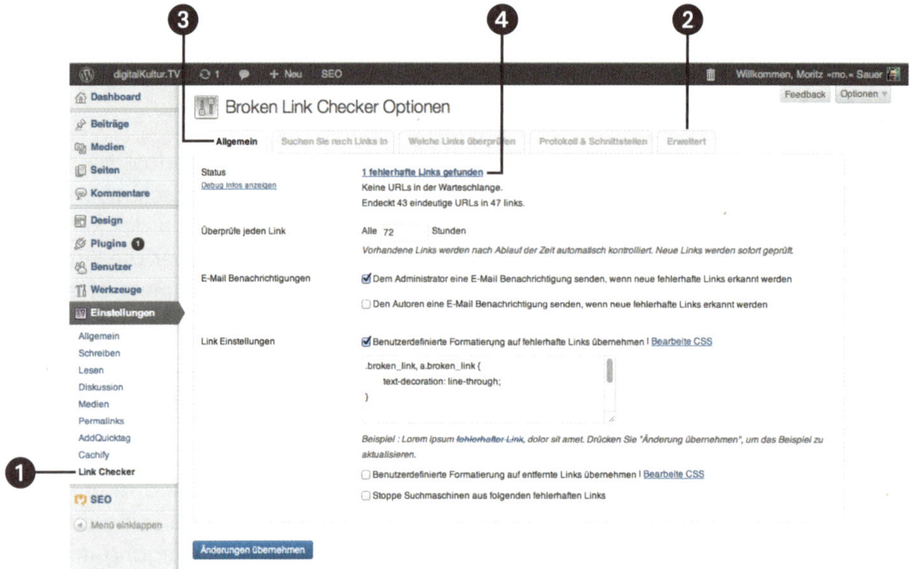
3
4
2
digitalKultur.TV
Neu
SEO
Willkommen, Moritz »mo.« Sauer
Feedback
Optionen
Dashboard
Beiträge
Medien
Seiten
Kommentare
Design
Plugins
Benutzer
Werkzeuge
Einstellungen
Allgemein
Schreiben
Lesen
Diskussion
Medien
Permalinks
AddQuicktag
Cachify
1
Link Checker
SEO
Menü einklappen
Broken Link Checker Optionen
Allgemein
Suchen Sie nach Links in
Welche Links überprüfen
Protokoll & Schnittstellen
Erweitert
Status
Debug Infos anzeigen
1 fehlerhafte Links gefunden
Keine URLs in der Warteschlange.
Endeckt 43 eindeutige URLs in 47 links.
Überprüfe jeden Link
Alle 72 Stunden
Vorhandene Links werden nach Ablauf der Zeit automatisch kontrolliert. Neue Links werden sofort geprüft.
E-Mail Benachrichtigungen
Dem Administrator eine E-Mail Benachrichtigung senden, wenn neue fehlerhafte Links erkannt werden
Den Autoren eine E-Mail Benachrichtigung senden, wenn neue fehlerhafte Links erkannt werden
Link Einstellungen
Benutzerdefinierte Formatierung auf fehlerhafte Links übernehmen | Bearbeite CSS
.broken_link, a.broken_link {
text-decoration: line-through;
}
Beispiel : Lorem ipsum fehlerhafter Link, dolor sit amet. Drücken Sie "Änderung übernehmen", um das Beispiel zu aktualisieren.
Benutzerdefinierte Formatierung auf entfernte Links übernehmen | Bearbeite CSS
Stoppe Suchmaschinen aus folgenden fehlerhaften Links
Änderungen übernehmen

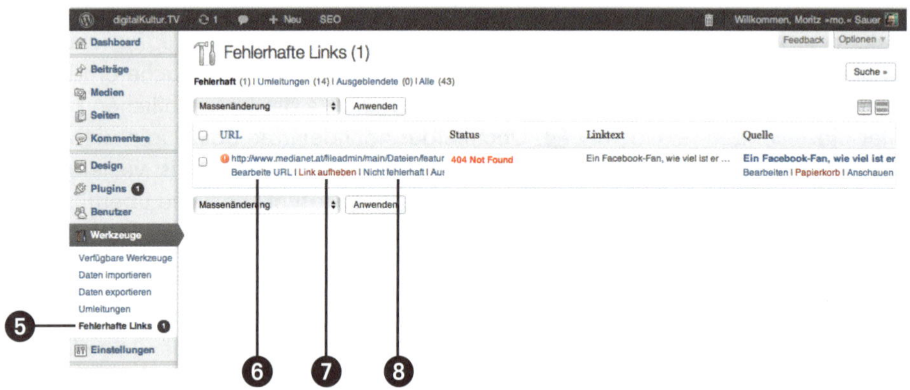
digitalKultur.TV
Neu
SEO
Willkommen, Moritz »mo.« Sauer
Feedback
Optionen
Dashboard
Beiträge
Medien
Seiten
Kommentare
Design
Plugins
Benutzer
Werkzeuge
Verfügbare Werkzeuge
Daten importieren
Daten exportieren
Umleitungen
5
Fehlerhafte Links
Einstellungen
Fehlerhafte Links (1)
Suche »
Fehlerhaft (1) | Umleitungen (14) | Ausgeblendete (0) | Alle (43)
Massenänderung
Anwenden
URL
Status
Linktext
Quelle
http://www.medianet.at/fileadmin/main/Dateien/featur
404 Not Found
Ein Facebook-Fan, wie viel ist er ...
Ein Facebook-Fan, wie viel ist er
Bearbeite URL | Link aufheben | Nicht fehlerhaft | Au
Bearbeiten | Papierkorb | Anschauen
6
7
8

# Links in Beiträgen automatisch prüfen

Wächst eine Website, wächst mit ihr auch die Wahrscheinlichkeit, dass einige Links ins digitale Nirvana führen (man spricht auch von zerbrochenen Links). Im besten Fall federt eine 404-Fehlerseite irregeführte Besucher ab. Abhilfe schafft das Plugin Broken Link Checker (*http://wordpress.org/extend/plugins/broken-link-checker/*). Dieses überwacht und überprüft gesetzte Links in Beiträgen, Seiten und anderen Feldern wie den Benutzerdefinierten Feldern automatisch. Auf Wunsch operiert es selbsttätig in Zeitintervallen und schickt Ihnen per E-Mail eine Benachrichtigung, wenn ein kaputter Link entdeckt wurde. Oder Sie schauen im Dashboard nach. Dort blendet das Plugin einen neuen Informationskasten ein. Außerdem markiert es defekte Links in Beiträgen und Seiten, indem es sie durchgestrichen auf der Website anzeigt.

Das Plugin installieren Sie auf dem üblichen Weg. Nach der Aktivierung finden Sie unter Einstellungen → Link Checker ❶ den neuen Menüpunkt für die Einstellungen des Plugins. Die Einstellungsmöglichkeiten sind selbsterklärend, und das Plugin ist bereits mit den Standardeinstellungen gut konfiguriert. Klicken Sie sich durch die Register, um einen Eindruck vom Plugin zu erhalten und es an Ihre Wünsche anzupassen.

Um das Plugin arbeiten zu lassen, öffnen Sie das Register Erweitert ❷. Dort finden Sie die Schaltfläche Überprüfe alle Seiten noch einmal. Diese Funktion führt einen Reset des Plugins durch und startet die Suche nach zerbrochenen Links erneut. Den Fortschritt der Analyse sehen Sie auf der Registerkarte Allgemein ❸ oder im Dashboard. Entdeckt das Plugin einen fehlerhaften Link, wird diese Information eingeblendet ❹.

Defekte Links reparieren Sie über den Menüpunkt Werkzeuge → Fehlerhafte Links ❺. Hier können Sie Links bearbeiten ❻, die Verlinkung aufheben ❼ oder Links als Nicht fehlerhaft ❽ markieren. Das geschieht alles komfortabel und ohne den Beitrag oder die Seite öffnen zu müssen.

Eine deutsche Anleitung zum Broken Link Checker finden Sie unter *http://wordpress.org/plugins/broken-link-checker/*.

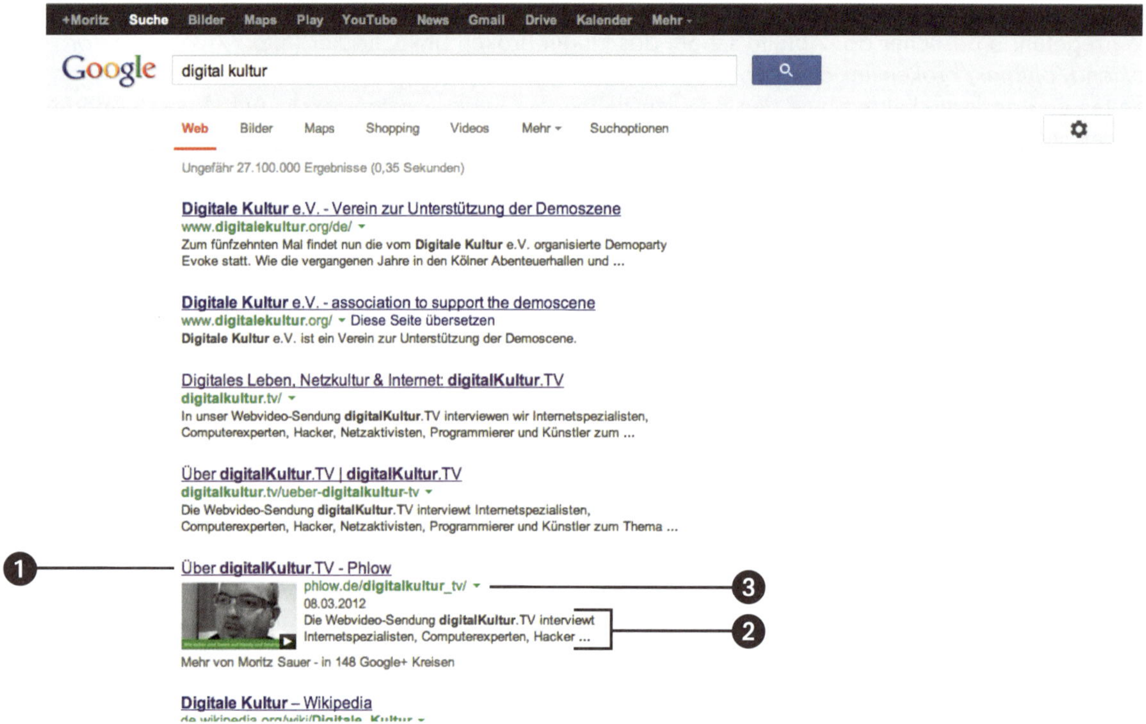
+Moritz Suche Bilder Maps Play YouTube News Gmail Drive Kalender Mehr
Google
digital kultur
Web Bilder Maps Shopping Videos Mehr Suchoptionen
Ungefähr 27.100.000 Ergebnisse (0,35 Sekunden)
Digitale Kultur e.V. - Verein zur Unterstützung der Demoszene
www.digitalekultur.org/de/
Zum fünfzehnten Mal findet nun die vom Digitale Kultur e.V. organisierte Demoparty Evoke statt. Wie die vergangenen Jahre in den Kölner Abenteuerhallen und ...
Digitale Kultur e.V. - association to support the demoscene
www.digitalekultur.org/ Diese Seite übersetzen
Digitale Kultur e.V. ist ein Verein zur Unterstützung der Demoscene.
Digitales Leben, Netzkultur & Internet: digitalKultur.TV
digitalkultur.tv/
In unser Webvideo-Sendung digitalKultur.TV interviewen wir Internetspezialisten, Computerexperten, Hacker, Netzaktivisten, Programmierer und Künstler zum ...
Über digitalKultur.TV | digitalKultur.TV
digitalkultur.tv/ueber-digitalkultur-tv
Die Webvideo-Sendung digitalKultur.TV interviewt Internetspezialisten, Computerexperten, Hacker, Netzaktivisten, Programmierer und Künstler zum Thema ...
1
Über digitalKultur.TV - Phlow
phlow.de/digitalkultur_tv/
3
08.03.2012
Die Webvideo-Sendung digitalKultur.TV interviewt Internetspezialisten, Computerexperten, Hacker ...
2
Mehr von Moritz Sauer - in 148 Google+ Kreisen
Digitale Kultur – Wikipedia

# Suchmaschinenoptimierung

Mithilfe der Suchmaschinenoptimierung erreicht Ihre Website bzw. Ihr Blog nicht nur bessere Positionen in den Suchergebnissen von Google & Co., sondern sie kommt auch und vor allem Ihren Besucher und Lesern zugute. Denn der Aufbau von Beiträgen im Internet orientiert sich stark an der Strukturierung von Büchern und Zeitungsartikeln. Der grundsätzliche Unterschied zum Buch sind die Links. Ansonsten gelten für suchmaschinenoptimierte Artikel ähnliche journalistische Grundsätze und Tugenden. Dazu gehören auf Webseiten diese Elemente:

- Überschriften und Zwischenüberschriften,
- drei bis neun wiederkehrende Such- bzw. Schlagwörter (Keywords) pro Beitrag/Seite,
- eine Kurzbeschreibung mit maximal 156 Zeichen,
- weiterführende Links zu ähnlichen Inhalten,
- gefettete oder kursiv geschriebene wichtige Schlüsselwörter im Text sowie
- Bilder mit aussagekräftigen Namen.

Die drei wichtigsten Elemente eines Webdokuments, die Suchmaschinen in ihren Ergebnissen anzeigen, sind die folgenden:

**Überschrift ❶:** Die Überschrift eines Beitrags sollte die wichtigsten Schlagwörter enthalten, den Suchenden ansprechen und nicht länger als 70 Zeichen lang sein. Positionieren Sie die Schlagwörter so weit vorne wie möglich. Viele Themes greifen auf die Überschrift zurück, um den Seitentitel zu erzeugen.

**Kurzbeschreibung ❷:** Suchmaschinen zeigen kleine Textauszüge einer Webseite für die Kurzbeschreibung an. Diese Textauszüge sind meist nicht länger als maximal 160 Zeichen. Ohne Plugin gibt es keine direkte Möglichkeit, einer Suchmaschine eine Kurzbeschreibung zu übergeben.

**URL ❸:** Die Adresse einer Webseite oder eines Blogartikels sollte lesbar und verständlich aufgebaut sein und wichtige Schlagwörter des Beitrags beinhalten, z. B. in dieser Form: *http://digitalkultur.tv/facebook-datenschutz*. Wie Sie die URL eines Beitrags/einer Seite bearbeiten, lesen Sie auf Seite 131.

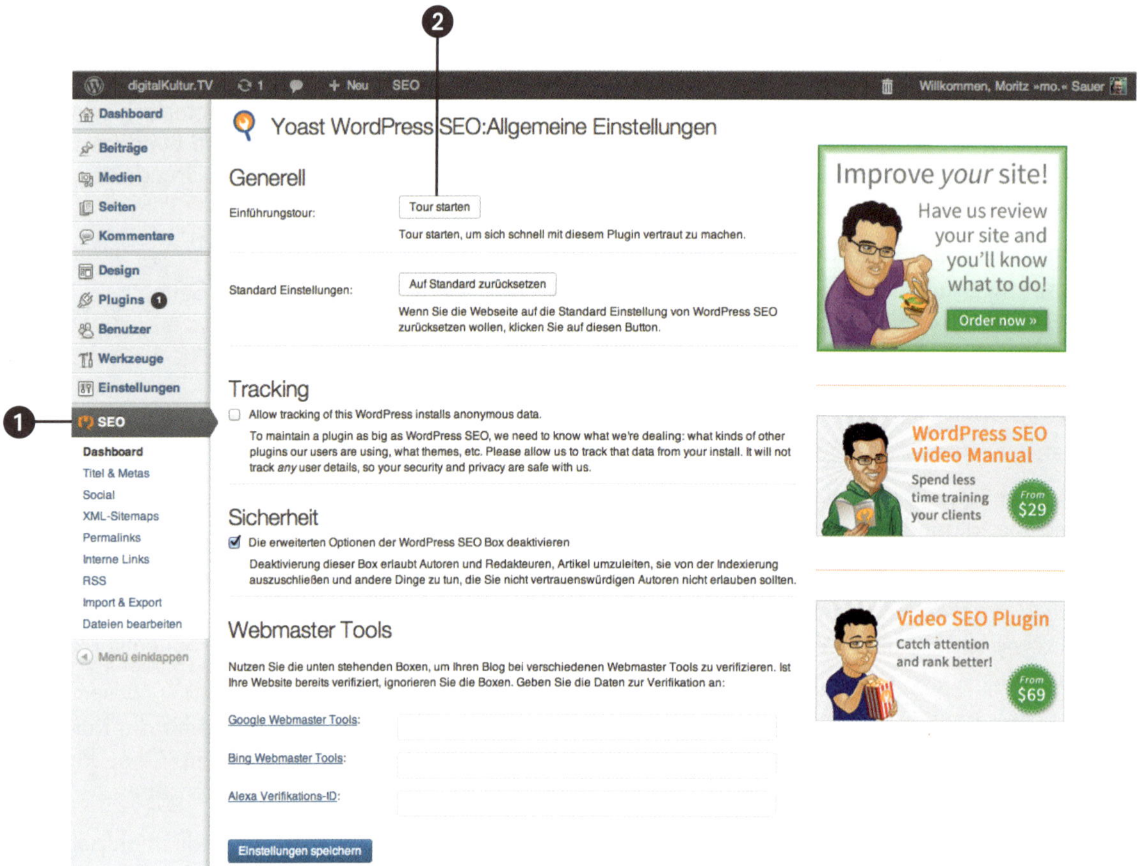
2
digitalKultur.TV
1
+ Neu
SEO
Willkommen, Moritz »mo.« Sauer
Dashboard
Beiträge
Medien
Seiten
Kommentare
Design
Plugins 1
Benutzer
Werkzeuge
Einstellungen
1
SEO
Dashboard
Titel & Metas
Social
XML-Sitemaps
Permalinks
Interne Links
RSS
Import & Export
Dateien bearbeiten
Menü einklappen
Yoast WordPress SEO:Allgemeine Einstellungen
Generell
Einführungstour:
Tour starten
Tour starten, um sich schnell mit diesem Plugin vertraut zu machen.
Standard Einstellungen:
Auf Standard zurücksetzen
Wenn Sie die Webseite auf die Standard Einstellung von WordPress SEO zurücksetzen wollen, klicken Sie auf diesen Button.
Tracking
Allow tracking of this WordPress installs anonymous data.
To maintain a plugin as big as WordPress SEO, we need to know what we're dealing: what kinds of other plugins our users are using, what themes, etc. Please allow us to track that data from your install. It will not track any user details, so your security and privacy are safe with us.
Sicherheit
Die erweiterten Optionen der WordPress SEO Box deaktivieren
Deaktivierung dieser Box erlaubt Autoren und Redakteuren, Artikel umzuleiten, sie von der Indexierung auszuschließen und andere Dinge zu tun, die Sie nicht vertrauenswürdigen Autoren nicht erlauben sollten.
Webmaster Tools
Nutzen Sie die unten stehenden Boxen, um Ihren Blog bei verschiedenen Webmaster Tools zu verifizieren. Ist Ihre Website bereits verifiziert, ignorieren Sie die Boxen. Geben Sie die Daten zur Verifikation an:
Google Webmaster Tools:
Bing Webmaster Tools:
Alexa Verifikations-ID:
Einstellungen speichern
Improve your site!
Have us review your site and you'll know what to do!
Order now »
WordPress SEO Video Manual
Spend less time training your clients
From $29
Video SEO Plugin
Catch attention and rank better!
From $69

# Bessere Positionen bei Google & Co.

Zahlreiche Plugins buhlen um Ihre Aufmerksamkeit, wenn es um das Thema Suchmaschinenoptimierung geht. Das beste und großartigste Plugin ist **WordPress SEO** by Yoast (*http://wordpress.org/extend/plugins/wordpress-seo/*). Das Plugin des niederländischen SEO-Experten bietet alle relevanten Funktionen für die Suchmaschinenoptimierung unter einer Haube. Dazu gehört die Möglichkeit, sowohl jeden einzelnen Beitrag/jede Seite individuell zu optimieren als auch Einstellungen für die gesamte Website vorzunehmen. WordPress SEO bietet Ihnen unter anderem folgende Funktionen: Optimierung für Facebook, automatische Sitemap-Generierung und die individuelle und automatisierte Erstellung von passenden Titeln und Beschreibungen für sämtliche WordPress-Webseiten.

Die Installation des Plugins funktioniert wie bei allen anderen Plugins auch. Nach der Aktivierung finden Sie die zahlreichen Einstellungsmöglichkeiten in der Navigation mit eigenem Symbol unter SEO ❶. Da die Behandlung der zahlreichen Einstellungsmöglichkeiten den Rahmen dieses Buchs sprengen würde, empfehle ich Ihnen, sich mithilfe der Tour eine Übersicht zu verschaffen. Klicken Sie dazu auf den Menüpunkt SEO und anschließend auf Tour starten ❷.

Aus Platzgründen gehe ich auf der folgenden Seite nur auf die wichtigste Funktionalität von WordPress SEO ein. Mehr zum Thema finden Sie unter *www.phlow.de/suchmaschinenoptimierung*, dort gibt es auch eine ausführliche Anleitung, die Sie sich kostenlos herunterladen können. Oder Sie lesen sich den exzellenten englischen Leitfaden von Yoast unter *www.yoast.com/articles/wordpress-seo/* durch.

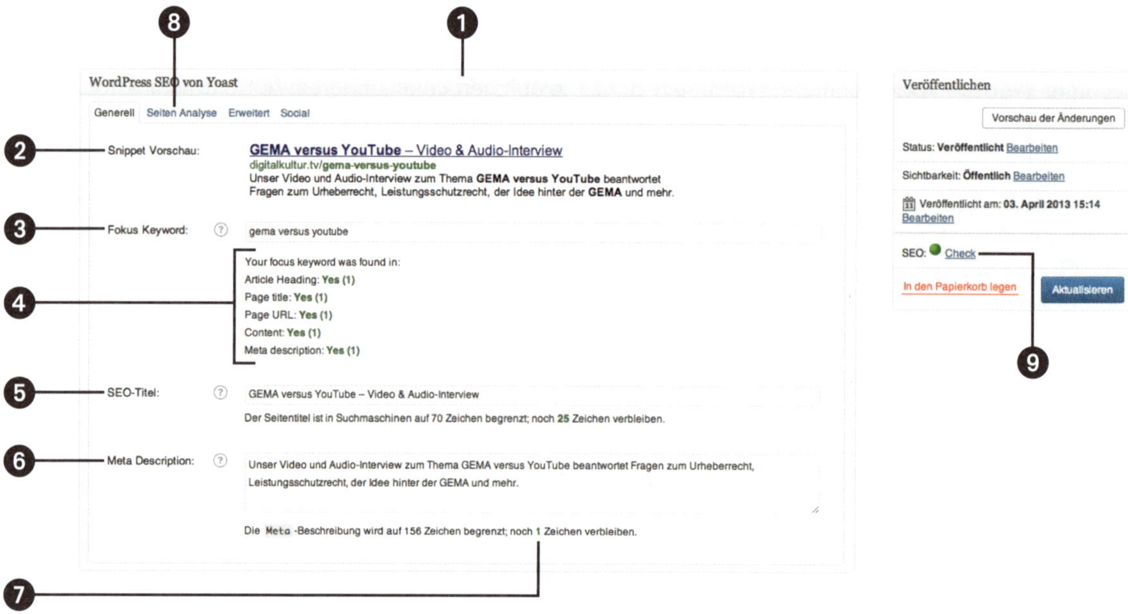
8
1
WordPress SEO von Yoast
Generell
Seiten Analyse
Erweitert
Social
2
Snippet Vorschau:
GEMA versus YouTube – Video & Audio-Interview
digitalkultur.tv/gema-versus-youtube
Unser Video und Audio-Interview zum Thema GEMA versus YouTube beantwortet Fragen zum Urheberrecht, Leistungsschutzrecht, der Idee hinter der GEMA und mehr.
3
Fokus Keyword:
gema versus youtube
4
Your focus keyword was found in:
Article Heading: Yes (1)
Page title: Yes (1)
Page URL: Yes (1)
Content: Yes (1)
Meta description: Yes (1)
5
SEO-Titel:
GEMA versus YouTube – Video & Audio-Interview
Der Seitentitel ist in Suchmaschinen auf 70 Zeichen begrenzt; noch 25 Zeichen verbleiben.
6
Meta Description:
Unser Video und Audio-Interview zum Thema GEMA versus YouTube beantwortet Fragen zum Urheberrecht, Leistungsschutzrecht, der Idee hinter der GEMA und mehr.
Die Meta -Beschreibung wird auf 156 Zeichen begrenzt; noch 1 Zeichen verbleiben.
7
Veröffentlichen
Vorschau der Änderungen
Status: Veröffentlicht Bearbeiten
Sichtbarkeit: Öffentlich Bearbeiten
Veröffentlicht am: 03. April 2013 15:14 Bearbeiten
SEO: Check
In den Papierkorb legen
Aktualisieren
9

# Webseiten mit WordPress SEO optimieren

Wenn Sie WordPress SEO installiert und aktiviert haben, finden Sie unter jedem Beitrag, jeder Seite und auf den Verwaltungsseiten für Kategorien und Schlagwörter neue Eingabefelder des Plugins WordPress SEO. Über diese Felder können Sie zwei der drei wichtigsten Elemente für die Suchmaschinenoptimierung (siehe Seite 261) eingeben und optimieren: den Titel und die Kurzbeschreibung.

Auf der linken Seite sehen Sie oben den Kasten WordPress SEO ❶, über den Sie den Beitrag optimieren können. Wie das Suchergebnis des Beitrags/der Seite in den Suchergebnissen aussieht, zeigt Ihnen die Snippet Vorschau ❷ an. Beachten Sie, dass dies nur eine Vorschau ist, sie garantiert Ihnen nicht, dass Google & Co. die Einstellungen blind übernehmen.

In das Feld Fokus Keyword ❸ geben Sie das Hauptschlagwort oder die Wortfolge ein, auf die Sie sich konzentrieren. Füllen Sie dieses Feld aus, damit das Plugin Ihren Beitrag analysieren kann. Sie starten die Analyse, indem Sie den Beitrag/die Seite speichern oder aktualisieren. Anschließend zeigt Ihnen das Plugin an, ob Sie das Fokus Keyword an wichtigen Stellen genutzt haben ❹.

Über SEO Titel ❺ geben Sie den Titel für Ihre Webseite an, und das Feld Meta Description ❻ füllen Sie mit der Kurzbeschreibung. Sobald Sie anfangen, in eines der Felder zu tippen, aktualisiert das Plugin die Snippet-Vorschau. Außerdem läuft unterhalb beider Felder jeweils ein Zähler ❼ mit, der Ihnen hilft, die maximale Anzahl an Zeichen nicht zu überschreiten.

Sobald Sie einen Beitrag/eine Seite speichern oder aktualisieren, analysiert das Plugin die Eingaben und bietet Ihnen eine ausführliche Seitenanalyse an. Diese öffnen Sie, indem Sie entweder auf das Register Seiten Analyse ❽ oder im Veröffentlichen-Kasten auf SEO Check ❾ klicken.

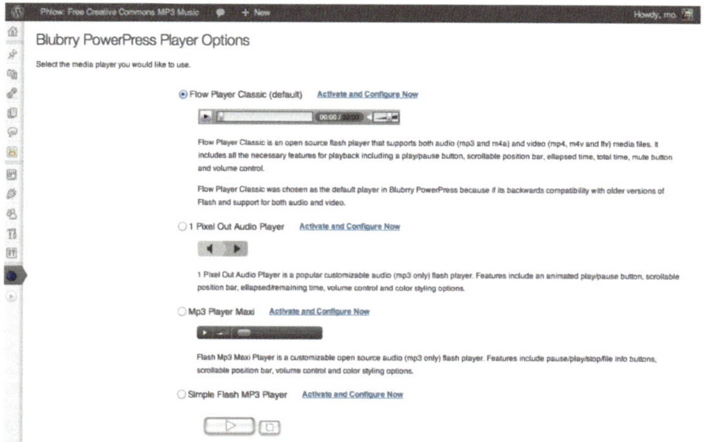
Phlow: Free Creative Commons MP3 Music
+ New
Howdy, mo
Blubrry PowerPress Player Options
Select the media player you would like to use.
Flow Player Classic (default)
Activate and Configure Now
Flow Player Classic is an open source flash player that supports both audio (mp3 and m4a) and video (mp4, m4v and flv) media files. It includes all the necessary features for playback including a play/pause button, scrollable position bar, ellapsed time, total time, mute button and volume control.
Flow Player Classic was chosen as the default player in Blubrry PowerPress because if its backwards compatibility with older versions of Flash and support for both audio and video.
1 Pixel Out Audio Player
Activate and Configure Now
1 Pixel Out Audio Player is a popular customizable audio (mp3 only) flash player. Features include an animated play/pause button, scrollable position bar, ellapsed/remaining time, volume control and color styling options.
Mp3 Player Maxi
Activate and Configure Now
Flash Mp3 Maxi Player is a customizable open source audio (mp3 only) flash player. Features include pause/play/stop/file info buttons, scrollable position bar, volume control and color styling options.
Simple Flash MP3 Player
Activate and Configure Now

Image 1 / 3 Custom title

# Noch mehr Plugins

Die Zahl kostenloser Plugins ist schier unendlich, sie aufzulisten, würde den Umfang des Buchs sprengen. Diese letzten drei möchte ich Ihnen jedoch nicht vorenthalten.

## Anonyme Kommentare verhindern

Mithilfe des Plugins Comment E-Mail Verification (*http://wordpress.org/extend/plugins/comment-email-verify/*) zwingen Sie Kommentarschreiber, eine richtige E-Mail-Adresse zu verwenden. Die Funktion ist denkbar einfach: Wenn jemand das erste Mal einen Kommentar schreibt, verschiebt WordPress den Kommentar in die Warteschleife. Anschließend erhält der Kommentarschreiber eine E-Mail mit einem Bestätigungslink, über den er seinen Kommentar selbst freischalten kann. Das erleichtert Ihnen die Arbeit und garantiert für existierende E-Mail-Adressen.

## Praktisch für Podcaster

Wer mit WordPress einen eigenen Podcast betreiben möchte, kommt am PowerPress-Plugin (*http://wordpress.org/extend/plugins/powerpress/*) von Blubrry nicht vorbei. Denn PowerPress unterstützt Podcaster mit einer Reihe praktischer Funktionen: Dazu gehören nicht nur verschiedene farblich gestaltbare Flash-Player für das MP3-Streaming, sondern auch ein RSS-Tuning. Insbesondere die Erweiterung des RSS-Standards zum iTunes-tauglichen Podcast-Format garantiert, dass Sie Ihren Podcast auch bei iTunes selbst anmelden können.

## Bilder schöner einblenden

Sie kennen sicherlich den Effekt: Sie klicken auf ein kleines Foto auf einer Webseite, und sanft öffnet sich ein Fenster in der Mitte, während die restliche Webseite abgedunkelt wird, damit das vergrößerte Bild in der Mitte des Bildschirms die volle Aufmerksamkeit bekommt. Dieser Effekt ist unter dem Namen Lightbox bekannt. Ein exzellentes Plugin unter den zahlreichen Lightbox-Erweiterungen ist FancyBox for WordPress (*http://wordpress.org/extend/plugins/fancybox-for-wordpress/*). Es bietet Ihnen leicht verständliche Einstellungsmöglichkeiten, um den Effekt an Ihre Vorlieben anzupassen.

# Kapitel 9 | Updates, Apps und Extras

Innerhalb der letzten zehn Jahre haben die Programmierer von WordPress kontinuierlich daran gearbeitet, administrative Funktionen immer weiter zu vereinfachen und WordPress leichter bedienbar zu machen. Von der vergleichsweise einfachen Installation bis hin zur Pflege und Wartung des Systems brauchen Sie meist nur wenige Klicks, um typische Aufgaben auszuführen.

In diesem Kapitel erfahren Sie, wie Sie Daten einer WordPress-Website exportieren – ganz gleich, ob es sich dabei um eine WordPress.com-Site oder um eine eigene Installation handelt. Sie lernen außerdem, wie Sie WordPress aktualisieren, wenn eine neue Version der Software erscheint.

Schließlich entführe ich Sie auf einem Kurztripp in das erstaunliche Ökosystem rund um WordPress. Sowohl die internationale als auch die deutsche Community unterstützen Sie jederzeit bei Problemen.

# Import & Export: von WordPress.com zum selbst gehosteten Webauftritt und zurück

Einer der dicksten Pluspunkte von WordPress ist die Tatsache, dass die Betreiber hinter WordPress Sie nicht mit aller Macht an Ihre Entscheidung für oder gegen eine eigene Installation binden wollen. Ganz gleich, ob Sie auf WordPress.com eine Website betreiben oder eine eigene Installation laufen haben: Sie können problemlos Ihre Inhalte (Beiträge, Seiten, Bilder, Schlagwörter und Kategorien) von WordPress.com auf eine selbst gehostete Installation bringen – und umgekehrt.

Beachten Sie dabei, dass bei dieser Art von Im- und Export nur die Inhalte und keinerlei Einstellungen transferiert werden, d. h., die Einstellungen (Konfiguration) von WordPress, von Ihrem Theme oder den genutzten Plugins werden nicht übertragen. Diese Einstellungen müssen Sie nachträglich vornehmen.

Da es sich bei der exportierten Datei um eine Textdatei handelt, werden auch die Bilder nicht automatisch exportiert. Sofern die Bilder online abrufbar sind und Sie das jeweilige Häkchen beim Import setzen, werden sie aber übernommen. Wie Export und Import im Detail funktionieren, lesen Sie auf der nächsten Seite.

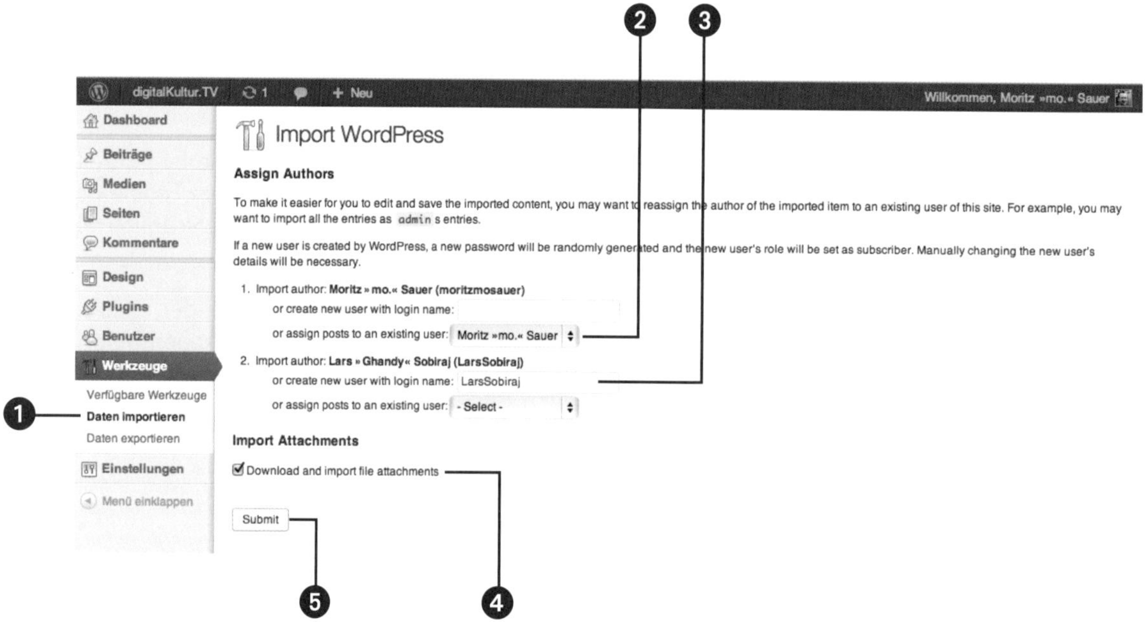
digitalKultur.TV
1
Neu
Willkommen, Moritz »mo.« Sauer
Dashboard
Beiträge
Medien
Seiten
Kommentare
Design
Plugins
Benutzer
Werkzeuge
Verfügbare Werkzeuge
Daten importieren
Daten exportieren
Einstellungen
Menü einklappen
Import WordPress
Assign Authors
To make it easier for you to edit and save the imported content, you may want to reassign the author of the imported item to an existing user of this site. For example, you may want to import all the entries as admin s entries.
If a new user is created by WordPress, a new password will be randomly generated and the new user's role will be set as subscriber. Manually changing the new user's details will be necessary.
1. Import author: Moritz » mo.« Sauer (moritzmosauer)
or create new user with login name:
or assign posts to an existing user: Moritz »mo.« Sauer
2. Import author: Lars » Ghandy« Sobiraj (LarsSobiraj)
or create new user with login name: LarsSobiraj
or assign posts to an existing user: - Select -
Import Attachments
Download and import file attachments
Submit
1
2
3
4
5

# Inhalte erst exportieren, dann importieren

Der Im- und Export von WordPress.com oder einer selbst gehosteten WordPress-Version und funktioniert gleich, nämlich so:

1. Wenn Sie Ihre selbst gehostete Version aufgeben möchten und lieber auf WordPress.com setzen, müssen Sie auf WordPress.com ein Konto samt WordPress-Website anlegen. Möchten Sie von WordPress.com auf eine selbst gehostete Instanz umziehen, überspringen Sie diesen Schritt.
2. Loggen Sie sich jetzt in Ihr altes WordPress-System ein und öffnen Sie den Menüpunkt Werkzeuge → Daten exportieren ❶.
3. Wählen Sie Alle Inhalte und starten Sie den Export der XML-(WXR-)Datei, indem Sie auf die Schaltfläche Export-Datei herunterladen klicken. Der Browser startet dann den Download der Datei.
4. Loggen Sie sich anschließend in Ihr neues WordPress-System ein, öffnen Sie den Menüpunkt Werkzeuge → Daten importieren ❶ und klicken Sie auf WordPress.
   - Wenn Sie die Daten auf WordPress.com bringen möchten, suchen Sie einfach mit dem Befehl Datei auswählen die exportierte Datei auf Ihrem Computer und laden sie mit einem Klick auf Datei hochladen und importieren hoch.
   - Wenn Sie die Daten in ein selbst gehostetes WordPress-System hochladen möchten, müssen Sie nach dem Klick auf WordPress erst einmal das Import-Plugin installieren und aktivieren.
   - Anschließend suchen Sie über Datei auswählen die exportierte Datei auf Ihrem Computer und laden sie mit einem Klick auf Datei hochladen und importieren hoch.
5. Bevor WordPress den Import richtig startet, müssen Sie jetzt noch die zu importierenden Beiträge einem existierenden Benutzer zuweisen ❷ oder einen neuen Benutzer anlegen ❸.
6. Setzen Sie unbedingt ein Häkchen bei Download and import file attachments ❹, damit WordPress Bilder und Anhänge automatisch herunterlädt und importiert.
7. Starten Sie nun den Import mit einem Klick auf Submit ❺.

Der Import kann eine Weile dauern. Hat alles geklappt, meldet sich WordPress mit einem All done. Have fun! zurück. Sie sind erfolgreich umgezogen.

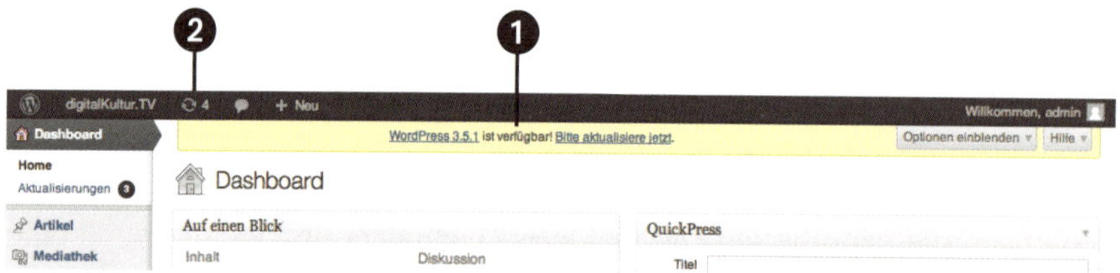
2
1
digitalKultur.TV
4
Neu
Willkommen, admin
Dashboard
WordPress 3.5.1 ist verfügbar! Bitte aktualisiere jetzt.
Optionen einblenden
Hilfe
Home
Aktualisierungen
Dashboard
Artikel
Mediathek
Auf einen Blick
Inhalt
Diskussion
QuickPress
Titel

# Updates und Aktualisierungen

WordPress, Plugins und Themes werden kontinuierlich weiterentwickelt. Neue Versionen beheben Fehler, stopfen Sicherheitslöcher und bieten neue Funktionalitäten, die sehr spannend sein können.

Zum Glück werden Sie automatisch über neue WordPress-Versionen, -Plugins und -Themes informiert, sofern diese über WordPress.org installiert wurden ❶. Wenn es Aktualisierungen für WordPress gibt, erscheinen in der grauen Adminleiste zwei kreisförmige Pfeile und eine Zahl ❷. Die Zahl gibt Auskunft darüber, wie viele Komponenten auf die Aktualisierung warten.

**Halten Sie Ihre WordPress-Installation stets auf dem aktuellen Stand!** Es kommt leider immer häufiger vor, dass WordPress-Systeme gehackt und zweckentfremdet werden, sodass im schlimmsten Fall sogar Schadsoftware über diese gekaperten Systeme verbreitet wird.

Um WordPress auf dem aktuellen Stand zu halten, müssen Sie kontinuierlich Updates einspielen. Dazu stehen Ihnen zwei Möglichkeiten zur Verfügung: die integrierte Aktualisieren-Funktion und der manuelle Upload über ein FTP-Programm. Auf den folgenden Seiten lernen Sie beide Varianten kennen.

**Vor jedem Update sollten Sie unbedingt eine Sicherheitskopie von Ihrem kompletten WordPress-Verzeichnis inklusive Datenbank erstellen.**

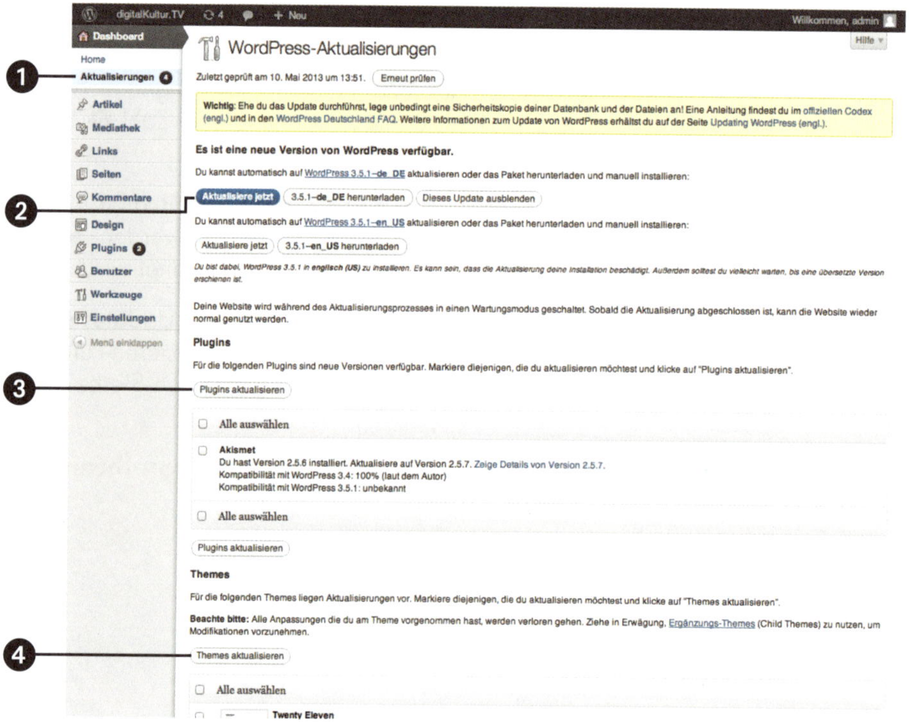
digitalKultur.TV
Neu
Willkommen, admin
Hilfe
Dashboard
Home
Aktualisierungen
Artikel
Mediathek
Links
Seiten
Kommentare
Design
Plugins
Benutzer
Werkzeuge
Einstellungen
Menü einklappen
WordPress-Aktualisierungen
Zuletzt geprüft am 10. Mai 2013 um 13:51.
Erneut prüfen
Wichtig: Ehe du das Update durchführst, lege unbedingt eine Sicherheitskopie deiner Datenbank und der Dateien an! Eine Anleitung findest du im offiziellen Codex (engl.) und in den WordPress Deutschland FAQ. Weitere Informationen zum Update von WordPress erhältst du auf der Seite Updating WordPress (engl.).
Es ist eine neue Version von WordPress verfügbar.
Du kannst automatisch auf WordPress 3.5.1–de_DE aktualisieren oder das Paket herunterladen und manuell installieren:
Aktualisiere jetzt
3.5.1–de_DE herunterladen
Dieses Update ausblenden
Du kannst automatisch auf WordPress 3.5.1–en_US aktualisieren oder das Paket herunterladen und manuell installieren:
Aktualisiere jetzt
3.5.1–en_US herunterladen
Deine Website wird während des Aktualisierungsprozesses in einen Wartungsmodus geschaltet. Sobald die Aktualisierung abgeschlossen ist, kann die Website wieder normal genutzt werden.
Plugins
Für die folgenden Plugins sind neue Versionen verfügbar. Markiere diejenigen, die du aktualisieren möchtest und klicke auf "Plugins aktualisieren".
Plugins aktualisieren
Alle auswählen
Akismet
Du hast Version 2.5.6 installiert. Aktualisiere auf Version 2.5.7. Zeige Details von Version 2.5.7.
Kompatibilität mit WordPress 3.4: 100% (laut dem Autor)
Kompatibilität mit WordPress 3.5.1: unbekannt
Alle auswählen
Plugins aktualisieren
Themes
Für die folgenden Themes liegen Aktualisierungen vor. Markiere diejenigen, die du aktualisieren möchtest und klicke auf "Themes aktualisieren".
Beachte bitte: Alle Anpassungen die du am Theme vorgenommen hast, werden verloren gehen. Ziehe in Erwägung, Ergänzungs-Themes (Child Themes) zu nutzen, um Modifikationen vorzunehmen.
Themes aktualisieren
Alle auswählen
Twenty Eleven
1
2
3
4

# WordPress automatisch aktualisieren

Wenn Sie WordPress automatisch aktualisieren möchten, gehen Sie so vor:

1. Erstellen Sie eine Sicherheitskopie Ihrer Datenbank – z. B. mithilfe des Plugins von Seite 253.
2. Loggen Sie sich per FTP auf Ihrem Webspace ein und sichern Sie das komplette WordPress-Verzeichnis auf Ihrem Rechner. Wie Sie mit einem FTP-Client umgehen, erfahren Sie in einem meiner Videotutorials, das Sie unter *www.phlow.de/ftp* finden.
3. Loggen Sie sich in das Backend ein und öffnen Sie den Menüpunkt Dashboard → Aktualisierungen ❶.
   - **Um WordPress zu aktualisieren**, klicken Sie auf die Schaltfläche Aktualisiere jetzt ❷. Während des kommenden Installationsprozesses lädt WordPress die neue Version automatisch herunter und aktualisiert sämtliche Dateien samt Datenbank.
   - **Um Ihre Plugins zu aktualisieren**, wählen Sie entweder alle veralteten Plugins oder nur dasjenige, das Sie aktualisieren wollen, aus. Klicken Sie auf Plugins aktualisieren ❸, um die Aktualisierung zu starten.
   - **Um Themes zu aktualisieren**, wählen Sie entweder alle veralteten Themes oder nur diejenigen, die Sie aktualisieren möchten, aus. Klicken Sie auf Themes aktualisieren ❹, um die Installation zu starten. **Vorsicht!** Sollten Sie an Ihrem Theme Veränderungen vorgenommen haben, gehen diese bei einem Update verloren.

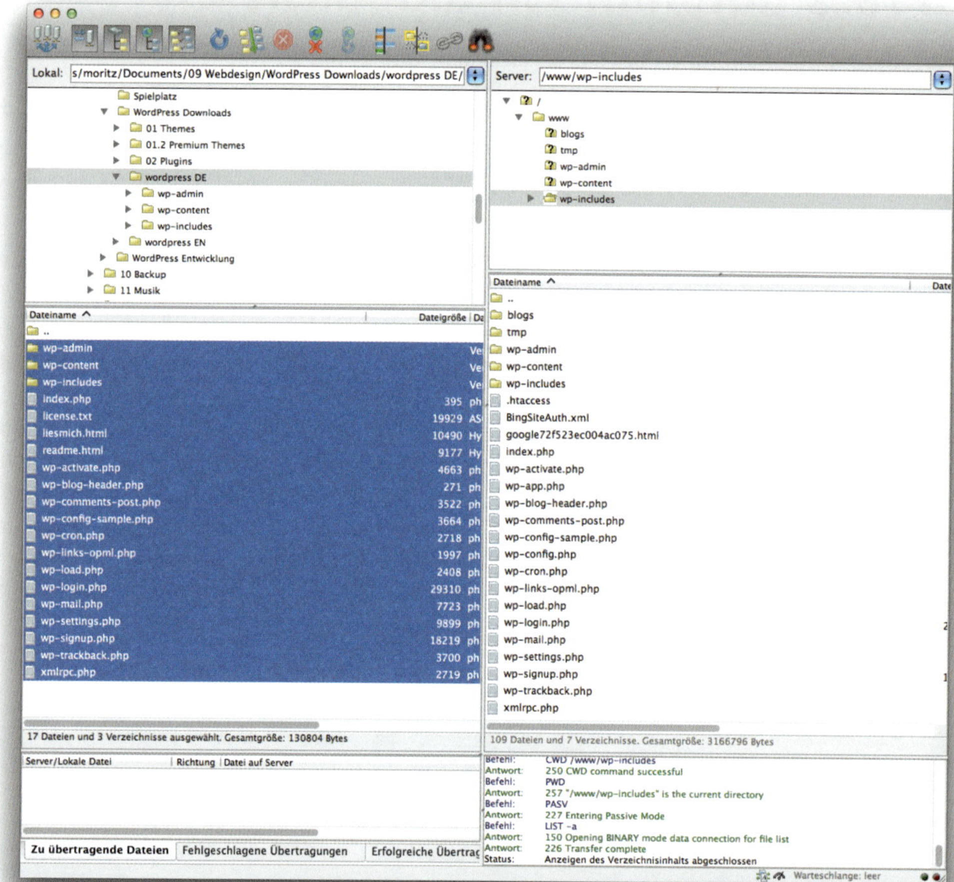
Lokal: s/moritz/Documents/09 Webdesign/WordPress Downloads/wordpress DE/
Server: /www/wp-includes
Spielplatz
WordPress Downloads
01 Themes
01.2 Premium Themes
02 Plugins
wordpress DE
wp-admin
wp-content
wp-includes
wordpress EN
WordPress Entwicklung
10 Backup
11 Musik
/
www
blogs
tmp
wp-admin
wp-content
wp-includes
Dateiname
Dateigröße
wp-admin
wp-content
wp-includes
index.php 395
license.txt 19929
liesmich.html 10490
readme.html 9177
wp-activate.php 4663
wp-blog-header.php 271
wp-comments-post.php 3522
wp-config-sample.php 3664
wp-cron.php 2718
wp-links-opml.php 1997
wp-load.php 2408
wp-login.php 29310
wp-mail.php 7723
wp-settings.php 9899
wp-signup.php 18219
wp-trackback.php 3700
xmlrpc.php 2719
Dateiname
blogs
tmp
wp-admin
wp-content
wp-includes
.htaccess
BingSiteAuth.xml
google72f523ec004ac075.html
index.php
wp-activate.php
wp-app.php
wp-blog-header.php
wp-comments-post.php
wp-config-sample.php
wp-config.php
wp-cron.php
wp-links-opml.php
wp-load.php
wp-login.php
wp-mail.php
wp-settings.php
wp-signup.php
wp-trackback.php
xmlrpc.php
17 Dateien und 3 Verzeichnisse ausgewählt. Gesamtgröße: 130804 Bytes
109 Dateien und 7 Verzeichnisse. Gesamtgröße: 3166796 Bytes
Server/Lokale Datei
Richtung
Datei auf Server
Antwort: 250 CWD command successful
Befehl: PWD
Antwort: 257 "/www/wp-includes" is the current directory
Befehl: PASV
Antwort: 227 Entering Passive Mode
Befehl: LIST -a
Antwort: 150 Opening BINARY mode data connection for file list
Antwort: 226 Transfer complete
Status: Anzeigen des Verzeichnisinhalts abgeschlossen
Zu übertragende Dateien
Fehlgeschlagene Übertragungen
Warteschlange: leer

# WordPress manuell aktualisieren

Der sicherste und beste Weg für eine Aktualisierung sämtlicher Komponenten ist der Upload via FTP. Wenn Sie die folgenden Schritte bei einem Update-Prozess beachten, sollte nichts schiefgehen, und Sie haben alle Daten, um WordPress im alten Zustand wiederherzustellen. So geht's:

1. Erstellen Sie eine Sicherheitskopie Ihrer Datenbank – z. B. mithilfe des Plugins von Seite 253.
2. Loggen Sie sich per FTP auf Ihrem Webspace ein und sichern Sie das komplette WordPress-Verzeichnis auf Ihrem Rechner.
3. Laden Sie die aktuelle WordPress-Version herunter. Die englische Version finden Sie unter *www.wordpress.org/download/* und die deutsche Version unter *www.wpde.org/download/*.
4. Entpacken Sie das ZIP-Archiv auf Ihrem Rechner.
5. Laden Sie sämtliche WordPress-Dateien auf den Server hoch und stellen Sie sicher, dass Ihr FTP-Programm alle alten Dateien überspielt.
6. Öffnen Sie Ihren Browser und rufen Sie Ihre WordPress-Website auf. Geben Sie hinter die URL Ihrer Startseite /wp-admin/upgrade.php ein – z. B. so: *www.ihre-website.de/wp-admin/upgrade.php*. Wenn die Datenbank aktualisiert werden muss, klicken Sie auf die dazugehörige Schaltfläche.
7. Öffnen Sie das Backend und schauen Sie unter Dashboard → Aktualisierungen nach, ob Sie WordPress, Plugins und Themes erfolgreich aktualisiert haben.

## Hinweis

Sollte es nach der Aktualisierung von WordPress zu Problemen kommen, liegt das oft an installierten Plugins, die veraltet sind. In einem solchen Fall deaktivieren Sie am besten sämtliche Plugins und aktivieren eines nach dem anderen, bis der Fehler auftritt.

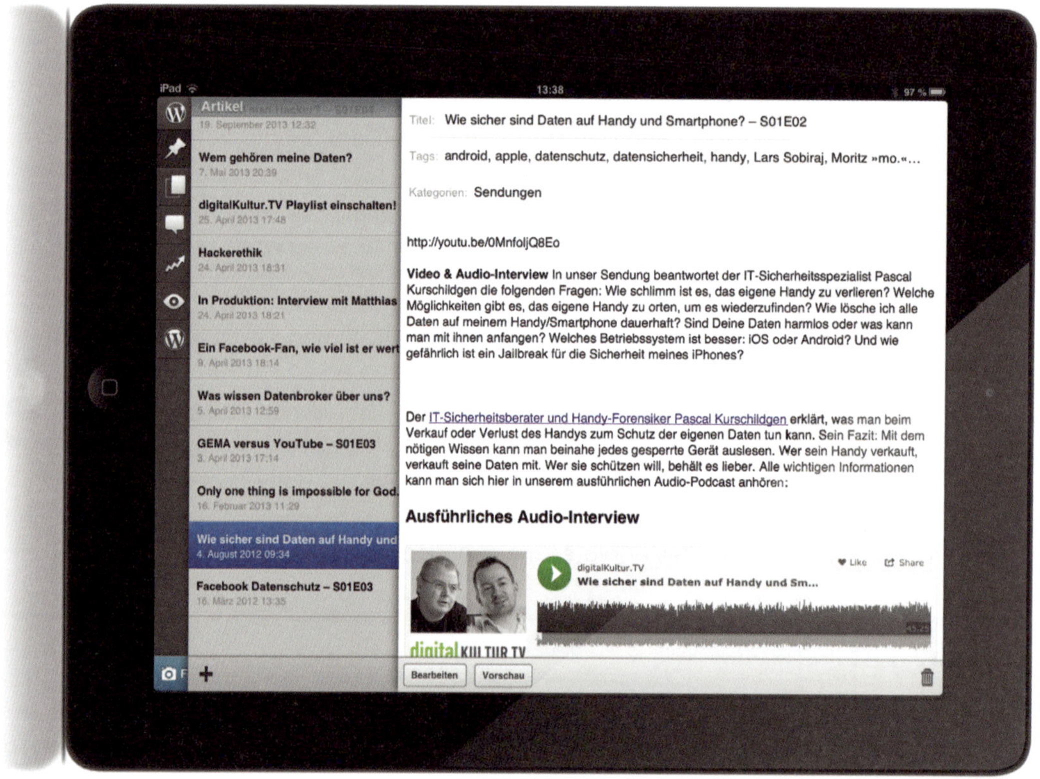
iPad
13:38
97 %
Artikel
19. September 2013 12:32
Wem gehören meine Daten?
7. Mai 2013 20:39
digitalKultur.TV Playlist einschalten!
25. April 2013 17:48
Hackerethik
24. April 2013 18:31
In Produktion: Interview mit Matthias
24. April 2013 18:21
Ein Facebook-Fan, wie viel ist er wert
9. April 2013 18:14
Was wissen Datenbroker über uns?
5. April 2013 12:59
GEMA versus YouTube – S01E03
3. April 2013 17:14
Only one thing is impossible for God.
16. Februar 2013 11:29
Wie sicher sind Daten auf Handy und
4. August 2012 09:34
Facebook Datenschutz – S01E03
16. März 2012 13:35
Titel: Wie sicher sind Daten auf Handy und Smartphone? – S01E02
Tags: android, apple, datenschutz, datensicherheit, handy, Lars Sobiraj, Moritz »mo.«…
Kategorien: Sendungen
http://youtu.be/0MnfoljQ8Eo
Video & Audio-Interview In unser Sendung beantwortet der IT-Sicherheitsspezialist Pascal Kurschildgen die folgenden Fragen: Wie schlimm ist es, das eigene Handy zu verlieren? Welche Möglichkeiten gibt es, das eigene Handy zu orten, um es wiederzufinden? Wie lösche ich alle Daten auf meinem Handy/Smartphone dauerhaft? Sind Deine Daten harmlos oder was kann man mit ihnen anfangen? Welches Betriebssystem ist besser: iOS oder Android? Und wie gefährlich ist ein Jailbreak für die Sicherheit meines iPhones?
Der IT-Sicherheitsberater und Handy-Forensiker Pascal Kurschildgen erklärt, was man beim Verkauf oder Verlust des Handys zum Schutz der eigenen Daten tun kann. Sein Fazit: Mit dem nötigen Wissen kann man beinahe jedes gesperrte Gerät auslesen. Wer sein Handy verkauft, verkauft seine Daten mit. Wer sie schützen will, behält es lieber. Alle wichtigen Informationen kann man sich hier in unserem ausführlichen Audio-Podcast anhören:
Ausführliches Audio-Interview
digitalKultur.TV
Wie sicher sind Daten auf Handy und Sm...
Like
Share
Bearbeiten
Vorschau

# Kostenlose Apps für iPhone, iPad, Android & Co.

WordPress bietet für so gut wie jedes mobile Gerät einen speziellen Editor. Ob Android, iPhone und iPad, Blackberry oder Windows: WordPress unterstützt Sie mit kostenlosen Apps zum Erstellen von Beiträgen und Seiten. Einen Überblick über die zahlreichen Apps finden Sie unter *http://en.support.wordpress.com/apps/*.

Die iPad-App entpuppt sich beispielsweise als vollwertiger Editor, über den Sie auf Wunsch auch mehrere WordPress-Installationen und WordPress.com-Konten verwalten können. Über den Editor können Sie nicht nur Texte schreiben, sondern auch Bilder direkt mit der systemeigenen Kamera schießen und hochladen oder aus der Fotobibliothek heraussuchen und einfügen.

Weitere Informationen zu den iOS-Apps finden Sie unter *http://ios.wordpress.org*, und mehr zu den Android-Apps gibt es unter *http://android.wordpress.org*.

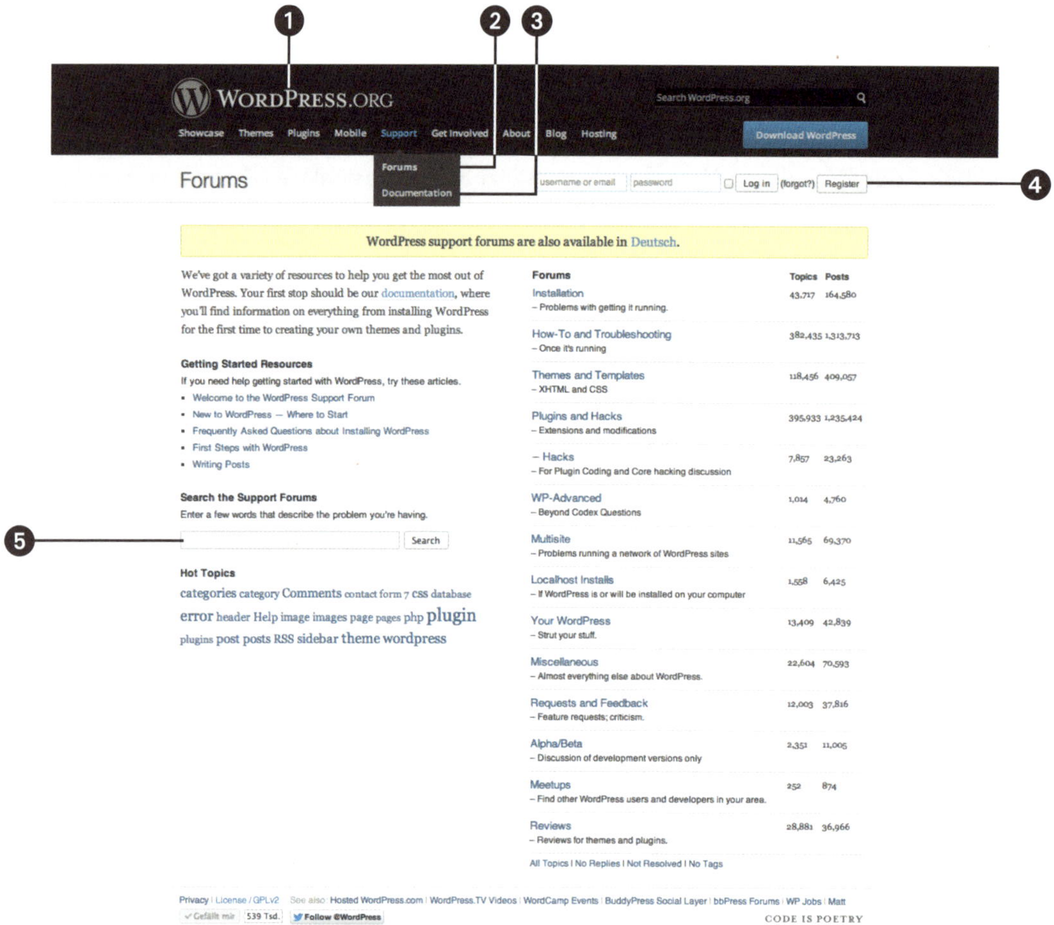
1
2
3
4
5
WordPress.org
Search WordPress.org
Showcase Themes Plugins Mobile Support Get Involved About Blog Hosting
Download WordPress
Forums
Documentation
Forums
username or email
password
Log in (forgot?) Register
WordPress support forums are also available in Deutsch.
We've got a variety of resources to help you get the most out of WordPress. Your first stop should be our documentation, where you'll find information on everything from installing WordPress for the first time to creating your own themes and plugins.
Getting Started Resources
If you need help getting started with WordPress, try these articles.
Welcome to the WordPress Support Forum
New to WordPress — Where to Start
Frequently Asked Questions about Installing WordPress
First Steps with WordPress
Writing Posts
Search the Support Forums
Enter a few words that describe the problem you're having.
Search
Hot Topics
categories category Comments contact form 7 css database error header Help image images page pages php plugin plugins post posts RSS sidebar theme wordpress
Forums Topics Posts
Installation 43,717 164,580
– Problems with getting it running.
How-To and Troubleshooting 382,435 1,313,713
– Once it's running
Themes and Templates 118,456 409,057
– XHTML and CSS
Plugins and Hacks 395,933 1,235,424
– Extensions and modifications
– Hacks 7,857 23,263
– For Plugin Coding and Core hacking discussion
WP-Advanced 1,014 4,760
– Beyond Codex Questions
Multisite 11,565 69,370
– Problems running a network of WordPress sites
Localhost Installs 1,558 6,425
– If WordPress is or will be installed on your computer
Your WordPress 13,409 42,839
– Strut your stuff.
Miscellaneous 22,604 70,593
– Almost everything else about WordPress.
Requests and Feedback 12,003 37,816
– Feature requests; criticism.
Alpha/Beta 2,351 11,005
– Discussion of development versions only
Meetups 252 874
– Find other WordPress users and developers in your area.
Reviews 28,881 36,966
– Reviews for themes and plugins.
All Topics | No Replies | Not Resolved | No Tags
Privacy | License / GPLv2 See also: Hosted WordPress.com | WordPress.TV Videos | WordCamp Events | BuddyPress Social Layer | bbPress Forums | WP Jobs | Matt
Gefällt mir 539 Tsd. Follow @WordPress
CODE IS POETRY

# Die deutsche und die weltweite WordPress-Community

Ein Grund dafür, dass WordPress heute das am weitesten verbreitete Redaktionssystem ist, basiert vor allem auf der Tatsache, dass es eine ausführliche Dokumentation des Systems gibt (in Englisch), und auf einer daraus resultierenden lebhaften Community auf *www.wordpress.org* ❶. Die weltweite Community tummelt sich neben all den nationalen Ablegern vor allem im WordPress-Supportforum ❷ unter *www.wordpress.org/support/*, während Sie die ausführliche Dokumentation ❸ unter *http://codex.wordpress.org* finden.

Dank des lebhaften Forums und der Hilfsbereitschaft seiner Benutzer finden Sie auf nahezu alle Fragen eine Antwort. Um im Forum »mitzumischen« und Fragen zu stellen, müssen Sie sich ein Konto ❹ zulegen. Leider können Sie dazu nicht ein bestehendes WordPress.com-Konto nutzen. Bevor Sie jedoch eine Frage zu einem Problem formulieren, schauen Sie besser erst über die Suche ❺ nach, ob Ihr Problem bekannt ist und ob vielleicht schon eine passende Lösung im Forum gefunden wurde. Das gehört zur Netiquette und löst Probleme in der Regel schneller, als auf eine Antwort zu warten.

Wie oben erwähnt, gibt es weltweit auch nationale WordPress-Communitys. Die deutsche Community finden Sie unter *www.wpde.org*. Sie agiert losgelöst vom amerikanischen WordPress-Unternehmen Automattic. Auf *www.wpde.org* finden Sie auch immer den Download der deutschsprachigen Version von WordPress. Diese wird von den Betreibern kontinuierlich aktualisiert. Die neuesten Entwicklungen rund um das System lesen Sie im dazugehörigen Blog unter *http://blog.wpde.org*.

# Index

## Y



## Z

# Mehr Wissen im Querformat:

ISBN 978-3-86899-365-3, 19,90 €

ISBN 978-3-86899-952-5, 17,90 €

ISBN 978-3-95561-049-4, 17,90 €

ISBN 978-3-86899-839-9, 17,90 €

ISBN 978-3-86899-234-2, 17,90 €

ISBN 978-3-868999-379-0, 17,90 €

ISBN 978-3-86899-160-4, 17,90 €

ISBN 978-3-86899-964-8, 17,90 €

ISBN 978-3-86899-857-3, 17,90 €

ISBN 978-3-86899-845-0, 17,90 €

ISBN 978-3-86899-851-1, 19,90 €

ISBN 978-3-86899-377-6, 17,90 €

O'REILLY®

Alle Titel auch als E-Book erhältlich, 20% günstiger und 100% DRM-frei!